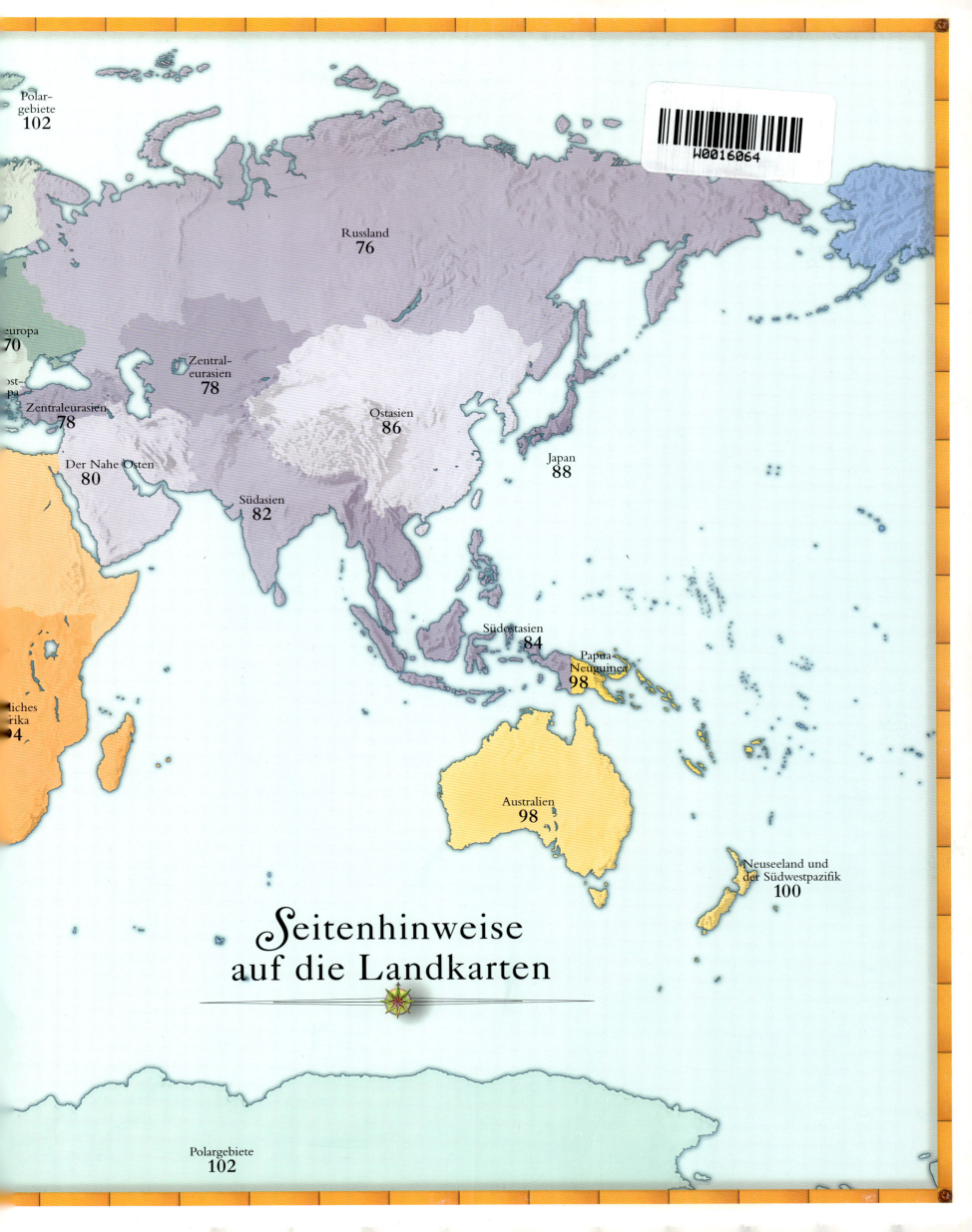

Seitenhinweise auf die Landkarten

Der große illustrierte
Weltatlas

Der große illustrierte
Weltatlas

Copyright © 1998 Weldon Owen Pty Limited
Copyright © 1998 (deutsche Ausgabe) Tessloff Verlag, Nürnberg
http://www.tessloff.com
ISBN 3-7886-0361-5

Design Concept: John Bull
Leitung der Redaktion: Ariana Klepac
Art Director: Sue Burk

Projekt-Lektor: Scott Forbes
Beratender Herausgeber: Colin Sale
Lektoratsassistentin: Anne Ferrier
Text: Scott Forbes

Leitende Layouterin: Hilda Mendham
Layout, thematische Doppelseiten: Lena Lowe
Koordination: Jocelyne Best
Computer-Satz: Laura Sassin, Amanda Woodward
Computer-Grafik: Stuart McVicar
Umschlag: John Bull
Leitung der Bildrecherche: Anne Ferrier
Bildrecherche: Peter Barker
Archiv: Rita Joseph

Aus dem Englischen übertragen von: Birgit Reß-Bohusch

Lektorat der deutschen Ausgabe: Sabine Tessloff

Illustratoren: Susanna Addario, Andrew Beckett/Illustration, André Boos, Anne Bowman, Greg Bridges, Danny Burke, Martin Camm, Fiammetta Dogi, Simone End, Giuliano Fornari, Chris Forsey, John Francis/Bernard Thornton Artists, U.K., Jon Gittoes, Ray Grinaway, Terry Hadler/Bernard Thornton Artists, G.B., Tim Hayward/Bernard Thornton Artists, G.B., David Kirshner, Frank Knight, Mike Lamble, James McKinnon, Peter Mennim, Nicola Oram, Tony Pyrzakowski, Oliver Rennert, Barbara Rodanska, Claudia Saraceni, Michael Saunders, Peter Schouten, Stephen Seymour/Bernard Thornton Artists, G.B., Marco Sparaciari, Sharif Tarabay/Illustration, Steve Trevaskis, Thomas Trojer, Genevieve Wallace, Trevor Weekes, Rod Westblade, Ann Winterbotham

Karten: Digital Wisdom Publishing Ltd
Flaggen: Flag Society of Australia

Produktionsleitung: Caroline Webber
Produktionsassistentin: Kylie Lawson

Alle Rechte vorbehalten. Die ungenehmigte Reproduktion jeder Art ist verboten.

Color Reproduction by Colourscan Co Pte Ltd
Printed by Toppan Printing Co, (H.K.) Ltd
Printed in China

A WELDON OWEN PRODUCTION

Der große illustrierte Weltatlas

Tessloff Verlag

INHALT

Hinweise zur Benutzung 6

Karten und ihre Herstellung 8

Wie man eine Karte liest 10

Planet Erde 12

Ein rastloser Planet 14

Wetter und Klima 16

Das Leben auf der Erde 18

Rohstoffe und Energie 20

Der Mensch und die Erde 22

Im Eiltempo um die Welt 24

Die Erde in Gefahr 26

Die Oberfläche der Erde 28

Die Staaten der Erde 30

NORDAMERIKA 32

Westkanada und Alaska 34

Ostkanada 36

Die Nordoststaaten der USA 38

Die Südstaaten der USA 40

Der Mittelwesten der USA 42

Der Westen der USA 44

Mexiko, Mittelamerika und die Karibik 46

SÜDAMERIKA 48

Der Norden Südamerikas 50

Der Süden Südamerikas 52

EUROPA 54

Großbritannien und Irland 56

Spanien und Portugal 58

Frankreich 60

Die Benelux-Länder 62

Westliches Mitteleuropa 64

Italien 66

Südosteuropa 68

Osteuropa 70

Nordeuropa 72

ASIEN 74

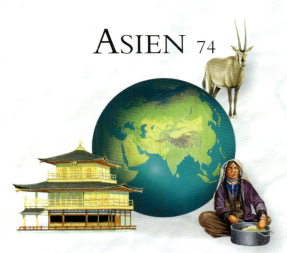

Russland 76

Zentraleurasien 78

Der Nahe Osten 80

Südasien 82

Südostasien 84

Ostasien 86

Japan 88

AFRIKA 90

Nördliches Afrika 92

Südliches Afrika 94

AUSTRALIEN UND OZEANIEN 96

Australien und Papua-Neuguinea 98

Neuseeland und der Südwestpazifik 100

Polargebiete 102

Länder-Lexikon 104

Glossar 120

Register und Ortsverzeichnis 122

Danksagungen 128

DER GROSSE ILLUSTRIERTE WELTATLAS

Hinweise zur Benutzung

DER GROSSE ILLUSTRIERTE WELTATLAS lädt euch zu einer faszinierenden Weltreise ein, bei der ihr auf Schritt und Tritt den Wundern unserer Erde begegnen werdet. Ehe ihr jedoch startet, solltet ihr euch die beiden nächsten Kapitel – Karten und ihre Herstellung und wie man eine Karte liest – ansehen. Darin erfahrt ihr etwas über die verschiedenen kartografischen Darstellungen und wie man sich auf einer Karte orientiert. Die übrigen Seiten der Einführung behandeln alle wesentlichen Fragen zu unserem Heimatplaneten – seine Position im All, seine Zusammensetzung und das Entstehen seiner Landschaften, aber auch das Wetter, die Pflanzen- und Tierwelt und die Volksstämme der verschiedenen Erdteile. Die Karten selbst sind in sieben Abschnitte gegliedert – je einen für die Kontinente Nord- und Mittelamerika, Südamerika, Europa, Asien, Afrika, Australien und Ozeanien sowie einen für die Polargebiete. Jeder Teil beginnt mit einer Kontinentkarte, die neben einer politischen Karte mit allen Ländern die wichtigsten Landschaftsmerkmale enthält. Danach kommt jeweils eine Gruppe von Karten, die mit einer Fülle von Bildern und Fakten die Besonderheiten der dargestellten Regionen veranschaulicht. Den Atlasteil beschließt ein Länder-Lexikon, das nützliche Kurzinformationen zu allen Staaten der Erde gibt. Ganz am Ende des Bandes findet ihr noch ein Glossar, das die im Text verwendeten Fachbegriffe erklärt, und ein umfassendes Namenverzeichnis mit Lageangaben, die euch das Auffinden bestimmter Orte auf den Karten erleichtern.

Kontinent-Fakten Dazu gehören die Größe des Kontinents, seine Einwohnerzahl und die Namen seiner Länder.

Illustrierte Karte

Länderliste Sie enthält in alphabetischer Reihenfolge alle auf der Karte verzeichneten Staaten mit Einwohnerzahl und Hauptstadt.

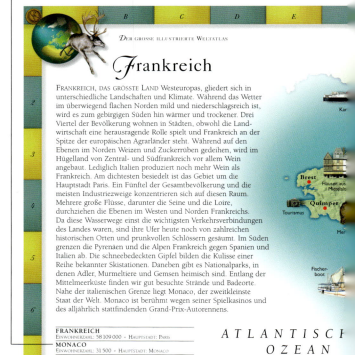

Wissenswertes In diesem Kasten könnt ihr verblüffende, kuriose oder außergewöhnliche Dinge über das jeweils dargestellte Gebiet nachlesen.

Kontinentkarte

Rekorde Hier sind die höchsten, längsten und größten geografischen Merkmale des Kontinents aufgelistet.

Größenvergleich Diese Abbildungen zeigen, wie die wichtigsten Berge und Flüsse des Kontinents aussähen, wenn man sie nebeneinander sehen könnte.

Politische Karte Auf dieser Karte sind alle Staaten des betreffenden Kontinents verzeichnet.

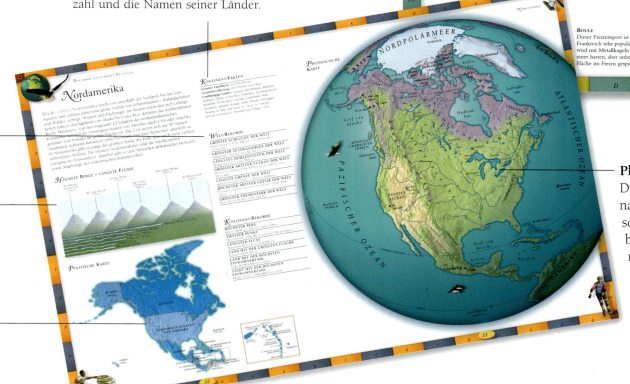

Physikalische K... Diese Karte stellt natürlichen Landschaftsformen de... betreffenden Ko... nents dar. Man bezeichnet sie ... als Reliefkarte.

Hinweise zur Benutzung

Farbige Umrandung Jeder Atlasteil ist mit einer anderen Farbe umrandet.

Suchgitter Die Buchstaben und Ziffern der Umrandung erleichtern euch die Suche nach bestimmten Orten. Auf Seite 10 erfahrt ihr Näheres über die Benutzung solcher Lageangaben.

Mach mit Hier findet ihr Vorschläge zum Basteln, Experimentieren und Gestalten, die euch besser mit einem Land oder einem Thema vertraut machen.

Schau nach Damit ihr die hier gestellten Fragen beantworten könnt, müsst ihr euch die Karte genauer ansehen.

Position Anhand dieser Weltkugel kann man genau erkennen, an welchem Punkt der Erde sich das auf der Karte abgebildete Gebiet befindet.

ZEICHEN-ERKLÄRUNGEN

Landesgrenze

Regionalgrenze

umstrittene Grenze

abhängiges Territorium und das Land, zu dem es gehört

○ Landeshauptstadt
● Regionalhauptstadt
• Stadt

Fluss

See

▲ Ben Nevis 1343 m
▲ größerer Berg

Ⓑ Afrikanische Elefanten
Ⓑ bedrohte Tierart

Illustrationen Sie zeigen für eine bestimmte Region auf der Karte typischen Menschen, Tiere, Pflanzen, Bauwerke oder Tätigkeiten.

Rand-Illustrationen Die Illustrationen und Texte am Rand der Karte liefern zusätzliche Informationen zu manchen der Karten-Abbildungen.

Maßstab Mit dem Maßstab-Balken könnt ihr die Entfernungen auf der Karte errechnen. Wie das geht, wird auf Seite 10 erläutert.

Kompass Der Kompass dient dazu, den Norden zu bestimmen. Wie ein Kompass funktioniert, erfahrt ihr auf Seite 10.

FARBKODE

 Wüste und Halbwüste

 Wald oder Grasland

 Tundra

 Eiskappe

Karten und ihre Herstellung

EINE KARTE IST EINE ABBILDUNG, mit deren Hilfe ihr erkennen könnt, wie eine bestimmte Gegend der Erde von oben aussieht. Jedes Gebiet, ganz gleich, wie groß oder klein, lässt sich auf einer Karte wiedergeben. Manche Karten zeigen nur eine Ortschaft, andere dagegen die ganze Welt. Da Karten aber grundsätzlich Regionen darstellen, die größer sind als die Seite, auf der sie abgedruckt werden, müssen die Besonderheiten dieser Regionen auf der Karte stark verkleinert eingetragen werden. Das geschieht in einem bestimmten Verhältnis oder Maßstab. Je größer das dargestellte Gebiet ist, desto kleiner müssen die jeweiligen Merkmale gezeichnet werden. Man unterscheidet Karten mit großem, mittlerem und kleinem Maßstab. Auf fast allen Karten werden die eigentlichen Landschaftsformen oder Gegenstände durch Linien, Farben und Symbole ersetzt. Auf einem Stadtplan beispielsweise verwendet man meist schwarze Doppellinien für Straßen und farbige Flächen für Gebäude. Auf einer Länderkarte dagegen erscheinen Städte meist als schwarze oder rote Punkte und Flüsse als blaue Linien. Ein Kartenwerk in Buchform wird als Atlas bezeichnet. Ein Atlas enthält in der Regel Welt-, Kontinent- und Länderkarten.

VERSCHIEDENE MASSSTÄBE
Diese Karte von der Riverford-Schule verwendet Linien, Farben und Symbole, um die Schule, die umliegenden Straßen und sonstige Besonderheiten darzustellen.

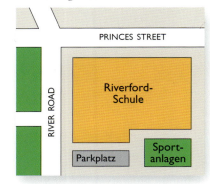

Eine solche Stadtteil- oder Stadtkarte wird meist als Plan bezeichnet.

Das hier ist ein Ortsplan von Riverford. Der größere Kartenausschnitt zeigt euch, dass die Schule in der Nähe von Häusern, einem Park und einem Fluss liegt; dafür fallen allerdings Details wie der Parkplatz oder die Sportanlagen weg.

Diese Karte stellt die Region um Riverford dar. Die Stadt selbst erscheint jetzt nur noch als schwarzer Punkt. Die Schule und die Straßen sind nicht mehr zu erkennen, aber ihr seht jetzt, dass Riverford nahe der Küste liegt und durch ein Netz größerer und kleinerer Straßen mit anderen Orten verbunden ist.

♦ WISSENSWERTES ♦

In der griechischen Mythologie war Atlas ein Riese, der einen Aufstand gegen die Götter anführte. Zur Strafe für diesen Frevel wurde er dazu verurteilt, das Himmelsgewölbe zu tragen. Als im 16. Jahrhundert die ersten Kartenwerke erschienen, hatten viele auf dem Umschlag ein Bild des Atlas mit der Weltkugel auf dem Rücken. Das hatte zur Folge, dass man ein Kartenwerk bald als Atlas bezeichnete.

♦ MACH MIT: *Planzeichnen* ♦

Warum versucht ihr nicht, einen Plan eures Wohnviertels anzufertigen? Überlegt euch als erstes, wo sich die verschiedenen Gebäude, Straßen und Plätze befinden, wie weit sie auseinander liegen und welche Form sie haben. Vielleicht seht ihr euch die Gegend bei einem Spaziergang an und macht dabei eine Liste der Dinge, die euer Plan enthalten soll.

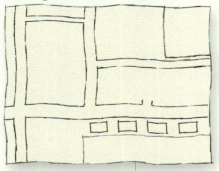

❶ Sobald ihr entschieden habt, welches Gebiet euer Plan umfassen soll, könnt ihr die Straßen zeichnen.

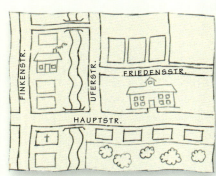

❷ Fügt besondere Merkmale wie Plätze, Parks, Flüsse und Bauwerke hinzu und beschriftet die Straßen.

❸ Nun wird der Plan angemalt. Verwendet eine Farbe für Bauwerke, eine andere für Straßen usw. Vermerkt am Rand der Karte, was die einzelnen Farben bedeuten. Zuletzt könnt ihr noch die Orte kennzeichnen, die euch besonders wichtig sind – z. B. euer Haus und eure Schule.

Karten und ihre Herstellung

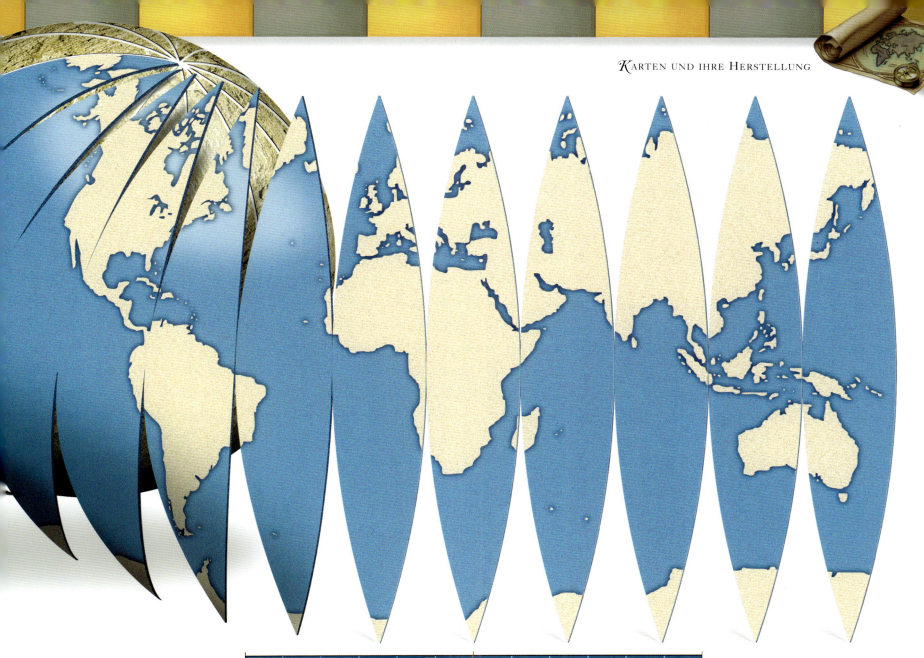

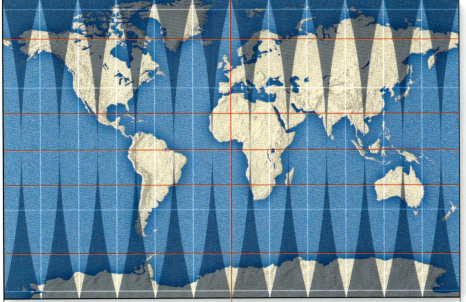

Nördlicher Polarkreis (66,5°N)

Nördlicher Wendekreis (23,5°N)

Äquator (0°)

Südlicher Wendekreis (23,5°S)

Südlicher Polarkreis (66,5°S)

180°   Greenwich-Meridian (0°)   180°

So entstehen Karten

Leute, die Karten zeichnen, nennt man Kartografen. Früher, als es die Luft- und Raumfahrt noch nicht gab, waren Kartenmacher auf die Berichte und Informationen von Reisenden und Forschern angewiesen. Heute beruhen die meisten Karten auf Landvermessungen und auf Luft- oder Satellitenaufnahmen. Das Hauptproblem bei der Kartenherstellung liegt darin, dass die runde Erde auf einer Fläche abgebildet werden muss. Ein Globus ist die genaueste kartografische Wiedergabe, da er die gleiche Form wie die Erde hat. Wenn ihr allerdings glaubt, man müsste nur die Oberfläche einer solchen Weltkugel abziehen, um eine flache Karte zu erhalten, dann täuscht ihr euch. Am Ende hättet ihr eine Weltkarte, die aus lauter Stücken oder Segmenten bestünde. Ihr könnt das selbst testen, indem ihr vorsichtig eine Orange schält und die Haut flach zu drücken versucht. Ihr werdet sehen, dass die Schale einreißt, sobald ihr sie glatt streicht. Um eine flache Karte herzustellen, müssen die Kartografen manche Felder oder Segmente des Globus dehnen oder verkürzen, eine Methode, die als Projektion bezeichnet wird. Man hat viele Arten der Projektion entwickelt, die verschiedenen Zwecken dienen und deren Ergebnisse jeweils leicht voneinander abweichen.

Die Erde als Fläche

Wie oben zu sehen, kann die Erdkugel in Segmente unterteilt werden. Um eine flache, rechteckige Karte herzustellen, müssen Kartografen die Lücken zwischen den Segmenten ausfüllen. Ein Netzwerk aus Breitengraden (horizontalen Linien) und Längengraden (vertikalen Linien) erleichtert ihnen das maßstabgetreue Eintragen bestimmter Orte.

Ein Netz von Koordinaten

Kartografen benutzen zur Ortsbestimmung auf der Weltkugel ein Netz aus Linien. Längengrade (Meridiane) sind Linien zwischen dem Nord- und Südpol, die vom Greenwich-Nullmeridian aus bis 180° Ost und 180° West gemessen werden. Breitengrade (Parallelkreise) verlaufen in West-Ost-Richtung parallel zum Äquator; dabei liegt der Äquator auf dem Breitenkreis 0. Der Äquator teilt die Welt in eine Nord- und eine Südhemisphäre, während der Greenwich-Meridian und der 180°-Längenkreis die Grenze zwischen der Ost- und Westhemisphäre bilden.

DER GROSSE ILLUSTRIERTE WELTATLAS

Wie man eine Karte liest

KARTEN ENTHALTEN EINE FÜLLE von Informationen. Sie verraten euch, wo sich bestimmte Orte oder Gebiete befinden, welche Größe und Form sie haben oder wie weit und in welcher Richtung sie voneinander entfernt sind. Darüber hinaus geben sie Auskunft über Klima, Landschaft, Vegetation, Besiedlung und Verkehrswege einer Region. Wenn ihr erst einmal herausgefunden habt, wie man eine Karte richtig liest, könnt ihr aus dem Atlas eine ganze Menge über die Länder rund um die Welt erfahren.

ORTE AUFFINDEN

Die meisten Karten und Atlanten besitzen ein Ortsverzeichnis und ein Suchgitter, die euch das Auffinden bestimmter Begriffe erleichtern. Wenn ihr im Ortsverzeichnis – einem alphabetischen Register, das im allgemeinen ganz am Ende eines Werks steht – nachschlagt, werdet ihr zu jedem Namen ein paar Zahlenangaben finden, die auf eine Seite und das zugehörige Suchfeld im Atlas verweisen. Im Normalfall besteht ein Suchgitter aus Buchstaben, die am oberen und unteren Kartenrand von links nach rechts verlaufen, und Zahlen, die an beiden Seiten von oben nach unten verlaufen. Seht euch einmal die Australien-Karte rechts genauer an. Im Ortsverzeichnis wird die Lage für die Stadt Melbourne mit den Koordinaten H8 angegeben. Wenn ihr also Melbourne finden wollt, müsst ihr an der oberen oder unteren Kante den Buchstaben H und an einer der Seitenkanten die Zahl 8 suchen. Denkt euch nun zwei Streifen, die von H aus senkrecht und von 8 aus waagrecht über die Karte laufen. Irgendwo in dem Feld, das von beiden Streifen gemeinsam ausgefüllt wird, muss sich Melbourne befinden.

DAS SUCHGITTER
Im Register dieses Bandes steht hinter jedem Ortsnamen eine Seitenzahl und zwei Gitter-Koordinaten, z.B. 41 und L4 für die Stadt Nashville in Tennessee. Wenn ihr wissen wollt, wo Nashville liegt, müsst ihr zunächst Seite 41 aufschlagen und dann am Rand des Suchgitters L und 4 aufspüren. Der senkrechte Streifen von L und der waagrechte Streifen von 4 überschneiden sich in einem kleinen Quadrat, und genau in diesem Feld liegt Nashville.

DIE RICHTUNG ERMITTELN
Für gewöhnlich befindet sich auf jeder Karte ein Kompass-Symbol – auch Windrose genannt – das die Richtung Nord (N) anzeigt. Manchmal, wie auf der Karte oben, zeigt sie auch die Richtungen Süd (S), Ost (O) und West (W) an. Mit Hilfe der Kompass-Spitzen lässt sich die Lage verschiedener Orte zueinander bestimmen. So könnt ihr sagen, dass Sydney im Osten (O) von Adelaide und Brisbane im Norden (N) von Sydney liegt. Da sich Brisbane aber nördlich und östlich von Adelaide befindet, können wir die entsprechenden Kompass-Spitzen kombinieren und sagen, dass Brisbane im Nordosten (NO) von Brisbane liegt. Und es geht noch genauer: Da sich Brisbane weiter im Osten als im Norden von Adelaide befindet, beschreiben wir seine Richtung im Vergleich zu Adelaide als Ost-Nordost (ONO). Der Kompass oben links zeigt sämtliche Kombinationsmöglichkeiten, die euch zur Verfügung stehen, um eine Richtung zu bestimmen.

10

WIE MAN EINE KARTE LIEST

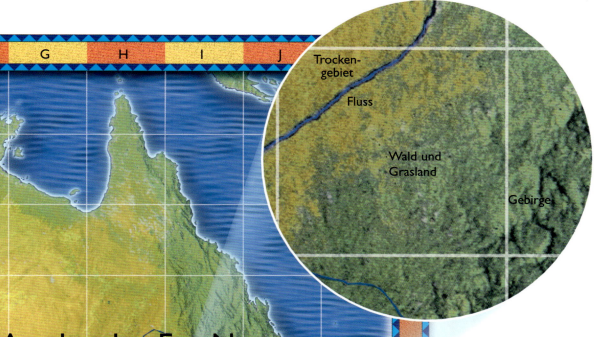

FARBKODE
Auf dieser Australien-Karte sind Gebirge dunkel, Wälder und Grasland grün, Wüsten und sonstige Trockengebiete orange und alle Gewässer – Meere, Seen und Flüsse – blau eingefärbt.

DIE LANDSCHAFTSFORMEN
Die Farben einer Karte können Auskunft über Landschaft, Vegetation und Klima einer Region geben. Gebirge werden häufig durch dunkle Brauntöne dargestellt, Wälder und Grasland durch Grün, Trockenzonen und Wüsten durch Gelb und Orange. Viele Kartografen verwenden auch besondere Symbole, etwa ein rotes Viereck oder einen Stern für die Hauptstadt eines Landes. Die Bedeutung der Farben und Symbole wird meist am Rand der Karte oder im Vorwort zu einem Atlas erklärt. Solche Erläuterungen nennt man auch Kode oder Legende. In unserem Atlas stehen sie auf Seite 7.

ENTFERNUNGEN BESTIMMEN
Bei den meisten Karten ist ein Maßstab angegeben. Er zeigt an, in welchem Verhältnis die Abbildung die wahren Entfernungen verkleinert. Im allgemeinen wird der Maßstab durch einen Balken dargestellt, der in mehrere Abschnitte unterteilt ist. So entsprechen auf dem Maßstab der Australien-Karte die oberen Abschnitte jeweils einer Länge von 250 Meilen und die unteren Abschnitte jeweils einer Länge von 400 Kilometern. Wie ihr mit Hilfe eines solchen Maßstabs Entfernungen auf einer Karte bestimmen könnt, verrät euch der Mach-Mit-Vorschlag auf dieser Seite. Ein Maßstab lässt sich aber auch in Zahlen ausdrücken. Die Angabe

$$1 : 1\,000\,000$$

bedeutet, dass die Karte 1 Million mal kleiner ist als das Gebiet, das sie abbildet. Oder anders ausgedrückt: Die echten Entfernungen sind 1 Million mal größer als auf der Karte. Das bedeutet, dass 1 cm auf der Karte einer wahren Länge von 1 000 000 cm oder 10 km entspricht.

♦ MACH MIT: Entfernungen messen ♦

Es gibt eine einfache Methode, um den Abstand zwischen zwei Punkten – z. B. zwischen Perth und Sydney – zu messen:

❶ Legt die gerade Kante eines Blattes Papier so auf die Karte, dass sie die Punkte der beiden Städte verbindet und markiert sie auf dem Papier.

❷ Verschiebt die Papierkante nun so entlang dem Maßstab, dass einer der Punkte genau mit der Null zusammenfällt. Der Maßstab-Balken ist kürzer als der Abstand. Markiert sein Ende auf dem Papier und tragt die Entfernung ein, die er darstellt. Nun verschiebt ihr die Papierkante, bis die neue Markierung mit der Null zusammenfällt. Wiederholt diese Schritte so oft wie nötig. Wenn ihr am Ende die Zahlen addiert, erhaltet ihr die Entfernung zwischen den beiden Städten.

Ihr könnt den Maßstab aber auch verwenden, um Entfernungen entlang gekrümmter Linien zu ermitteln:

❶ Legt ein Stück Faden neben den Darling River und passt es dem Flusslauf an.

❷ Nehmt den Faden am Anfangs- und Endpunkt des Flusses fest zwischen Daumen und Zeigefinger, spannt ihn gerade und haltet ihn gegen den Maßstabbalken, um seine Länge – und damit die Länge des Flusses – zu ermitteln.

DER GROSSE ILLUSTRIERTE WELTATLAS

Planet Erde

WIR LEBEN AUF EINEM KLEINEN PLANETEN in einem Sonnensystem, das nur ein winziger Teil des weiten Universums ist. Unser Sonnensystem besteht aus der Sonne – die ein Stern ist – und insgesamt neun Planeten, die sie umkreisen. Es gehört zu einer großen Gruppe von Sternen, der Milchstraße. Sie besteht aus mindestens 100 Milliarden Sternen! Im Universum gibt es jedoch viele Millionen Galaxien, und jede einzelne ist von einem weiten, leeren Raum umgeben. Das Sonnensystem selbst entstand vor fünf Milliarden Jahren, als sich eine große, wirbelnde Wolke aus Gas und Staub zusammenballte. Aus dem heißen, dichten Kern dieser Wolke wurde die Sonne gebildet, aus der Materie und den Gasen weiter außen entwickelten sich die Planeten und ihre Monde sowie eine Reihe von Kleinplaneten, die sogenannten Asteroiden.

• WISSENSWERTES •

- So sieht unsere Milchstraße aus. Die schwach schimmernden Ausläufer dieser Galaxie bestehen aus Sternwolken. Jeder dieser Sterne hat Ähnlichkeit mit unserer Sonne und könnte von einem eigenen Planetensystem umgeben sein.
- Ein Düsenflugzeug, das 800 km in der Stunde zurücklegt, würde sechs Jahre bis zur Venus und nicht weniger als 1600 Jahre bis zum Planeten Pluto am äußeren Rand unseres Sonnensystems benötigen!

IMMER IM KREIS

Während die Planeten die Sonne umkreisen – auf einer Bahn, die wir auch Orbit nennen – drehen sie sich zugleich um die eigene Achse. Die Erde etwa dreht sich einmal in 24 Stunden um sich selbst und einmal im Jahr um die Sonne. Je weiter ein Planet von der Sonne entfernt ist, desto länger benötigt er für seinen Orbit. Auch Asteroiden ziehen ihre Bahnen um die Sonne. Die meisten befinden sich zwischen Mars und Jupiter, in einem Gebiet, das als Asteroidengürtel bezeichnet wird. Die Bahnen der Planeten und Asteroiden sind durch die Gravitation festgelegt, eine starke Kraft, die sie in Richtung Sonne zieht. Gäbe es diese Kraft nicht, würden sie ins All hinausfliegen.

PLANETEN IM VERGLEICH

Die Abbildung unten ermöglicht einen Vergleich der Planetenabstände sowie der Zeitspanne, in denen sie einmal die Sonne umrunden (ein Jahr auf dem betreffenden Planeten) und sich einmal um die eigene Achse drehen (ein Tag auf dem betreffenden Planeten).

Sonne
Merkur Jahr: 88 Erdentage. Tag: 59 Erdentage.
Venus Jahr: 225 Erdentage. Tag: 243 Erdentage.
Erde Jahr: 365,25 Tage. Tag: 24 Stunden.
Mars Jahr: 1,9 Erdenjahre. Tag: 24.6 Stunden.

Asteroidengürtel
Jupiter Jahr: 11,9 Erdenjahre. Tag: 9.8 Stunden.
Saturn Jahr: 29,5 Erdenjahre. Tag: 10,2 Stunden.
Uranus Jahr: 84 Erdenjahre. Tag: 17,9 Stunde

◆ MACH MIT: *Planeten-Mobile* ◆

Ihr könntet ein Mobile unseres Sonnensystems basteln und es dann in eurem Zimmer oder Klassenraum aufhängen.

① Richtet zunächst einmal Papier, Farbstifte, Nylonsaite oder Zwirn, eine Papierschere und einen Kleiderbügel her.

② Skizziert die Sonne und alle Planeten und malt sie an. Achtet darauf, dass die Farben und Größen der Planeten mit den Abbildungen auf diesen Seiten übereinstimmen.

③ Schneidet die Himmelskörper nun mit der Papierschere aus.

④ Bohrt mit einem Stift ein kleines Loch in den oberen Rand jedes Planeten und fädelt gleich lange Stücke Zwirn oder Nylonsaite durch.

⑤ Bindet die Himmelskörper an der unteren Querstange des Kleiderbügels fest. Schiebt die Sonne in die Mitte und verteilt die Planeten links und rechts davon, passt aber auf, dass die Reihenfolge und die Abstände stimmen.

⑥ Wenn alle Planeten an der richtigen Stelle angebracht sind, könnt ihr das Mobile aufhängen.

TAG UND NACHT

Während sich die Erde um ihre Achse dreht, ist ständig ein anderer Teil ihrer Oberfläche dem Sonnenlicht zugewandt. Unser Tag beginnt, wenn wir uns der Sonne nähern, und geht in Nacht über, wenn wir uns wieder von ihr entfernen. Da die Erdachse außerdem schräg zur Sonne steht, erhalten die verschiedenen Regionen der Erde abwechselnd mehr und weniger Licht. Neigt sich die Achse der Sonne zu, haben wir Sommer, neigt sie sich von der Sonne weg, herrscht Winter.

Frühling im Norden und Herbst im Süden

Winter im Norden und Sommer im Süden

Sommer im Norden und Winter im Süden

Herbst im Norden und Frühling im Süden

LEBENSFREUNDLICH

Manche Planeten besitzen eine Gashülle, die wir als Atmosphäre bezeichnen. Alles deutet darauf hin, dass die Erde als einziger Planet unseres Sonnensystems von einer Atmosphäre umgeben ist, die genügend Wasser und Sauerstoff für das Gedeihen von Leben enthält. Dabei ist unsere Atmosphäre extrem dünn: Wäre die Erde ein Apfel, so entspräche ihre Lufthülle in etwa der Schale.

Neptun Jahr: 165 Erdenjahre. Tag: 19,2 Stunden.

Pluto Jahr: 248 Erdenjahre. Tag: 6,4 Erdentage

Ein rastloser Planet

DIE ERDE HAT DIE FORM einer großen Kugel, die aus mehreren Schalen von sehr unterschiedlicher Zusammensetzung aufgebaut ist. In der Entwicklungsphase des Planeten sanken schwere Elemente wie Eisen und Nickel zum Zentrum ab, während leichtere Stoffe in die mittleren und oberen Schichten aufstiegen. Zunächst bestand der Erdmantel ausschließlich aus heißem, flüssigem Gestein. Als sich die Erde dann allmählich abkühlte, erstarrte das Äußere zu einer dünnen, harten Kruste, die in mehrere Stücke zerbrach. Diese als tektonische Platten bezeichneten Schollen treiben auf dem geschmolzenen Gestein – oder Magma – des Erdmantels und sind in ständiger Bewegung, die wir allerdings nicht wahrnehmen. Energie aus dem Erdkern schafft sogenannte Konvektionsströmungen, welche die Platten auseinander treiben oder zusammenpressen. Obwohl sich diese Prozesse in einem Zeitraum von Jahrmillionen vollziehen, verändern und verformen sie doch stetig die Oberfläche unseres Planeten. Davon zeugen nicht nur Erdbeben und Vulkanausbrüche, sondern auch die Entstehung neuer Gebirge und Inselketten.

- Innerer Kern
- Äußerer Kern
- Unterer Mantel (Mesosphäre)
- Asthenosphäre
- Lithosphäre
- Oberer Mantel
- Ozeanische Kruste
- Kontinentale Kruste
- Konvektionsströmungen

DAS ERDINNERE
Der feste innere Kern unseres Planeten, der überwiegend aus Eisen besteht, ist von einem flüssigen äußeren Kern aus Eisen und Nickel umgeben. Darüber liegt der Erdmantel, der aus drei Schichten aufgebaut ist. Zuunterst befindet sich die Mesosphäre, über die noch wenig bekannt ist, in der Mitte die aus flüssigem Gestein bestehende Asthenosphäre und ganz außen die Lithosphäre, die eine ziemlich feste Gesteinsschale bildet. Die in die äußere Lithosphäre eingebettete Erdkruste ist in der Regel unter den Kontinenten wesentlich mächtiger als unter den Ozeanen. Durch die Hitze im Erdinnern – im Kern herrschen Temperaturen bis zu 3000 °C – entstehen starke Konvektionsströmungen, die von verschiedenen Richtungen auf die Erdkruste einwirken.

◆ MACH MIT: *Gebirge falten* ◆

1. Schneidet einen Pappteller in der Mitte durch. Die beiden Hälften sollen zwei Platten der Lithosphäre darstellen.
2. Befestigt nun mit Hilfe eines Klebstreifens ein Blatt Papier quer zur Schnittstelle über den Tellerhälften. Das Papier soll die Erdkruste darstellen.
3. Wenn ihr eine Hälfte des Tellers unter die andere schiebt, wölbt sich das Papier auf. Auf ganz ähnliche Weise faltet sich die Erdkruste zu Gebirgen, wenn zwei Erdplatten zusammenstoßen.

1. Nehmt ein Blatt Papier und faltet es mehrmals in die Hälfte.
2. Nach etwa sechs Faltungen werdet ihr merken, dass es immer schwieriger wird, das Papier zu knicken. Das gleiche gilt für die Erde: Je dicker die Kruste, desto mehr Energie ist nötig, sie aufzufalten.

- Küsten-Kollisionen
- Hot-Spot-Vulkane
- Plattendehnung

Küsten-Kollisionen
Wenn eine dünne ozeanische Platte auf eine dicke kontinentale Platte trifft, setzt die sogenannte Subduktion ein: Die dünnere Platte taucht unter der dickeren Platte ab und wird in der Tiefe aufgeschmolzen. Dabei steigt Magma an die Oberfläche, so dass sich eine Reihe von Vulkanen entlang des Subduktionsgrabens bildet. Ein Beispiel für diesen Entstehungsprozess ist der Mount St. Helens in den USA.

Hot-Spot-Vulkane
Sogenannte Hot Spots (heiße Flecken) in der Asthenosphäre brennen sich einen Weg durch die darüber liegende Platte. Durch diese Schlote steigt Magma auf und türmt sich zu Vulkankegeln. Wenn eine Platte langsam über einen solchen Hot Spot hinweggleitet, kann sich eine ganze Kette von Vulkanen bilden. Die Hawaii-Inseln verdanken ihre Existenz einem Hot Spot unter der pazifischen Platte.

Plattendehnung
Das zirkulierende Magma drückt gegen die Platten und dehnt sie, bis die Kruste reißt. Durch die Spalten steigt Magma auf, kühlt ab und bildet einen Gebirgsrücken entlang der Bruchzone. Während sich dieser Prozess normalerweise auf dem Meeresboden abspielt, kann man ihn auf Island, einem Teil des Mittelatlantischen Rückens, auch an der Erdoberfläche beobachten.

DIE ERDE IN BEWEGUNG
Als Folge der Konvektionsströmungen stoßen die Platten der Erdkruste zusammen, entfernen sich voneinander und gleiten seitlich aneinander vorbei. Das Schaubild oben und die Fotos rechts verdeutlichen, wie sich diese Bewegungen auf die Erdoberfläche auswirken.

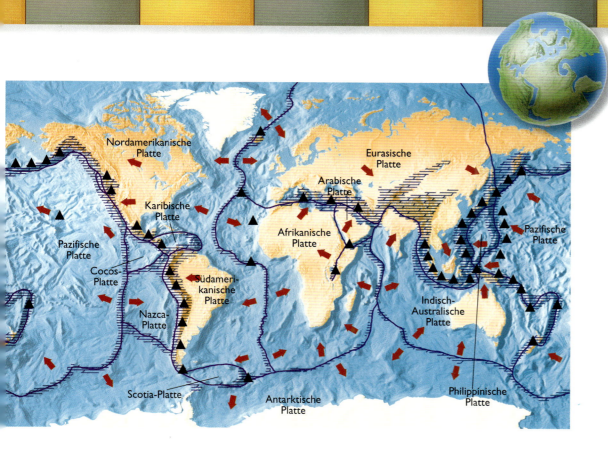

Ein rastloser Planet

vor 200 Millionen Jahren

vor 90 Millionen Jahren

heute

in 60 Millionen Jahren

Ständig in Bewegung
Im Lauf von Jahrmillionen wurden die Landmassen der Erde durch Plattenbewegungen zusammengefügt und auseinander getrieben. Vor zweihundert Millionen Jahren gab es einen einzigen „Superkontinent". Er teilte sich in zwei Landmassen, und diese wiederum zerbrachen in die Kontinente, die wir heute kennen. Auch in Zukunft werden die driftenden Platten das Antlitz der Erde weiter verändern.

Plattenbewegungen
Die Platten der Erdkruste passen zusammen wie die Teile eines Puzzles – mit dem einen Unterschied, dass sie sich ständig gegeneinander verschieben. Die Karte zeigt, in welcher Richtung sich die einzelnen Bruchstücke bewegen. Vulkane und Erdbeben treten meist da auf, wo Platten aufeinander treffen. Das bedeutet, dass Länder wie Australien, die sich im Zentrum einer Platte befinden, kaum von Erdstößen oder Vulkanausbrüchen heimgesucht werden – im Gegensatz zu einem Land wie Japan, das ganz am Rand einer Platte liegt.

→ Bewegungsrichtung
▲ Vulkane
 Erdbeben

Wissenswertes

- Als am 27. August 1883 der Vulkan Krakatoa auf der gleichnamigen Sunda-Insel ausbrach, konnte man die Explosion 4800 km weit hören!
- Jedes Jahr kommt es zu mehr als 500 000 Erdbeben. Zum Glück sind die meisten davon so schwach, dass sie keinen Schaden anrichten.

Plattenverwerfung

Auffaltung der Erdkruste

Ozeanische Kollisionen

Plattenverwerfung
Eine Verwerfungszone – auch Transformstörung genannt – entsteht, wenn zwei Platten seitlich aneinander vorbeigleiten. Die Reibung oder gar ein Verhaken der beiden Bruchstücke löst meist heftige Erdbeben aus – zum Beispiel entlang des San-Andreas-Grabens in Kalifornien, der zu einer ausgedehnten Verwerfung zwischen der pazifischen und nordamerikanischen Platte gehört.

Auffaltung der Erdkruste
Wenn sich zwei kontinentale Plattenteile von vergleichbarer Krustenstärke rammen, gleitet der Rand einer Platte unter die andere Platte. Die Ränder werden gestaucht und zu Gebirgszügen aufgefaltet. Das mächtige Himalaya-Massiv in Asien ist zum Beispiel die Folge einer solchen Kollision.

Ozeanische Kollisionen
Wenn zwei ozeanische Platten zusammenstoßen, taucht meist eine nach unten ab und reißt den Rand der anderen ein Stück weit mit. Auf diese Weise entsteht ein Tiefseegraben. An manchen Stellen dringt das Magma des abgesunkenen und geschmolzenen Materials durch die Erdkruste und bildet Vulkaninseln. Typisch für diese Entstehungsart sind die Inseln Japans.

Schau nach

- Woraus besteht der innere Erdkern?
- Welche Art von Vulkanen führte zum Entstehen der Hawaii-Inseln?
- Wo kommt es am häufigsten zu Erdbeben?

15

DER GROSSE ILLUSTRIERTE WELTATLAS

Wetter und Klima

UNSER WETTER MAG SICH VON TAG ZU TAG ÄNDERN, aber von Jahr zu Jahr betrachtet folgt es doch mehr oder weniger dem gleichen Schema. Den über einen längeren Zeitraum und für ein bestimmtes Gebiet typischen Wetterablauf bezeichnen wir als Klima. Das Klima einer Region hängt hauptsächlich von drei Faktoren ab: ihrer geografischen Breite, ihrer Höhe und ihrer Nähe zum Meer. Aufgrund ihrer Umlaufbahn um die Sonne und ihrer Kugelgestalt wird die Erde in Äquatornähe stärker erwärmt als an den Polen. Im Tropengürtel ist es daher das ganze Jahr über heiß, in den Polargebieten dagegen immer kalt. Die Zonen zwischen den Tropen und den Polen haben ein gemäßigtes Klima mit warmen Sommern und kalten Wintern. Im Gebirge ist es kälter als im Tiefland, weil die Atmosphäre mit zunehmender Höhe dünner wird und dadurch weniger Wärme speichert. In Küstengebieten sorgen Meeresbrisen und -strömungen für einen ständigen Ausgleich zwischen Wärme und Kälte, so dass in diesen Gegenden ein milderes Klima (Seeklima) herrscht als mitten auf dem Festland (Kontinentalklima). Wenn Winde vom Meer zum Land hin wehen und dabei weite Strecken über den Ozean zurücklegen, bringen sie meist Feuchtigkeit und starke Niederschläge mit.

WINDSYSTEME

Weil erwärmte Luft leicht ist und in die Höhe steigt, fließt in Bodennähe dichtere, schwere Kaltluft nach, um sie zu ersetzen. So entsteht eine ständige Luftzirkulation, die einen Ausgleich zwischen den heißen Tropen und den eisigen Polargebieten schafft. Diese Luftströmungen werden durch die Erdrotation abgelenkt und bilden die großräumigen Windsysteme, die auf dem Globus unten rechts zu sehen sind. Die Winde transportieren warme oder kalte, feuchte oder trockene Luft und üben auf diese Weise einen starken Einfluss auf die Klimate der Erde aus.

KLIMAZONEN DER ERDE
Wie die Karte rechts zeigt, lässt sich die Welt in acht große Klimazonen unterteilen. Viele dieser Klimate werden durch Meeresströmungen beeinflusst. So bewirkt der warme Golfstrom, dass in Nordwesteuropa ein milderes Klima herrscht, als man es aufgrund seiner geografischen Lage erwarten würde.

warme Strömungen → kalte Strömungen →

Kalt-gemäßigtes K[lima]
In dieser Zone gibt es lange, bitterkalte und schneereiche Winter, während die Sommer meist mild und feucht sind.

Gebirgsklima
In großen Höhen ist es meist kälter, feuchter und windiger als in tiefer gelegenen Regionen der gleichen Klimazone.

Polarklima
In den Polargebieten ist es fast das ganze Jahr über extrem kalt. Obwohl regelmäßig Schnee fällt, ist es an den Polen relativ trocken.

Luftzirkulation

Kalte Ostwinde wehen von den Polen.

Warm- und Kaltluftfronten stoßen in dieser Zone zusammen und sorgen für Stürme und Regen.

60°N

Luft strömt vom Südwesten zu den Polen

30°N

Luft strömt vom Nordosten zum Äquator

Aufgestiegene Warmluft wird abgekühlt und sinkt wieder. Die Folge ist ein trockener, relativ windstiller Hochdruckgürtel.

Feuchte Warmluft steigt am Äquator auf, bildet Wolken und führt zu starken Regenfällen.

Äquator

Windsysteme

Polare Ostwinde

Westwinde

Passatwinde

Westwinde

Polare Ostwinde

Wetter und Klima

Feucht-gemäßigt
In dieser Zone gibt es vier Jahreszeiten mit kalten, niederschlagsreichen Wintern und warmen, niederschlagsreichen Sommern.

Trocken-gemäßigt
Diese Gebiete erhalten relativ wenig Regen. Meist sind die Winter mild und feucht und die Sommer heiß und trocken.

Wüste- und Halbwüste
In diesen trockenen, öden Regionen sind Niederschläge äußerst selten. Tagsüber herrscht extreme Hitze, nachts extreme Kälte.

Subtropisch
Im Sommer ist es hier heiß und feucht wie in den Tropen, im Winter trocken und mild wie in den Wüstenregionen.

Tropisch
Die Tropen sind heiß und feucht. In manchen Gebieten regnet es das ganze Jahr. In anderen regnet es nur im Sommer.

♦ Wissenswertes ♦

Gewitter gibt es überall auf der Welt, am häufigsten aber in den Tropen. Mindestens 20 000 Gewitter ereignen sich täglich, davon etwa 2 000 zur gleichen Zeit. Dabei schlagen bis zu 100 Blitze pro Sekunde in die Erde ein.

Sonnenenergie
Da die Erde die Gestalt einer Kugel besitzt, legen die Sonnenstrahlen in Polnähe einen längeren Weg durch die Atmosphäre zurück und verstreuen sich über ein weiteres Gebiet als am Äquator. Deshalb ist es an den Polen kalt und in den Tropen heiß.

♦ Mach mit: *Warum die Pole kälter sind als der Äquator* ♦

❶ Richtet in einem dunklen Zimmer den Strahl einer Taschenlampe aus kurzer Entfernung möglichst senkrecht auf eine Tischplatte. Merkt euch die Form und die Helligkeit des Lichtflecks.

❷ Haltet die Taschenlampe nun schräg und beobachtet, wie sich das Licht verändert. Wenn der Strahl direkt von oben kommt, ist der Fleck klein und sehr intensiv. Sobald der Strahl in einem Winkel einfällt, wird der Fleck größer und schwächer.

Das gleiche gilt für die Sonneneinstrahlung: Am stärksten ist sie am Äquator, wo sie senkrecht auf die Erdoberfläche trifft. Am schwächsten ist sie an den Polen, wo sie sich in einem flachen Winkel über ein großes Gebiet verteilt.

DER GROSSE ILLUSTRIERTE WELTATLAS

Das Leben auf der Erde

FAST ÜBERALL AUF DER ERDE gibt es eine überwältigende Vielfalt von Leben. Bislang kennt die Wissenschaft an die zwei Millionen verschiedene Pflanzen und Tiere, aber es könnte insgesamt zwischen 10 und 100 Millionen Arten geben. Sie alle bewohnen die sogenannte Biosphäre, die sich aus Land, Wasser und Atmosphäre zusammensetzt. Innerhalb der Biosphäre gibt es die unterschiedlichsten Lebensräume. Im Lauf von Jahrmillionen haben Pflanzen und Tiere nicht nur ihr Äußeres, sondern auch ihr Verhalten den Besonderheiten ihres jeweiligen Lebensraums angepasst. Die Lebewesen eines bestimmten Lebensraums bilden ein Ökosystem, in dem jeder vom anderen abhängig ist. So liefern die Pflanzen die Nahrung für die Pflanzenfresser (Herbivoren), die ihrerseits von den Fleischfressern (Karnivoren) gefressen werden. Eine Folge dieser engen Wechselbeziehungen ist, dass alle Partner eines Ökosystems darunter leiden können, wenn ein Glied in der Kette geschwächt wird.

GLOBALE ÖKOSYSTEME
Jeder Lebensraum auf der Erde hat seine eigene Pflanzen- und Tiergemeinschaft. Die Abbildung unten zeigt die Abstufung der Ökosysteme zwischen tropischen Regenwäldern (ganz links) und polaren Eiskappen (ganz rechts).

Meere
Die Meere enthalten eine Fülle von Arten, die sich dem Leben unter Wasser angepasst haben. Zu den Meerespflanzen gehören Seetange, zu den Tieren Meeressäuger wie Seehunde oder Wale, Korallen sowie Tausende von Fischarten.

Tropische Regenwälder
Die feuchtheiße Witterung der Tropen lässt dichte Wälder entstehen, die mehr Arten als jeder andere Lebensraum beherbergen. Affen und Vögel bewohnen die Baumwipfel, während Jaguare und andere Säugetiere die tiefer gelegenen Regionen des Urwalds durchstreifen.

Subtropische Savannen
Da es in den Subtropen nur im Sommer regnet, gibt es hier nur spärlichen Baumbewuchs. Die afrikanischen Savannen sind der Lebensraum von Herbivoren-Herden wie Zebras, die von Löwen und anderen Karnivoren gejagt werden. Geier und sontige Aasfresser verzehren die Reste der Beute.

Wüsten und Halbwüsten
Das Leben in der Wüste hat sich an die Trockenheit angepasst. Manche Pflanzen wie Kakteen speichern Wasser in ihren Stämmen. Andere haben lange Wurzeln, die Wasser in großen Tiefen erreichen. In heißen Wüsten sind viele Tiere nur in der Kühle der Nacht aktiv.

Das Leben auf der Erde

Lebensräume der Erde
Da das Wetter großen Einfluss auf die Vegetation eines bestimmten Gebietes hat, hängen die Lebensräume und Klimazonen der Erde eng miteinander zusammen.

- Tropische Regenwälder
- Subtropische Savannen
- Wüsten und Halbwüsten
- Gemäßigtes Gras- und Buschland
- Gemäßigte Wälder
- Nadelwälder
- Gebirge
- Pol-Eiskappen und Tundra

◆ Wissenswertes ◆
Die Rafflesie oder Riesenblume gedeiht in den Regenwäldern Südostasiens und kann Blüten von Wagenradgröße bekommen. Sie verströmt einen fauligen Geruch, der Insekten anlockt.

Gebirge
Je höher das Gelände, desto karger wird die Vegetation und desto kälter und stürmischer das Wetter. Die meisten Tiere der Berge besitzen ein dichtes Fell, das sie warm hält. Manche Arten wie die Bergziegen sind mit Kletterhufen ausgerüstet, die ihnen im Steilgelände mehr Trittsicherheit geben.

Pol-Eiskappen und Tundra
An den Eiskappen herrscht fast das ganze Jahr über strenger Frost. Manche Tiere schützen sich mit Fell und einer dicken Fettschicht gegen die Kälte. Die Tundra ist ein baumloser Vegetationsgürtel in der Arktis. Hasen, Lemminge und andere Pflanzenfresser leben hier von Zwergstrauchheide, Moosen und Flechten.

Gemäßigtes Gras- und Buschland
Bei mittleren Niederschlagsmengen finden wir vor allem Kurzgras-Ebenen und Buschland. Sie sind die Heimat von Pflanzenfressern wie Bisons und ein idealer Jagdgrund für Raubvögel. Manche Tiere suchen in Erdbauten Schutz vor Feinden.

Gemäßigte Wälder
Wälder gedeihen in feuchten, gemäßigten Zonen besonders gut. In Gegenden mit kalten Wintern überwiegen Laubbäume, die jeden Herbst ihre Blätter abwerfen. Manche Tiere dieses Lebensraums ziehen im Winter in wärmere Gebiete; andere legen Wintervorräte an.

Nadelwälder
Kalte, gemäßigte Zonen sind meist von immergrünen Nadelbäumen oder Koniferen bedeckt. Von ihrem dachförmigen Astwerk rutscht der schwere Schnee ab, so dass sie auch rauhen Wintern gut standhalten. Viele Tiere dieser Waldgebiete besitzen ein dichtes Fell oder halten Winterschlaf.

◆ Schau nach ◆
- Nenne ein pflanzenfressendes Tier, das in der afrikanischen Savanne lebt.
- Welche Pflanzen speichern Wasser in ihren Stämmen?
- Wie passen sich Gebirgstiere an ihren Lebensraum an?

Der grosse illustrierte Weltatlas

Rohstoffe und Energie

Die Erde gibt uns alles, was wir zum Leben brauchen. Atmosphäre, Flüsse und Seen enthalten das Süßwasser, das in Verbindung mit Sonnenschein und Humus Pflanzen gedeihen lässt. Die Pflanzen wiederum erzeugen den lebenswichtigen Sauerstoff und dienen zugleich Mensch und Tier als Nahrung. Während uns die Tiere mit Fleisch, Wolle und Milchprodukten versorgen, gewinnen wir aus Pflanzen Nutzholz, Brennmaterial und Textilien wie z.B. Baumwolle. All diese Ressourcen – Wasser, Pflanzen und Tiere – sind erneuerbar. Das bedeutet, dass sie uns immer erhalten bleiben, wenn wir sorgsam mit ihnen umgehen. Andere Rohstoffe dagegen sind nicht erneuerbar. Da sie weder nachwachsen noch sich von selbst ergänzen, werden sie eines Tages völlig aufgebraucht sein. Dazu gehören Mineralien, Edelsteine und fossile Brennstoffe (Kohle, Erdöl und Erdgas). Mineralien – z.B. Ton, Kalk und eine Reihe von Metallen – und Edelsteine – z.B. Diamanten oder Smaragde – finden in vielen Bereichen Verwendung, insbesondere in der Industrie. Kohle, Erdöl und Erdgas liefern einen Großteil der Energie, mit der wir unsere Häuser beleuchten und heizen sowie unsere Autos betreiben. Sie werden als fossile Brennstoffe bezeichnet, weil sie die Überreste von Tieren und Pflanzen sind, die sich in Schichten tief unter der Erde abgelagert haben. Einige dieser nicht erneuerbaren Rohstoffe könnten bereits im Lauf der nächsten 50 Jahre erschöpft sein. Deshalb – und weil das Verbrennen fossiler Stoffe zu einen hohen Luftverschmutzung führt – suchen Wissenschaftler derzeit verstärkt nach Möglichkeiten, den Energiebedarf der Menschheit durch erneuerbare Rohstoffe zu decken.

Energievorräte
Die Abbildung unten zeigt die wichtigsten Energiequellen der Erde. Wie das Diagramm rechts verdeutlicht, sind Kohle, Erdöl und Erdgas zwar immer noch unsere Hauptlieferanten für Energie, aber in vielen Teilen der Welt werden bereits alternative Konzepte wie Wind- oder Sonnenkraft entwickelt. Ihre Bedeutung für die Energieversorgung wird im gleichen Maße zunehmen, in dem die Reserven an fossilen Brennstoffen zur Neige gehen.

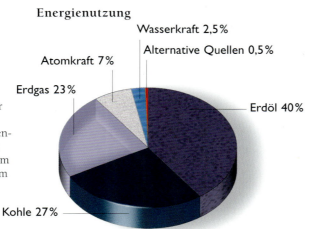

Energienutzung
- Wasserkraft 2,5 %
- Alternative Quellen 0,5 %
- Atomkraft 7 %
- Erdgas 23 %
- Erdöl 40 %
- Kohle 27 %

Ressourcen der Erde
Die Karte oben zeigt die wirtschaftliche Nutzung der verschiedenen Regionen auf der Erde sowie die Verteilung der wichtigsten fossilen Brennstoff-Reserven.

Erdgas • Kohle • Erdöl

● Ballungsgebiete: Städte und Industrie

● Agrargebiete mit Ackerbau und Viehzucht als Haupterwerbsquelle

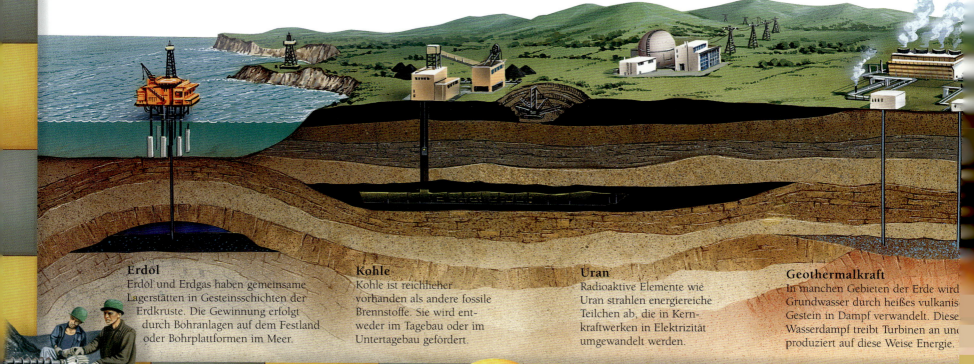

Erdöl
Erdöl und Erdgas haben gemeinsame Lagerstätten in Gesteinsschichten der Erdkruste. Die Gewinnung erfolgt durch Bohranlagen auf dem Festland oder Bohrplattformen im Meer.

Kohle
Kohle ist reichlicher vorhanden als andere fossile Brennstoffe. Sie wird entweder im Tagebau oder im Untertagebau gefördert.

Uran
Radioaktive Elemente wie Uran strahlen energiereiche Teilchen ab, die in Kernkraftwerken in Elektrizität umgewandelt werden.

Geothermalkraft
In manchen Gebieten der Erde wird Grundwasser durch heißes vulkanisches Gestein in Dampf verwandelt. Diese Wasserdampf treibt Turbinen an und produziert auf diese Weise Energie.

ROHSTOFFE UND ENERGIE

DER WASSERKREISLAUF

Der sogenannte Wasserkreislauf versorgt unseren Planeten laufend mit dem lebenswichtigen Süßwasser. Wasser an der Oberfläche von Ozeanen, Seen und Flüssen verdunstet und steigt als Dampf in die Atmosphäre auf. Je wärmer die Luft ist, desto mehr Wasserdampf kann sie aufnehmen. Sobald die Luft abkühlt, wird ein Teil des Wasserdampfes in winzige Wassertröpfchen oder Eiskristalle umgewandelt – ein Vorgang, den wir als Kondensation bezeichnen. Diese Tröpfchen oder Kristalle bilden nach und nach Wolken. Durch Zusammenballen innerhalb der Wolken werden die Tröpfchen oder Kristalle mit der Zeit so schwer, dass sie als Regen oder Schnee zu Boden fallen. Dabei gelangt das Wasser erneut in Flüsse, Seen und unterirdische Kanäle und von dort in die Meere: Der Kreislauf ist vollendet und kann von vorne beginnen.

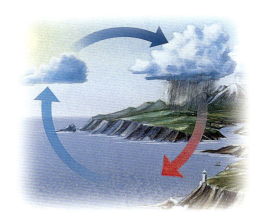

◆ MACH MIT: *Der Kreislauf des Wassers* ◆

Dieses einfache Experiment veranschaulicht den Wasserkreislauf auf der Erde.

❶ Legt einen langen Löffel oder Schöpflöffel aus Metall ein paar Minuten in das Tiefkühlfach, bis er richtig kalt ist. (Ein Löffel mit Holzgriff lässt sich leichter anfassen.)

❷ Bittet einen Erwachsenen, in einem Teekessel oder einer Pfanne etwas Wasser zum Kochen zu bringen.

❸ Sobald das Wasser kocht, steigt warme Luft auf, beginnt abzukühlen und bildet Dampfwolken.

❹ Haltet nun den Löffel – aber keinesfalls die Finger! – über den Dampf. Die Kühlwirkung des kalten Metalls beschleunigt die Kondensation des Wasserdampfs, so dass sich auf der Unterseite des Löffels kleine Tropfen bilden.

❺ Die Tröpfchen werden größer und schließlich so schwer, dass sie vom Löffel fallen wie Regen – teilweise zurück in den Kessel oder die Pfanne, wo sie den Wasservorrat ergänzen.

Wasserkraft
Hydroelektrische Energie entsteht, wenn Wasser über ein starkes Gefälle – z. B. einen Staudamm – in Turbinen geleitet wird, die Elektrizität erzeugen.

Windkraft
Windmühlen wandeln die Energie des Windes in Elektrizität um. Der Wind dreht die Flügel der Windräder, die ihrerseits elektrische Generatoren antreiben.

Solarkraft
Ganze Gruppen von spiegelähnlichen Solarkollektoren reflektieren die Sonnenstrahlen auf einen Solarofen, wo die Wärme in Elektrizität konvertiert wird.

Wellenkraft
An einem Gezeitendamm oder einer Talsperre werden starke Wellen durch enge Tunnel gepresst. Der Wasserdruck versetzt Turbinen in eine Drehbewegung, die auf Generatoren übertragen wird.

Agrargebiete mit Anbau und Tierhaltung für den Eigenbedarf

Wüsten-, Steppen- und Tundragebiete mit Teilnutzung als Weideland

Gebiete mit Teilnutzung für Jagd und Bergbau, aber ohne Landwirtschaft (zu kalt oder zu trocken)

Grasgebiete mit intensiver Weidenutzung

Waldgebiete mit Teilnutzung für Landwirtschaft, Jagd und Bergbau

Fischereigebiete

DER GROSSE ILLUSTRIERTE WELTATLAS

Der Mensch und die Erde

DIE ERDE BEHERBERGT etwa 5,8 Milliarden Menschen, die sich jedoch nicht gleichmäßig auf den Landmassen unseres Planeten verteilen, sondern vor allem in den Regionen konzentrieren, wo Rohstoffvorräte reichlich vorhanden sind oder leicht erschließbar sind. Deshalb leben in fruchtbaren Gegenden, in der Nähe von Energiequellen sowie entlang der Flüsse und Meeresküsten weit mehr Menschen als etwa in den Wüsten- oder Polargebieten. Die Weltbevölkerung wächst derzeit schneller als je zuvor. Allein während ihr diesen Satz lest, werden etwa 20 Babys geboren. Seit 1950 hat sich Zahl der Erdenbewohner mehr als verdoppelt. Dieses Wachstum beruht einerseits auf einer längeren Lebenserwartung dank der Fortschritte in der Medizin, andererseits auf einer extrem hohen Geburtenrate in manchen Teilen der Welt. Die stärkste Bevölkerungsexplosion verzeichnen wir in Entwicklungsländern – ärmeren Staaten, in denen es kaum Industrie oder moderne Technologien gibt. Da es diesen Ländern schwer fällt, die wachsende Bevölkerung zu ernähren und mit dem Nötigsten zu versorgen, befürworten viele der betroffenen Regierungen Maßnahmen zur Geburtenkontrolle.

VOLKSZUGEHÖRIGKEIT
Dieses Diagramm zeigt die zehn Nationen mit den höchsten Einwohnerzahlen. China hat die bei weitem größte Bevölkerung: Jeder fünfte Mensch auf der Welt lebt heute in China.

BEVÖLKERUNGSGEOGRAFIE
Die Punkte auf dieser Karte bezeichnen die am dichtesten besiedelten Gebiete.
■ Industrieländer
■ Entwicklungsländer

China
1,2 Milliarden

Indien
937 Millionen

USA
264 Millionen

Indonesien
204 Millionen

Brasilien
161 Millionen

Russland
150 Millionen

Pakistan
132 Millionen

Bangladesch
128 Millionen

Japan
126 Millionen

Nigeria
101 Millionen

BEVÖLKERUNGSDICHTE
In manchen Ländern leben viele Menschen auf engstem Raum zusammen, in anderen sind riesige Flächen nur spärlich besiedelt.

Niederlande:
400 Menschen pro km²

Australien:
2 Menschen pro km²

STÄDTEWACHSTUM
Mit zunehmender Industrialisierung setzt eine Landflucht ein: Viele Menschen verlassen ihre Dörfer, um in den Fabriken und Betrieben der Großstädte zu arbeiten. Wie dieser Vergleich zwischen Paris und der indonesischen Hauptstadt Jakarta verdeutlicht, wachsen die Städte in Entwicklungsländern heute schneller als die in Industrieländern.

🗼 Paris | Jakarta

1970
8,5 Millionen   3,9 Millionen

1990
9,3 Millionen   9,3 Millionen

2010
9,6 Millionen   19,2 Millionen

DER MENSCH UND DIE ERDE

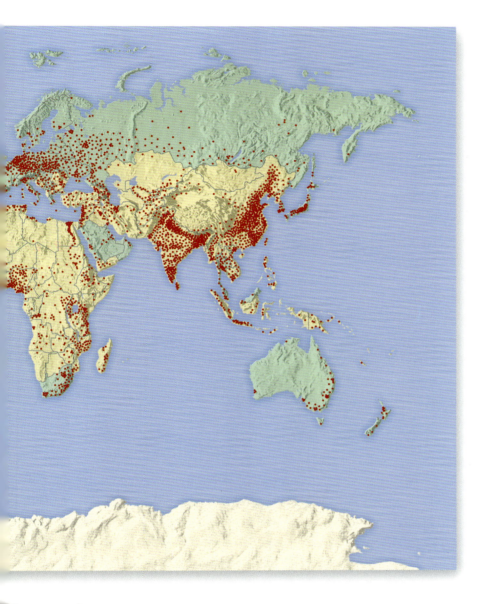

♦ WISSENSWERTES ♦

- Jede Sekunde werden drei Babys geboren.
- Wenn die Weltbevölkerung gleichmäßig über die Landmassen der Erde verteilt wäre, hätte jeder Mensch eine Fläche von mehr als vier Fußballfeldern zur Verfügung.
- Würde man alle Bewohner der Erde dicht nebeneinander aufstellen, fänden sie auf der Insel Jamaika Platz.

BEVÖLKERUNGSWACHSTUM
Alle vier Tage werden eine Million Kinder geboren. Falls diese Wachstumsrate anhält, müssen wir bis zum Jahr 2100 mit 10 Milliarden Menschen auf der Erde rechnen. Während in den Industrienationen die Einwohnerzahlen nur langsam steigen oder sogar rückläufig sind, nimmt die Bevölkerung in Entwicklungsländern extrem schnell zu.

○ Entwicklungsländer
● Industrieländer

REICH UND ARM

Menschen in Industrienationen – das sind Länder mit viel Industrie und einem hohen Techniksstand – sind in der Regel wohlhabend und sammeln Besitz an. Menschen in Entwicklungsgebieten – das sind Länder, die noch keinen Anschluss an die moderne Industrie gefunden haben – sind dagegen meist arm und besitzen wenig. Obwohl die Industrienationen längst nicht so dicht bevölkert sind wie die Entwicklungsländer, verbrauchen sie aufgrund ihres Reichtums einen weit größeren Anteil der Rohstoffreserven unseres Planeten.

♦ MACH MIT: *Sprachen* ♦

Es gibt auf der Erde über 3000 Sprachen und Dialekte, aber mehr als ein Drittel der Weltbevölkerung verständigt sich mit Hilfe einer der folgenden sechs Sprachen. Wenn ihr also die sechs Begriffe für „Hallo" lernt, könnt ihr mehr als zwei Milliarden Menschen begrüßen!

hello
Englisch
(350 Millionen Menschen)

你好
ni hǎo
Chinesisch
(1 Milliarde Menschen)

مرحبا
mar-ha-**ban**
Arabisch
(150 Millionen Menschen)

¡hola!
o-**la**
Spanisch
(250 Millionen Menschen)

नमस्ते
na-ma-**stay**
Hindi
(200 Millionen Menschen)

привет!
pri-**wjet**
Russisch
(150 Millionen Menschen)

Industrieländer:
stellen 20% der Weltbevölkerung
besitzen 80% des Weltkapitals
verbrauchen 70% der Weltenergie

Entwicklungsländer:
stellen 80% der Weltbevölkerung
besitzen 20% des Weltkapitals
verbrauchen 30% der Weltenergie

23

DER GROSSE ILLUSTRIERTE WELTATLAS

Im Eiltempo um die Welt

UM 1850 DAUERTE DIE REISE von London nach New York etwa drei Wochen. Heute lässt sich die gleiche Strecke in etwas mehr als drei Stunden zurücklegen. Der Fortschritt hat nicht nur unser Lebenstempo, sondern auch unsere Welt-Perspektive drastisch verändert. Die Länder rücken in unseren Augen näher zusammen – die Erde scheint zu schrumpfen. Schnellere Verkehrsmittel und neu entwickelte Technologien fördern den internationalen Handel und Informationsaustausch. Frachtflugzeuge bringen Waren innerhalb eines Tages auf die andere Seite des Erdballs. Frischprodukte wie Fleisch, Obst und Gemüse, die noch vor kurzem verdorben wären, ehe sie ihr Ziel erreichten, können heute mit Kühlcontainer-Schiffen über weite Strecken transportiert werden. Dank der modernen Telekommunikation – Telefon, Fax und Computernetze – können Geschäftsleute direkt mit ihren Kunden in aller Welt verhandeln. Auch unser Wissen über fremde Länder und Völker nimmt ständig zu. Wir erfahren im Fernsehen viel über das Weltgeschehen, können Menschen anrufen, die Tausende von Kilometer entfernt sind, und sogar neue Freunde per E-Mail und Internet gewinnen.

1860: Schnellsegler, 3 Wochen

1910: Dampfschiff *Mauretania*, 5 Tage

1939: Wasserflugzeug Boeing 314 Clipper, 24 Stunden

Heute: Überschall-Düsenflugzeug Concorde, 3 1/2 Stunden

DIE TRANSATLANTIKROUTE
Um die Mitte des 19. Jahrhunderts war ein Schnellsegler oder Klipper das zügigste Schiff für die Distanz zwischen New York und London. Wie lange so eine Seereise genau dauerte, hing vom Wetter ab, doch im allgemeinen musste man mit etwa drei Wochen rechnen. Im Jahr 1910 benötigte das Dampfschiff Mauretania für die gleiche Strecke nur noch fünf Tage. 1939 war mit dem Wasserflugzeug Boeing 314 Clipper die Voraussetzung für regelmäßige Passagierflüge über den Atlantik geschaffen; die Maschine bewältigte die Transatlantikroute damals in 24 Stunden. Heute braucht das Überschall-Verkehrsflugzeug Concorde für den gleichen Flug dreieinhalb Stunden.

SEEWEGE
Heute spielt der Güterverkehr mit Container-Schiffen und Tankern eine wesentlich größere Rolle als die Passagierschifffahrt. Die Karte oben verzeichnet die meistbefahrenen Schiffsrouten und wichtigsten Häfen der Welt. In Rotterdam werden mehr Waren umgeschlagen als in irgendeinem anderen Seehafen.

LUFTWEGE
Fliegen ist heute die gebräuchlichste Form des globalen Reiseverkehrs. Die Karte oben zeigt die am häufigsten benutzten internationalen Luftwege und Flughäfen. Während Heathrow in London mehr internationale Flüge abfertigt als jeder andere Flughafen, hält O'Hare Airport in Chicago den Weltrekord an Flugbewegungen.

Im Eiltempo um die Welt

Internationaler Handel

Zwischen den Ländern der Erde findet ein reger Warenaustausch statt. Staaten, die mehr Rohstoffe besitzen und mehr Nahrung produzieren, als sie selbst verbrauchen, exportieren einen Teil dieser Güter in Gebiete mit geringen Ressourcen. Andere Staaten exportieren wenig, weil sie ihre Rohstoffe und Energievorräte selbst benötigen. Die Pfeile auf der schematischen Darstellung unten zeigen den Weg an, den drei Kategorien von Handelsgütern nehmen: Nahrungsmittel, Rohstoffe (einschließlich Mineralien, Brennstoffe und Nutzholz) und Fertigerzeugnisse (in Fabriken hergestellte Artikel wie Autos oder Elektrogeräte). Außerdem sind die wichtigsten Produkte jeder Region abgebildet.

◆ Schau nach ◆

- Wie spät ist es im Osten Australiens, wenn wir in England zwölf Uhr mittags haben?
- Wie heißt der bedeutendste Hafen von Neuseeland?
- Welche Fertigerzeugnisse exportiert Japan?

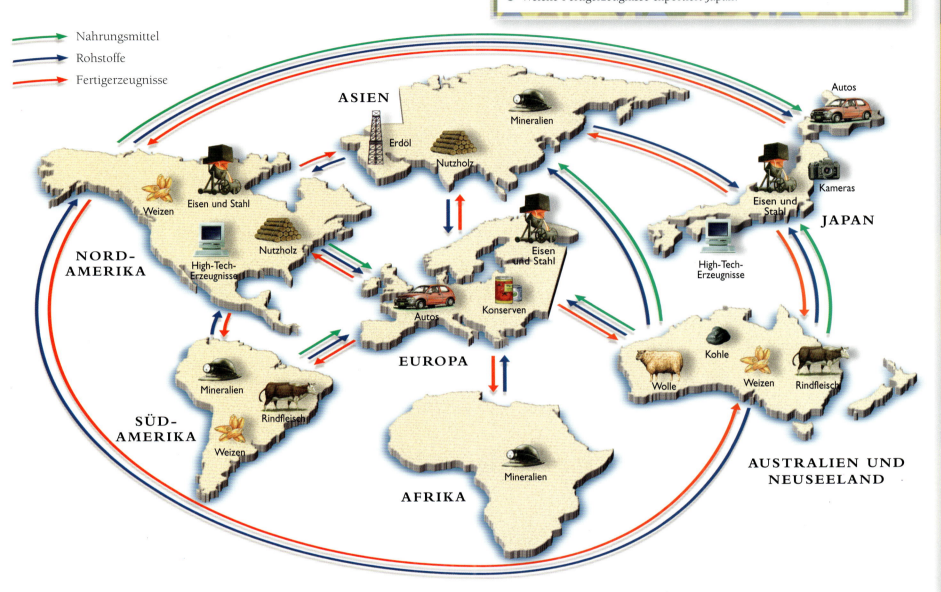

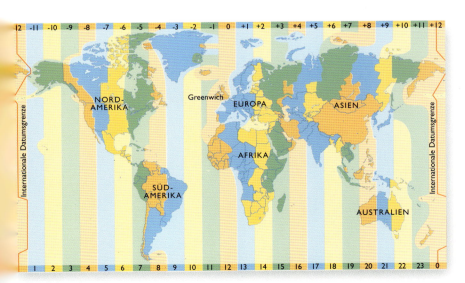

Zeitzonen

Die Welt ist in 24 Zeitzonen eingeteilt. Vom Greenwich-Nullmeridian in England ausgehend wird nach Osten zu in jeder Zeitzone eine Stunde dazugezählt, nach Westen zu jeweils eine Stunde abgezogen. Innerhalb einer Zeitzone gilt für alle Orte die gleiche Zeit. Die international vereinbarte Datumsgrenze markiert, wo ein Tag endet und der nächste beginnt.

Eine virtuelle Welt

Computer verändern alles – unsere Arbeitswelt, unser Freizeitverhalten und unseren Gedankenaustausch. Ihr könnt bereits jetzt elektronische Post (E-Mail) und andere digitale Informationen von Computer zu Computer rund um die Welt schicken. Ihr könnt in Datennetzen wie dem Internet Zeitschriften lesen, Musik hören oder Einkäufe tätigen! Es gibt Netzwerke, über die man direkt mit anderen Leuten sprechen und sie dabei sogar auf dem Computer-Bildschirm sehen kann! So etwas nennt man eine Video-Konferenz. Alles deutet darauf hin, dass in Zukunft immer mehr Menschen den Computer nutzen werden, um Geschäfte abzuschließen, ihre Einkäufe zu erledigen oder ihre Freizeit zu gestalten.

25

Der grosse illustrierte Weltatlas

Die Erde in Gefahr

DIE ZUKUNFT UNSERES PLANETEN STEHT AUF DEM SPIEL – heute mehr denn je zuvor. Der rasche Anstieg der Weltbevölkerung sowie die Ausbreitung von Industrie und Technik in den letzten 200 Jahren haben zu wachsenden Belastungen und Schäden unserer Umwelt geführt. Die Vorräte an fossilen Brennstoffen und anderen nicht erneuerbaren Rohstoffen gehen allmählich nur Neige. Aber selbst die erneuerbaren Rohstoffe haben kaum eine Chance, sich zu regenerieren, da wir die Böden, Wälder und Fischgewässer unseres Planeten seit langem überbeanspruchen. Der Müll von Privathaushalten und Industrie verseucht das Grundwasser, und die Abgase von Autos und Fabriken vergiften unsere Atemluft. Die zunehmende Luftverschmutzung könnte sogar unser Klima verändern. Wissenschaftler aus aller Welt suchen nach Wegen zur Schonung der Rohstoffreserven und Eindämmung der Schäden, die wir der Erde zufügen. Durch einfache Maßnahmen wie Recycling, sparsame Benutzung von Autos und den Kauf umweltfreundlicher Produkte können wir alle unseren Beitrag zum Schutz der Erde und zur Erhaltung ihrer Ressourcen für künftige Generationen leisten.

Eine globale Krise
Wie die Karte verdeutlicht, ist kaum ein Fleck auf der Erde frei von Umweltbelastungen. Auf diesen Seiten sind die größten Probleme zusammengestellt, die wir bewältigen müssen, wenn wir unsere Welt vor einer Katastrophe bewahren wollen.

- Wüstengebiete
- Gebiete mit vorrückenden Wüsten
- Regenwald
- Gerodete Regenwald-Flächen
- Städte mit starker Luftverschmutzung
- Durch sauren Regen geschädigte Gebiete
- Verschmutzte Wasserstraßen
- Schweröl-Teppiche (verursacht durch die Schifffahrt)
- Leichtöl-Teppiche (verursacht durch die Schifffahrt)
- Schwerwiegende Reaktor-Unfälle
- Schwerwiegende Öltanker-Unfälle
- Schwerwiegende Ölplattform-Explosionen

◆ Wissenswertes ◆
- Alle zehn Sekunden wird in Brasilien etwa ein halber Hektar Regenwald vernichtet.
- Täglich sterben mehr als 50 Arten aus, in erster Linie durch Eingriffe der Menschen in die Natur (z. B. Forstwirtschaft oder Jagd).

Vormarsch der Wüsten
In den Trockenzonen der Erde können fruchtbare Gebiete durch Überweiden und Zerstörung der natürlichen Vegetation in Wüsten verwandelt werden. Um die Desertifikation – das Vorrücken der Wüsten – aufzuhalten, sollten wir jeden Raubbau vermeiden und brachliegendes Land neu mit Bäumen und Sträuchern bepflanzen.

Zerstörung der Wälder
Immer mehr Naturwald wird gefällt, um den steigenden Bedarf an Nutzholz und Papier zu decken oder um Platz für Felder und Siedlungen zu schaffen. Ihr tragt zum Schutz der Wälder bei, wenn ihr Recycling-Papier verwendet und so den Holzverbrauch möglichst gering haltet. Auch das Neuanpflanzen von Bäumen kann helfen.

Luftverschmutzung
Autos und Fabrikanlagen verpesten die Luft mit Ruß und Giftgasen. In jüngster Zeit bemühen sich Industrie und Autohersteller, die Abgase zu verringern. Ihr selbst könnt etwas gegen die Luftverschmutzung tun, wenn ihr zu Fuß geht, mit dem Rad fahrt oder öffentliche Verkehrsmittel statt das Auto benutzt.

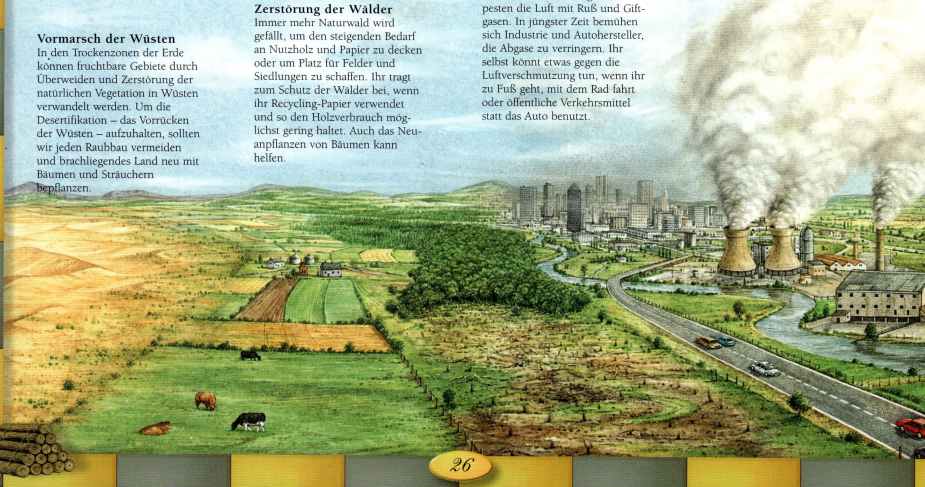

Die Erde in Gefahr

Tanker-Unfälle
Auslaufendes Öl und andere Verunreinigungen durch Schiffsunglücke stellen eine ernsthafte Bedrohung für die Tierwelt dar. Das Öl, das der Tanker Exxon Valdez 1989 vor der Küste von Alaska verlor, brachte 350 000 Seevögeln und vielen anderen Meerestieren den Tod.

Kernkraft-Unfälle
Kernkraft-Unfälle sind selten, aber sie haben meist verheerende Folgen. 1986 wurde bei der Reaktor-Katastrophe von Tschernobyl eine Wolke radioaktiver Gase freigesetzt, die weite Landstriche auf Jahrhunderte hinaus verseuchte und vielen Menschen Krankheit und Tod brachte.

Ölquellen-Unfälle
Explosionen und Brände bei der Förderung von Erdöl und Erdgas können die Umwelt extrem belasten. Als im Jahr 1992 während des Golfkriegs Hunderte von Ölquellen in Kuwait brannten, litt die gesamte Region unter der enormen Luft- und Wasserverseuchung.

Saurer Regen
Die verschmutzte Luft kann Regen in eine starke Säure verwandeln. Saurer Regen lässt Wälder und das Leben in Flüssen und Seen sterben und verursacht sogar Gebäudeschäden. Der Kampf gegen die Luftverschmutzung ist zugleich die einzige Möglichkeit, dem sauren Regen Einhalt zu gebieten.

Abbau der Ozonschicht
Eine Ozonschicht in der oberen Atmosphäre schützt uns vor der schädlichen Ultraviolettstrahlung der Sonne. Diese Schicht wird zunehmend durch Fluorchlorkohlenwasserstoffe (FCKWs) zerstört – chemische Substanzen, die sich in manchen Treibgasen und Kühlschränken befinden. Achtet deshalb immer darauf, dass ihr FCKW-freie Produkte kauft!

Wasserverschmutzung
Die Gewässer der Erde werden verseucht, weil Schiffe ihren Schmutz einfach über Bord kippen und viele Fabriken, Privathaushalte und Strandhotels ihre Abwässer ungeklärt in Flüsse und Meere einleiten. Wenn ihr einen Beitrag zum Schutz des Wassers leisten wollt, beteiligt euch an lokalen Säuberungsaktionen, hinterlasst keinen Müll in Ufernähe und werft eure Abfälle nie ins Wasser.

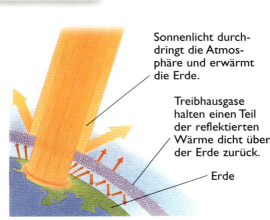

Sonnenlicht durchdringt die Atmosphäre und erwärmt die Erde.

Treibhausgase halten einen Teil der reflektierten Wärme dicht über der Erde zurück.

Erde

Eine weltweite Erwärmung
Es gibt in der Atmosphäre Gase wie Kohlendioxid und Methan, die einen Teil der Sonnenenergie zurückhalten, so dass sich die Erde erwärmt. Allerdings hat die Verbrennung fossiler Stoffe zu einem Anwachsen dieser „Treibhausgase" in der Atmosphäre und damit zu einer stärkeren Erwärmung der Erde geführt. Falls dieser Trend anhält, könnte einerseits immer mehr fruchtbares Land in Wüsten verwandelt werden, andererseits das Eis an den Polen schmelzen und tiefer gelegene Küstenregionen überflutet werden. Die meisten Länder bemühen sich deshalb, den Ausstoß von Treibhausgasen zu vermindern.

◆ Schau nach ◆

- Was können wir gegen sauren Regen tun?
- Welche Gase erwärmen die Erde?
- Welchen Beitrag können wir zum Schutz der Ozonschicht leisten?

Die Oberfläche der Erde

WIR NENNEN UNSEREN PLANETEN ERDE, obwohl seine Oberfläche zu gut zwei Dritteln von Salzwasser bedeckt ist. Zu den drei Hauptmeeren – den Pazifischen, Atlantischen und Indischen Ozean – kommen das Nord- und Südpolarmeer sowie zahlreiche kleinere Binnen- und Randmeere. Der Pazifische Ozean allein ist größer als alle Kontinente zusammen. Die Landmassen machen lediglich 29 Prozent der Erdoberfläche aus, und sie weisen enorme Unterschiede hinsichtlich Gestalt, Bodenbeschaffenheit und Vegetation auf. Gebirge und Hügellandschaften wechseln mit weiten Ebenen, Becken und Tälern ab. In den meisten Gebieten finden wir Wälder, Gras und andere Pflanzen, aber es gibt auch Regionen mit mehr als karger Vegetation. Wüsten – extrem niederschlagsarme Zonen, in denen kaum etwas gedeiht – überziehen etwa ein Fünftel der Landflächen. Dazu kommen die Polargebiete und viele Berggipfel, die ganzjährig mit Eis und Schnee bedeckt sind. Der Meeresgrund ist ebenfalls vielfältig gegliedert. Tiefe Gräben durchziehen die meisten Ozeane, und die Erhebungen vieler Inseln sind nichts anderes als die Gipfel untermeerischer Gebirgsrücken. So misst der Mauna Kea, der sich auf der Insel Hawaii im Pazifik befindet, vom Meeresboden bis zu seiner Spitze 10 205 Meter und überragt damit bei weitem den höchsten Berg an Land – den Mount Everest im Himalaya.

Daten zur Erde

Erdumfang am Äquator:
40 067 km
Meeresfläche: 362 033 000 km²
Landfläche über dem Meeresspiegel:
148 021 000 km²
Größtes Meer: Pazifischer Ozean: 166 241 700 km²
Größte Landmasse: Eurasien (Europa und Asien):
53 698 000 km²
Größte Meerestiefe: Marianengraben im Pazifischen Ozean: 10 911 m
Größte Insel: Grönland: 2 175 000 km²

Wissenswertes

Fast das gesamte Wasser auf der Erde – 97,3 Prozent – ist Salzwasser. Von den knapp 3 Prozent Süßwasser sind zudem zwei Drittel in Eiskappen und Gletschern gebunden. Das bedeutet, dass unsere Flüsse, Seen und Kanäle nicht einmal 1 Prozent der gesamten Wassermenge enthalten.

DIE OBERFLÄCHE DER ERDE

NORDPOLARMEER

Spitzbergen
Grönlandsee
SVALBARD
FRANZ-JOSEF-LAND
NOWAJA SEMLJA
SEVERNAJA SEMLJA
Laptewsee
NEUSIBIRISCHE INSELN
Ostsibirisches Meer
Tschuktschensee

Jan-Mayen-Insel
Barentssee
Kara-see

Island
Europäisches Nordmeer
Beringstraße
RÜCKEN
FARÖER INSELN
Nordsee
SKANDINAVIEN
EUROPÄISCHES TIEFLAND
Dwina
URALGEBIRGE
WEST-SIBIRISCHES TIEFLAND
MITTEL-SIBIRISCHES BERGLAND
Lena
Beringmeer
ALÖREN

Irland
BRITISCHE INSELN
EUROPA
Wolga
Ob
Jenissei
Ob
SIBIRIEN
Ochotskisches Meer
ALÖREN
ALEUTENGRABEN

KANALINSELN
ALPEN
KARPATEN
Dnjepr
Donau
Schwarzes Meer
KASPISCHES MEER
KIRGISISCHE STEPPE
Aralsee
Balchaschsee
Irtysch
Angara
Baikalsee
Amur
KURILEN
KURILENGRABEN

ZOREN
MITTELMEER
Tigris
Euphrat
ZAGROSGEBIRGE
HINDUKUSCH
TIAN SHAN
WÜSTE GOBI
Japanisches Meer
Hokkaido
Honshu
NORDWEST-PAZIFISCHES BECKEN

DEIRA
ATLASGEBIRGE
ARABISCHE HALBINSEL
Indus
KUNLUN SHAN
HOCHLAND VON TIBET
HIMALAYA
Huang He
Jangtsekiang
Ostchinesisches Meer
PAZIFISCHER

KANARISCHE INSELN
ER
SAHARA
NUBISCHE WÜSTE
Arabisches Meer
DEKKAN
Ganges
Mekong
Taiwan
PHILIPPINISCHES BECKEN
Wake-Insel
ZENTRALPAZIFISCHER RÜCKEN
MIDWAY-INSELN
OZEAN

ISCHE INSELN
SAHEL
ROTES MEER
LAKKADIVEN
Golf von Bengalen
ANDA-MANEN
Luzon
Süd-chinesisches Meer
MARIANEN
Philippinisches Meer
Guam
MARIANENGRABEN
MARSHALLINSELN
ZENTRAL-PAZIFISCHES BECKEN
Johnston-Atoll

Niger
AFRIKA
Sri Lanka
MALEDIVEN
NICO-BAREN
PHILIPPINEN-GRABEN
PHILIPPINEN
Palau
KAROLINEN
MIKRONESIEN
Nauru
GILBERT-INSELN

Golf von Guinea
Uelle
Kongo
ZENTRALAFRIKANISCHER GRABEN
ZENTRALINDISCHER RÜCKEN
SUNDAINSELN
Sumatra
Borneo
Java
MELANESIEN
Neu-guinea
SOLOMONEN
OZEANIEN
Tuvalu
Tokelau

Asunción
KONGO-BECKEN
Kasai
Victoriasee
SEYCHELLEN
ZENTRALINDISCHES BECKEN
JAVA-GRABEN
Christmas-Insel
Korallensee
SAMOA

St. Helena
Ubangi
KOMOREN
Mayotte
INDISCHER OZEAN
KOKOS-(KEELING)-INSEL
Vanuatu
NiUe
Tonga

VAZ-
Sambesi
Madagaskar
Mauritius
BENGALISCHER RÜCKEN
NORDAUSTRALISCHES BECKEN
GROSSE SANDWÜSTE
SIMPSON-WÜSTE
Neu-kaledonien
FIDSCHI-INSELN

Tristan da Cunha
WALFISCHRÜCKEN
NAMIBIA
KALAHARI-WÜSTE
Réunion
AUSTRALIEN
GROSSE VIKTORIAWÜSTE
Eyresee
GREAT DIVIDING RANGE
Norfolk-Insel
KERMADEC-INSELN
TONGA-GRABEN

Gough-Insel
Oranje
KAP DER GUTEN HOFFNUNG
Amsterdam-Insel
St.-Paul-Insel
ATLANTISCH-INDISCHER RÜCKEN
INDISCH-ANTARKTISCHER RÜCKEN
Große Australische Bucht
Darling
Murray
Tasmanien
NEU-SEELAND
Nord-insel
CHATHAM-INSELN

ATLANTISCHER RÜCKEN
CROZET-INSELN
PRINZ-EDUARD-INSELN
KERGUELEN-INSELN
Tasmansee
Süd-insel
AUCKLAND-INSELN

TICH-LN
Bouvet-Insel
ATLANTISCH-INDISCHES POLARBECKEN
HEARD-UND-MCDONALD-INSELN
INDISCH-ANTARKTISCHER RÜCKEN
Macquarie-Inseln

INDISCH-ANTARKTISCHES BECKEN

Rossmeer

ANTARKTIS

29

DER GROSSE ILLUSTRIERTE WELTATLAS

Die Staaten der Erde

MIT AUSNAHME DER ANTARKTIS, die bislang keine permanente Besiedlung zulässt, ist die gesamte Landfläche der Erde politisch aufgeteilt. Es gibt auf unserem Planeten etwa 200 Staaten, die alle ihre eigenen Regierungen und Gesetze haben. Das kleinste Land der Welt ist der Vatikan, dessen Einflussgebiet nicht mehr als 0,44 km² umfasst. (Das entspricht ungefähr der Fläche von 100 Fußballfeldern.) Im Vergleich dazu hat Russland, die Nation mit der größten Ausdehnung, 39 Millionen Mal mehr Land zur Verfügung! Die Trennlinien zwischen den einzelnen Staaten bezeichnet man als Grenzen. Auf der politischen Weltkarte rechts sind die Länder verschieden eingefärbt, damit ihr die Grenzen deutlich erkennen könnt. Manche Grenzen werden von Gebirgen oder Flüssen gebildet; andere durchschneiden Seen oder Meere. Größe und Grenzverlauf eines Landes können sich von Zeit zu Zeit verändern. Manchmal zerfällt eine große politische Einheit in kleinere Staaten, weil sich bestimmte Volksgruppen unabhängig machen. Zwischen Nachbarstaaten kommt es häufig zu Unstimmigkeiten über die Grenzgebiete. Solche Auseinandersetzungen haben im Lauf der Geschichte immer wieder zu Kriegen geführt. In diesem Atlas sind umstrittene Grenzen durch punktierte Linien gekennzeichnet. Viele Staaten verwalten oder beherrschen außerdem Besitzungen in anderen Teilen der Welt. Auf der Karte erscheint der Name des regierenden Landes jeweils in Klammern hinter dem abhängigen Territorium.

Politische Fakten

Anzahl der unabhängigen Staaten: 194
Anzahl der abhängigen Gebiete: 65
Größte Staaten:
Russland: 17 075 383 km²
Kanada: 9 976 185 km²
China: 9 583 000 km²
Kleinster Staat: Vatikanstadt: 0,44 km²
Längste Grenze: USA-Kanada: 6 416 km²

◆ SCHAU NACH ◆

Die folgenden Gebilde stellen Länder dar, die in der politischen Weltkarte rechts eingetragen sind. Könnt ihr sie finden und benennen?

SCHLÜSSEL FÜR NUMMERIERTE LÄNDER

1 NIEDERLANDE
2 BELGIEN
■ 3 LUXEMBURG
4 TSCHECHISCHE REPUBLIK
5 SLOWAKEI
6 SCHWEIZ
■ 7 LIECHTENSTEIN
8 SLOWENIEN
9 KROATIEN
■ 10 ANDORRA
■ 11 MONACO
■ 12 SAN MARINO
■ 13 VATIKANSTADT
14 BOSNIEN-HERZEGOWINA
15 MOLDAWIEN
16 JUGOSLAWIEN
17 ALBANIEN
18 MAZEDONIEN
■ 19 GIBRALTAR (G.B.)
20 ARMENIEN
21 ASERBAIDSCHAN
22 VEREINIGTE ARABISCHE EMIRATE

Die Staaten der Erde

NORDPOLARMEER

SVALBARD (NORWEGEN)

JAN-MAYEN-INSEL (NORWEGEN)

ISLAND

FARÖER (DÄNEMARK)

SCHWEDEN
NORWEGEN
FINNLAND

ESTLAND
DÄNEMARK
LETTLAND
GROSS-BRITANNIEN
IRLAND
POLEN
LITAUEN
RUSSLAND
WEISS-RUSSLAND

DEUTSCHLAND
FRANKREICH
ÖSTERREICH
UKRAINE
UNGARN
RUMÄNIEN
BULGARIEN

ITALIEN
PORTUGAL
SPANIEN
GRIECHENLAND
TÜRKEI
MALTA
ZYPERN
SYRIEN
LIBANON
ISRAEL
IRAK
JORDANIEN

RUSSLAND

KASACHSTAN
MONGOLEI

GEORGIEN
USBEKISTAN
KIRGISTAN
TURKMENISTAN
TADSCHIKISTAN

IRAN
AFGHANISTAN
CHINA
NORD-KOREA
SÜDKOREA
JAPAN

PAZIFISCHER OZEAN

MAROKKO
TUNESIEN
WESTSAHARA
KANARISCHE INSELN (SPANIEN)
MADEIRA (PORTUGAL)

ALGERIEN
LIBYEN
ÄGYPTEN

KUWAIT
BAHRAIN
KATAR
SAUDI-ARABIEN
OMAN

PAKISTAN
NEPAL
BHUTAN

INDIEN
BANGLADESH
MYANMAR (BURMA)
LAOS
MAKAO (PORTUGAL)
TAIWAN

MAURETANIEN
MALI
NIGER
TSCHAD
SUDAN
ERITREA
JEMEN

MIDWAY-INSELN (USA)

SENEGAL
GAMBIA
GUINEA-BISSAU
GUINEA
BURKINA FASO
NIGERIA
DSCHIBUTI
ÄTHIOPIEN

SIERRA LEONE
LIBERIA
CÔTE D'IVOIRE (ELFENBEINKÜSTE)
GHANA
TOGO
BENIN
KAMERUN
ÄQUATORIAL-GUINEA
ZENTRAL-AFRIKANISCHE REPUBLIK

SÃO TOMÉ UND PRINCIPE
GABUN
KONGO
KONGO/ZAIRE
UGANDA
RUANDA
BURUNDI
KENIA
SOMALIA

LAKKADIVEN (INDIEN)
ANDAMANEN (INDIEN)
NIKOBAREN (INDIEN)
THAILAND
VIETNAM
KAMBODSCHA
PHILIPPINEN

ASUNCIÓN (G.B.)
TANSANIA
MALEDIVEN
SRI LANKA

NORD-MARIANNEN (USA)
WAKE-INSELN (USA)

GUAM (USA)
MARSHALL-INSELN
JOHNSTON-ATOLL (USA)

ANGOLA
SAMBIA
MALAWI
SEYCHELLEN
KOMOREN
MAYOTTE (FRANKREICH)

BRITISH INDIAN OCEAN TERRITORY (G.B.)

CHRISTMAS-INSEL (AUSTRALIEN)
KOKOS-(KEELING)-INSELN (AUSTRALIEN)

BRUNEI
MALAYSIA
SINGAPUR
INDONESIEN

PALAU (BELAU)
FÖDERIERTE STAATEN VON MIKRONESIEN
NAURU
KIRIBATI

ST. HELENA UND ASCENSION (G.B.)

NAMIBIA
BOTSWANA
SWASILAND
LESOTHO
SÜD-AFRIKA
SIMBABWE
MOSAMBIQUE
MADAGASKAR
MAURITIUS
RÉUNION (FRANKREICH)

PAPUA-NEU-GUINEA
SOLOMON-INSELN
TUVALU
TOKELAU (NEUSEELAND)
WESTERN SAMOA
WALLIS AND FUTUNA (FRANKREICH)
AMERIKANISCH-SAMOA (USA)
NIUE (NEUSEELAND)
NEUE HEBRIDEN
NEU-KALEDONIEN (FRANKREICH)
FIDSCHI
TONGA

ATLANTISCHER OZEAN

TRISTAN DE CUNHA (G.B.)

INDISCHER OZEAN

AUSTRALIEN

NORFOLK-INSEL (AUSTRALIEN)
KERMADEC-INSELN (NEUSEELAND)

GOUGH-INSEL (G.B.)

AMSTERDAM-INSEL (FRANKREICH)
ST.-PAUL-INSEL (FRANKREICH)

PRINZ-EDUARD-INSELN (SÜDAFRIKA)
CROZET-INSELN (FRANKREICH)
KERGUÉLEN-INSELN (FRANKREICH)

NEU-SEELAND
CHATHAM-INSELN (NEUSEELAND)

AUCKLAND-INSELN (NEUSEELAND)

HEARD- UND McDONALD-INSELN (AUSTRALIEN)

SÜDSANDWICH-INSELN (G.B.)
BOUVET-INSEL (NORWEGEN)

MACQUARIE-INSEL (AUSTRALIEN)
CAMPBELL-INSEL (NEUSEELAND)

PAZIFISCHER OZEAN

ANTARKTIS

31

Nordamerika

DER KONTINENT NORDAMERIKA reicht von unterhalb des Nordpols bis fast zum Äquator und umfasst daher eine große Vielfalt von Lebensräumen – Eislandschaften und Wälder, Gebirge, Wüsten und Dschungel. Im Westen erstrecken sich Gebirgsketten nahezu durchgehend von Alaska bis Costa Rica, darunter die weltberühmten Rocky Mountains. Von den insgesamt 23 Ländern des nordamerikanischen Kontinents nehmen die Vereinigten Staaten von Amerika (auch USA oder Amerika genannt) und Kanada die größte Fläche ein. Die USA setzen sich aus 50 Staaten zusammen, während Kanada in zehn Provinzen und zwei Territorien unterteilt ist. In Nordamerika gibt es einige der größten Städte der Erde, aber auch weite Gebiete unberührter Wildnis. Die meisten Nordamerikaner sind die Nachkommen europäischer Einwanderer; daneben gibt es viele Menschen afrikanischer Herkunft sowie Angehörige der einheimischen Indianervölker.

Höchste Berge – Längste Flüsse

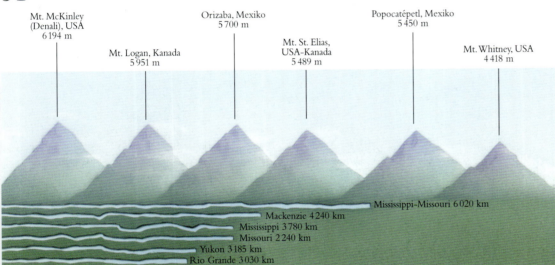

Politische Karte

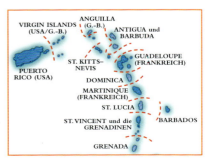

Kontinent-Fakten

Gesamte Landfläche: 22 078 049 km²
Gesamtbevölkerung: 453 356 000 Einwohner
Unabhängige Länder: Antigua und Barbuda, Bahamas, Barbados, Belize, Costa Rica, Dominica, Dominikanische Republik, El Salvador, Grenada, Guatemala, Haiti, Honduras, Jamaika, Kanada, Kuba, Mexiko, Nicaragua, Panama, St. Kitts und Nevis, St. Lucia, St. Vincent und die Grenadinen, Trinidad und Tobago, USA

Welt-Rekorde

GRÖSSTE SCHLUCHT DER WELT
GRAND CANYON, USA, 446 KM LANG, 16 KM BREIT, 1,6 KM TIEF

GRÖSSTER SÜSSWASSERSEE DER WELT
OBERER SEE, USA-KANADA, 82 350 KM²

LÄNGSTES HÖHLENSYSTEM DER WELT
MAMMOTH CAVES, USA, 565 KM

GRÖSSTER AKTIVER VULKAN DER WELT
MAUNA LOA, HAWAII, USA, 4170 M HOCH, 120 KM LANG, 50 KM BREIT

LÄNGSTE GRENZE DER WELT
GRENZE ZWISCHEN USA UND KANADA, 6 416 KM

HÖCHSTER AKTIVER GEYSIR DER WELT
STEAMBOAT GEYSER, YELLOWSTONE-NATIONALPARK, USA, 115 M

GRÖSSTER THEMENPARK DER WELT
WALT DISNEY WORLD, USA, 122 KM²

Kontinent-Rekorde

HÖCHSTER BERG
MOUNT MCKINLEY (DENALI), USA, 6 194 M

TIEFSTER PUNKT
DEATH VALLEY, USA, 86 M UNTER DEM MEERESSPIEGEL

LÄNGSTER FLUSS
MISSISSIPPI-MISSOURI, USA, 6 020 KM

LAND MIT DER GRÖSSTEN FLÄCHE
KANADA, 9 976 185 KM²

LAND MIT DER HÖCHSTEN EINWOHNERZAHL
USA, 263 814 000 EINWOHNER

STADT MIT DER HÖCHSTEN EINWOHNERZAHL
MEXIKO-STADT, 15 600 000 EINWOHNER

Westkanada und Alaska

Kanada, das zweitgrösste Land der Welt, nimmt mehr als die Hälfte von Nordamerika ein. Den Norden Kanadas bildet eine ausgedehnte, rauhe Wildnis. Hier waten die Bären zum Lachsfischen ins eiskalte Wasser der Flüsse, und Wölfe verfolgen Karibu-Herden über die weiten schneebedeckten Ebenen. Es gibt nur wenige Menschen in dieser unwirtlichen Gegend. Obwohl die Northwest Territories ein Drittel von ganz Kanada ausmachen, könnte man die 65 800 Einwohner der Provinz in einem großen Fußballstadion versammeln. 80 Prozent der kanadischen Bevölkerung leben in einem etwa 300 Kilometer breiten Streifen im Süden, wo das Klima milder und das Land fruchtbarer ist. Der Präriegürtel, der Teile von Alberta, Manitoba und Saskatchewan durchzieht, gehört zu den ertragreichsten Ackerbaugebieten der Welt. In diesen Provinzen finden sich auch die größten Erdöl- und Erdgasvorkommen des Landes. Westlich der hoch aufragenden Rocky Mountains erstreckt sich der zerklüftete Küstenstrich des Pazifiks, ein Labyrinth aus Inseln und schmalen Wasserstraßen. Am Golf von Alaska fließen Gletscher die Berghänge hinab zum Meer. Seehunde und Wale bevölkern die zahlreichen Buchten dieser Region. Alaska ist der größte der Vereinigten Staaten, wird jedoch durch Kanada von den USA getrennt. Mehr als die Hälfte seiner Landschaften sind als Naturschutzgebiete ausgewiesen, aber auch einige der größten Ölfelder Nordamerikas befinden sich hier.

ALASKA (USA)
Einwohnerzahl: 603 600 ∗ Hauptstadt: Juneau

ALBERTA
Einwohnerzahl: 2 747 000 ∗ Hauptstadt: Edmonton

BRITISH COLUMBIA
Einwohnerzahl: 3 766 000 ∗ Hauptstadt: Victoria

MANITOBA
Einwohnerzahl: 1 137 500 ∗ Hauptstadt: Winnipeg

NORTHWEST TERRITORIES
Einwohnerzahl: 65 800 ∗ Hauptstadt: Yellowknife

SASKATCHEWAN
Einwohnerzahl: 1 015 600 ∗ Hauptstadt: Regina

YUKON TERRITORY
Einwohnerzahl: 30 100 ∗ Hauptstadt: Whitehorse

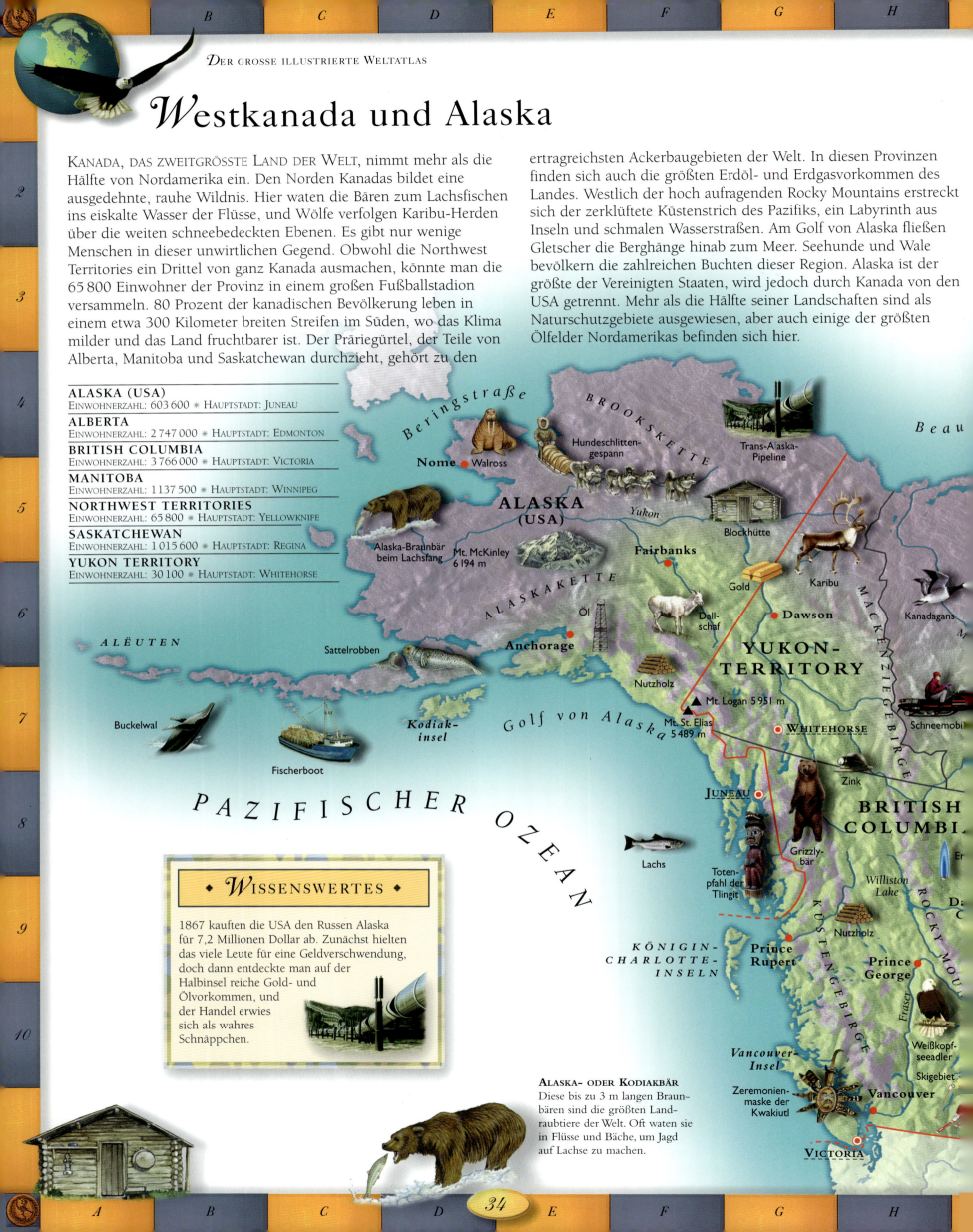

♦ Wissenswertes ♦

1867 kauften die USA den Russen Alaska für 7,2 Millionen Dollar ab. Zunächst hielten das viele Leute für eine Geldverschwendung, doch dann entdeckte man auf der Halbinsel reiche Gold- und Ölvorkommen, und der Handel erwies sich als wahres Schnäppchen.

ALASKA- ODER KODIAKBÄR
Diese bis zu 3 m langen Braunbären sind die größten Landraubtiere der Welt. Oft waten sie in Flüsse und Bäche, um Jagd auf Lachse zu machen.

DER GROSSE ILLUSTRIERTE WELTATLAS

Ostkanada

ETWA 60 PROZENT DER KANADISCHEN BEVÖLKERUNG leben zu beiden Seiten des St.-Lorenz-Stroms und in der Nähe der Großen Seen, in einem Gebiet, das nicht mehr als zwei Prozent der gesamten Landfläche umfasst. Seit dem frühen 17. Jahrhundert haben sich europäische Einwanderer bevorzugt hier angesiedelt, weil das Land fruchtbar war und die Wasserwege als Verkehrsverbindungen genutzt werden konnten. Heute gibt es in dieser Region die meisten Großstädte Kanadas, allen voran Toronto und Montreal. Kanada hat zwei Amtssprachen – Englisch und Französisch. Die meisten Frankokanadier (französisch sprechenden Kanadier) leben in der Provinz Quebec, die früher französisches Territorium war. Die ausgedehnten Wälder sowie die Seen und Flüsse in Quebec und Ontario sind überaus reich an Rohstoffen. So produziert Quebecs Holzindustrie etwa 12 Prozent des gesamten Weltbedarfs an Zellstoff und Papier. Wasserkraftwerke erzeugen so viel Elektrizität, dass Quebec und Ontario Energie exportieren können. Das ostkanadische Klima ist nur im Süden gemäßigt; nach Norden zu herrschen arktische Bedingungen. In der Hudsonbai, die neun Monate im Jahr zugefroren bleibt, durchstreifen Eisbären das Packeis auf der Suche nach Nahrung. Vor der Insel Neufundland (Newfoundland) treiben Eisberge, die bis zu 45 m aus dem Wasser ragen. Weiter südlich branden in den Buchten die stärksten Gezeiten der Erde. In der Bay of Fundy etwa steigt das Meer bei Flut um 15 m – hoch genug, um ein vierstöckiges Haus unter sich zu begraben!

NEW BRUNSWICK
EINWOHNERZAHL: 760 100 ✴ HAUPTSTADT: FREDERICTON
NEWFOUNDLAND
EINWOHNERZAHL: 575 400 ✴ HAUPTSTADT: ST. JOHN'S
NOVA SCOTIA
EINWOHNERZAHL: 937 800 ✴ HAUPTSTADT: HALIFAX
ONTARIO
EINWOHNERZAHL: 11 100 000 ✴ HAUPTSTADT: TORONTO
PRINCE EDWARD ISLAND
EINWOHNERZAHL: 136 100 ✴ HAUPTSTADT: CHARLOTTETOWN
QUEBEC
EINWOHNERZAHL: 7 334 000 ✴ HAUPTSTADT: QUEBEC

◆ SCHAU NACH ◆

- Wie heißt die Hauptstadt von Kanada?
- Welche bedrohten Meerestiere leben vor der Ostküste von Neufundland?
- Welche Bodenschätze werden in Neufundland abgebaut?

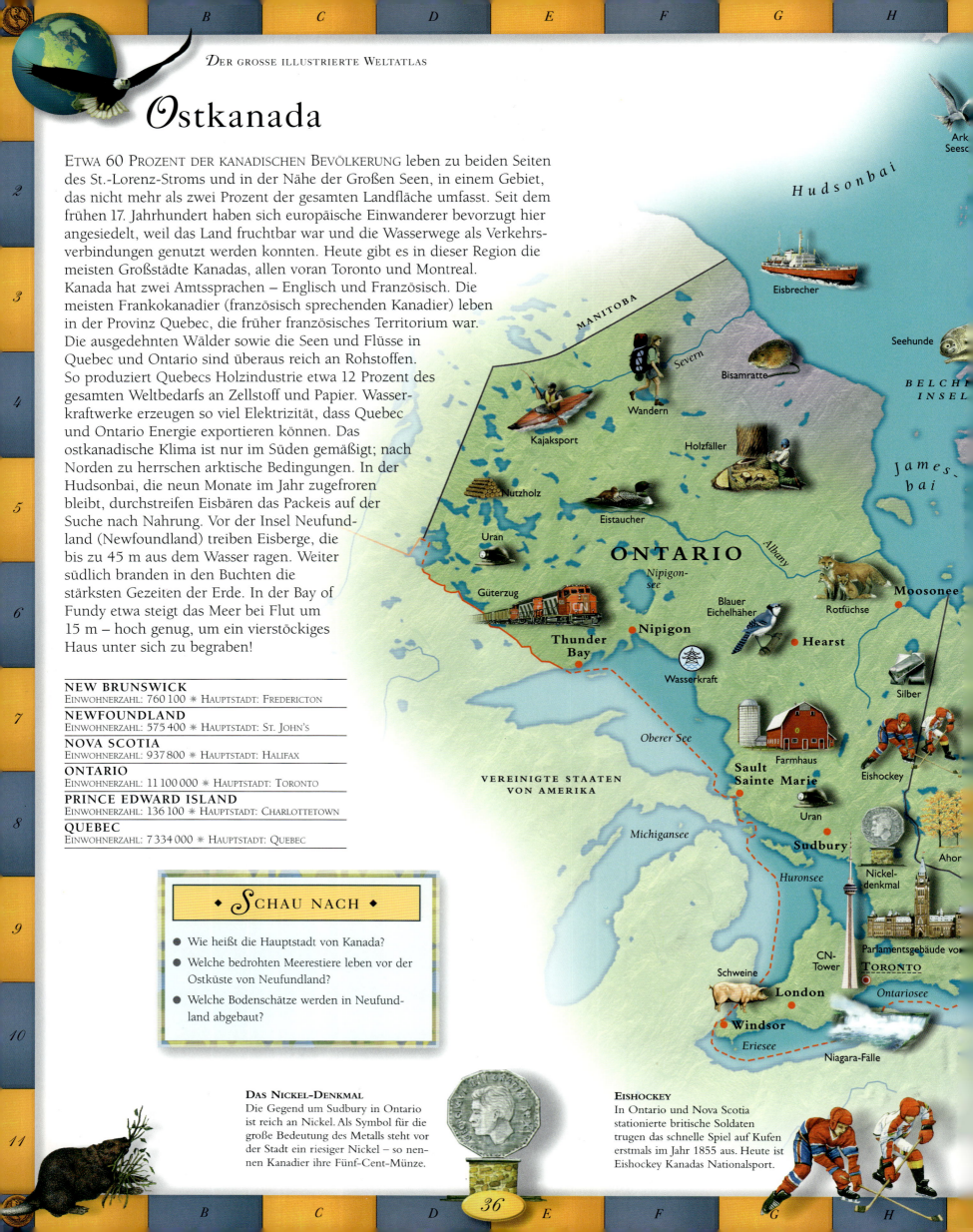

DAS NICKEL-DENKMAL
Die Gegend um Sudbury in Ontario ist reich an Nickel. Als Symbol für die große Bedeutung des Metalls steht vor der Stadt ein riesiger Nickel – so nennen Kanadier ihre Fünf-Cent-Münze.

EISHOCKEY
In Ontario und Nova Scotia stationierte britische Soldaten trugen das schnelle Spiel auf Kufen erstmals im Jahr 1855 aus. Heute ist Eishockey Kanadas Nationalsport.

DER GROSSE ILLUSTRIERTE WELTATLAS

Die Nordoststaaten der USA

DER NORDOSTEN DER USA bietet 65 Millionen Menschen eine Heimat – das ist mehr als ein Viertel der amerikanischen Gesamtbevölkerung. Von Boston im Norden bis nach Washington, D.C., im Süden säumt eine dichte Kette von Großstädten die 640 km lange Küstenlinie des Atlantiks. 16 Millionen Menschen leben allein in der Stadt New York und ihren Vororten. Die größte Stadt der USA und drittgrößte Metropole der Erde ist ein Weltzentrum des Handels und der Industrie und einer der bedeutendsten kulturellen Anziehungspunkte. Das Herz von New York bildet die Insel Manhattan mit ihren gigantischen Wolkenkratzern – darunter einigen der höchsten auf der Welt – und ihren schnurgeraden Straßenschluchten, in denen ein dichtes Verkehrs- und Menschengedränge herrscht. Die Appalachen trennen die Küstenstädte von den Großen Seen und den Zentralen Ebenen (Interior Plains). Der mehr als 2600 km lange Gebirgszug erstreckt sich vom nördlichen Maine bis nach Nord-Alabama im Süden der USA. Im Süden sind die Appalachen reich an Bodenschätzen: Kentucky baut mehr Kohle ab als jeder andere Bundesstaat. Zwar werden viele der Täler landwirtschaftlich genutzt, aber ein Großteil der Hänge ist von Laubwäldern bedeckt, in denen Schwarzbären auf der Suche nach Früchten umherstreifen und Otter ihre Baue an den Ufern der Gebirgsbäche errichten. Wenn sich im Herbst das Laub zu verfärben beginnt, bieten diese Wälder ein prächtiges Farbenspiel in Orange, Gold und Rot.

CONNECTICUT
EINWOHNERZAHL: 3 275 000 ∗ HAUPTSTADT: HARTFORD

DELAWARE
EINWOHNERZAHL: 717 200 ∗ HAUPTSTADT: DOVER

DISTRICT OF COLUMBIA
EINWOHNERZAHL: 554 200 ∗ HAUPTSTADT: WASHINGTON, D.C.

KENTUCKY
EINWOHNERZAHL: 3 860 000 ∗ HAUPTSTADT: FRANKFORT

MAINE
EINWOHNERZAHL: 1 241 000 ∗ HAUPTSTADT: AUGUSTA

MARYLAND
EINWOHNERZAHL: 5 042 000 ∗ HAUPTSTADT: ANNAPOLIS

MASSACHUSETTS
EINWOHNERZAHL: 6 074 000 ∗ HAUPTSTADT: BOSTON

NEW HAMPSHIRE
EINWOHNERZAHL: 1 148 000 ∗ HAUPTSTADT: CONCORD

NEW JERSEY
EINWOHNERZAHL: 7 945 000 ∗ HAUPTSTADT: TRENTON

NEW YORK
EINWOHNERZAHL: 18 136 000 ∗ HAUPTSTADT: ALBANY

PENNSYLVANIA
EINWOHNERZAHL: 12 072 000 ∗ HAUPTSTADT: HARRISBURG

RHODE ISLAND
EINWOHNERZAHL: 989 800 ∗ HAUPTSTADT: PROVIDENCE

VERMONT
EINWOHNERZAHL: 584 800 ∗ HAUPTSTADT: MONTPELIER

VIRGINIA
EINWOHNERZAHL: 6 618 000 ∗ HAUPTSTADT: RICHMOND

WEST VIRGINIA
EINWOHNERZAHL: 1 828 000 ∗ HAUPTSTADT: CHARLESTON

✦ MACH MIT: *Irokesen-Perlen* ✦

Bei den im östlichen Nordamerika beheimateten Irokesen war es üblich, eine Freundschaft, ein Versprechen oder einen Vertrag mit einem Geschenk zu besiegeln. Das sogenannte Wampum bestand meist aus weißen und violetten Muschelperlen, die auf Schnüre gefädelt und als Ketten oder Gürtel getragen wurden. Ihr könnt euch ein Wampum mit einfachen Mitteln selbst herstellen, wenn ihr ein paar bunte Holz- oder Glasperlen auf kurze Schnüre reiht und diese an einem Band aus Leder befestigt. Vergesst nicht, die Beschenkten auf die Bedeutung der Irokesen-Perlen hinzuweisen.

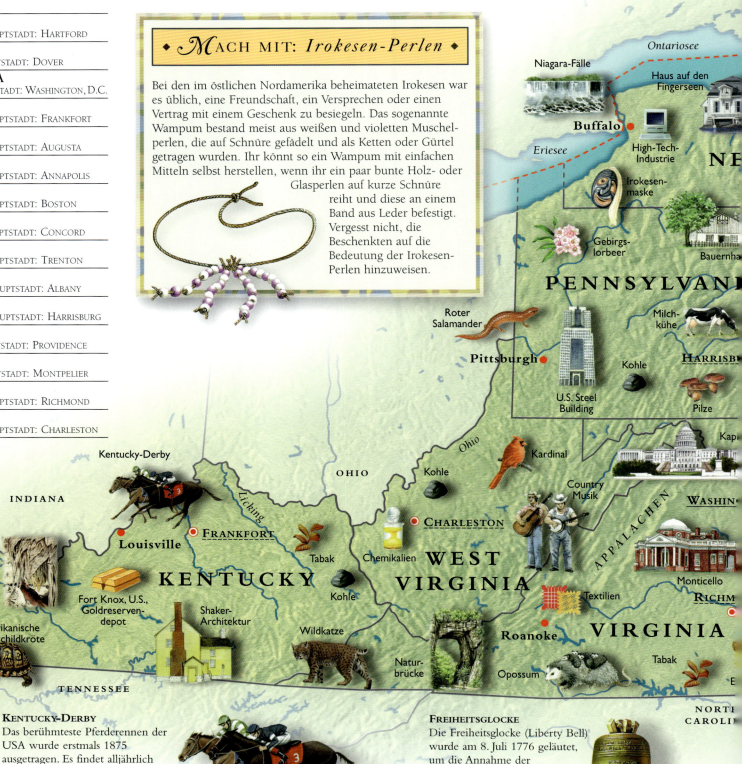

KENTUCKY-DERBY
Das berühmteste Pferderennen der USA wurde erstmals 1875 ausgetragen. Es findet alljährlich am ersten Sonntag im Mai in der Nähe von Louisville statt.

FREIHEITSGLOCKE
Die Freiheitsglocke (Liberty Bell) wurde am 8. Juli 1776 geläutet, um die Annahme der Unabhängigkeitserklärung zu verkünden.

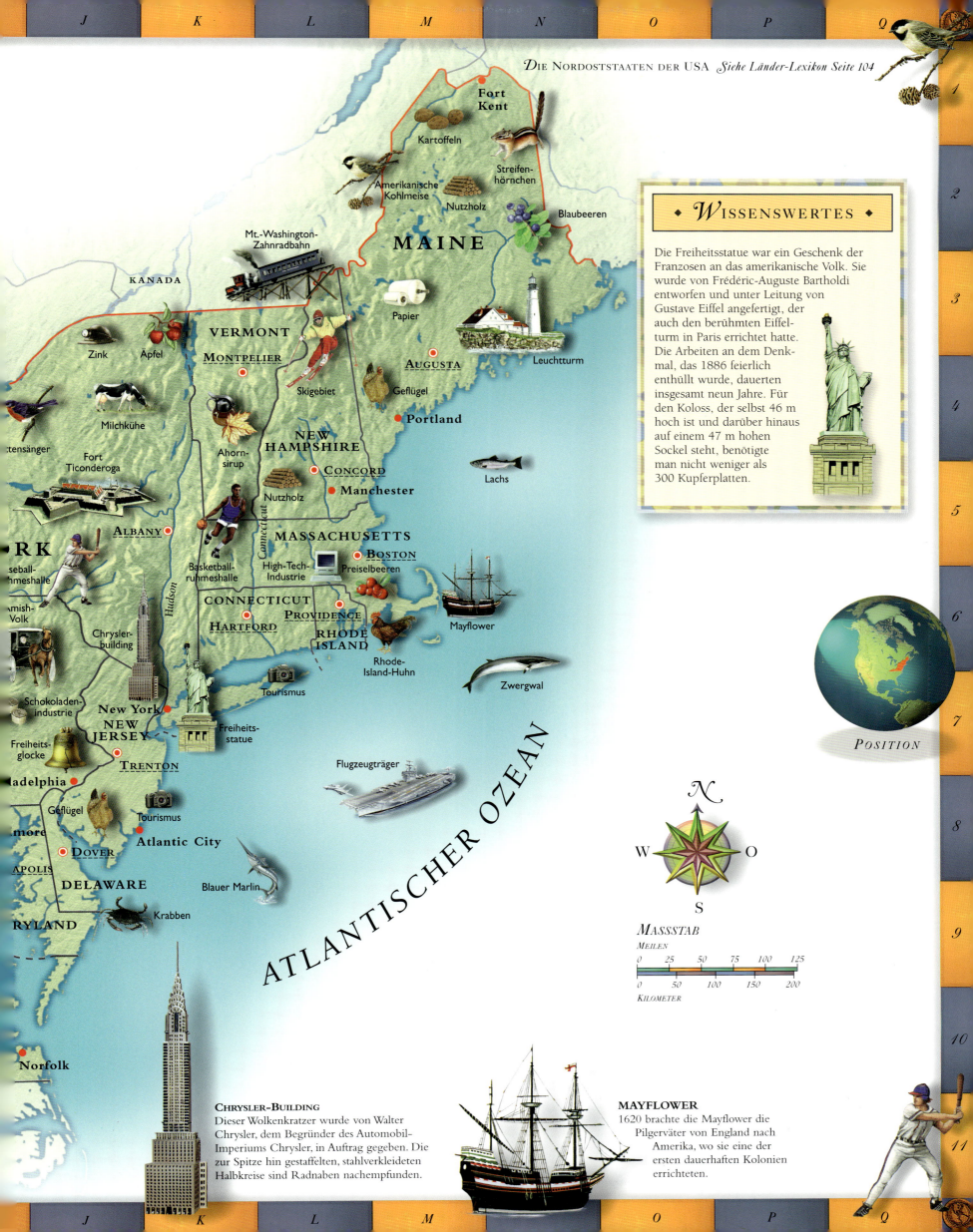

Die Südstaaten der USA

DER SÜDEN DER USA mit seinem feuchtwarmen Klima ist eine Region der Ebenen, Flüsse, Sümpfe und Küstenlagunen. Vom südlichen Texas verläuft ein breiter Tiefland-Gürtel um den Golf von Mexiko, quer durch Florida und entlang der Atlantikküste. Im Norden und Westen steigen die Küstenebenen zu Plateaus und Gebirgsketten an, einschließlich der Appalachen, die vor etwa 400 Millionen Jahren entstanden und das älteste Rumpfgebirge Nordamerikas sind. Landwirtschaft mit Mischanbau und Viehhaltung prägen die fruchtbaren Ebenen im Osten und Süden. Auf den trockenen texanischen Graslandern (Prärien) weiden riesige Rinderherden. Texas ist der zweitgrößte Staat der USA nach Alaska und auf Grund seiner Rindfleisch-Produktion sowie riesiger Ölvorkommen einer der reichsten Landesteile. Zahlreiche Flüsse durchschneiden den Süden der USA, darunter der Mississippi, einer der längsten und verkehrsreichsten Inland-Wasserwege Nordamerikas. Entlang der Golfküste und im Norden Floridas bilden diese Flüsse eine Mündungslandschaft aus seichten Seen, schlammigen Deltas und dampfenden Sümpfen – der Lebensraum von Schlangen, Schildkröten und Alligatoren. Weite Sandstrände und ein sonniges Klima machen Florida zu einem beliebten Urlaubsziel. Der Vergnügungspark „Walt Disney World" bei Orlando zieht alljährlich mehr als 25 Millionen Besucher an und ist damit die Nummer Eins unter den Touristen-Attraktionen der Welt.

Viele der ersten Europäer, die sich im 17. Jahrhundert in dieser Gegend niederließen, kamen aus Frankreich oder Spanien; ihre Nachfahren werden als Kreolen bezeichnet. Andere Siedler mit französischer Muttersprache, die sogenannten Cajuns, wanderten bald danach aus Kanada ein. Zur großen Gruppe der spanisch sprechenden Bevölkerung in Florida gehören viele Immigranten von der Insel Kuba, die nur 217 km vor Key West liegt, dem südlichsten Punkt Floridas und der USA.

ALABAMA
EINWOHNERZAHL: 4 253 000 ∗ HAUPTSTADT: MONTGOMERY
ARKANSAS
EINWOHNERZAHL: 2 484 000 ∗ HAUPTSTADT: LITTLE ROCK
FLORIDA
EINWOHNERZAHL: 14 166 000 ∗ HAUPTSTADT: TALLAHASSEE
GEORGIA
EINWOHNERZAHL: 7 201 000 ∗ HAUPTSTADT: ATLANTA
LOUISIANA
EINWOHNERZAHL: 4 342 000 ∗ HAUPTSTADT: BATON ROUGE
MISSISSIPPI
EINWOHNERZAHL: 2 697 000 ∗ HAUPTSTADT: JACKSON
NORTH CAROLINA
EINWOHNERZAHL: 7 195 000 ∗ HAUPTSTADT: RALEIGH
OKLAHOMA
EINWOHNERZAHL: 3 278 000 ∗ HAUPTSTADT: OKLAHOMA CITY
SOUTH CAROLINA
EINWOHNERZAHL: 3 673 000 ∗ HAUPTSTADT: COLUMBIA
TENNESSEE
EINWOHNERZAHL: 5 256 000 ∗ HAUPTSTADT: NASHVILLE
TEXAS
EINWOHNERZAHL: 18 724 000 ∗ HAUPTSTADT: AUSTIN

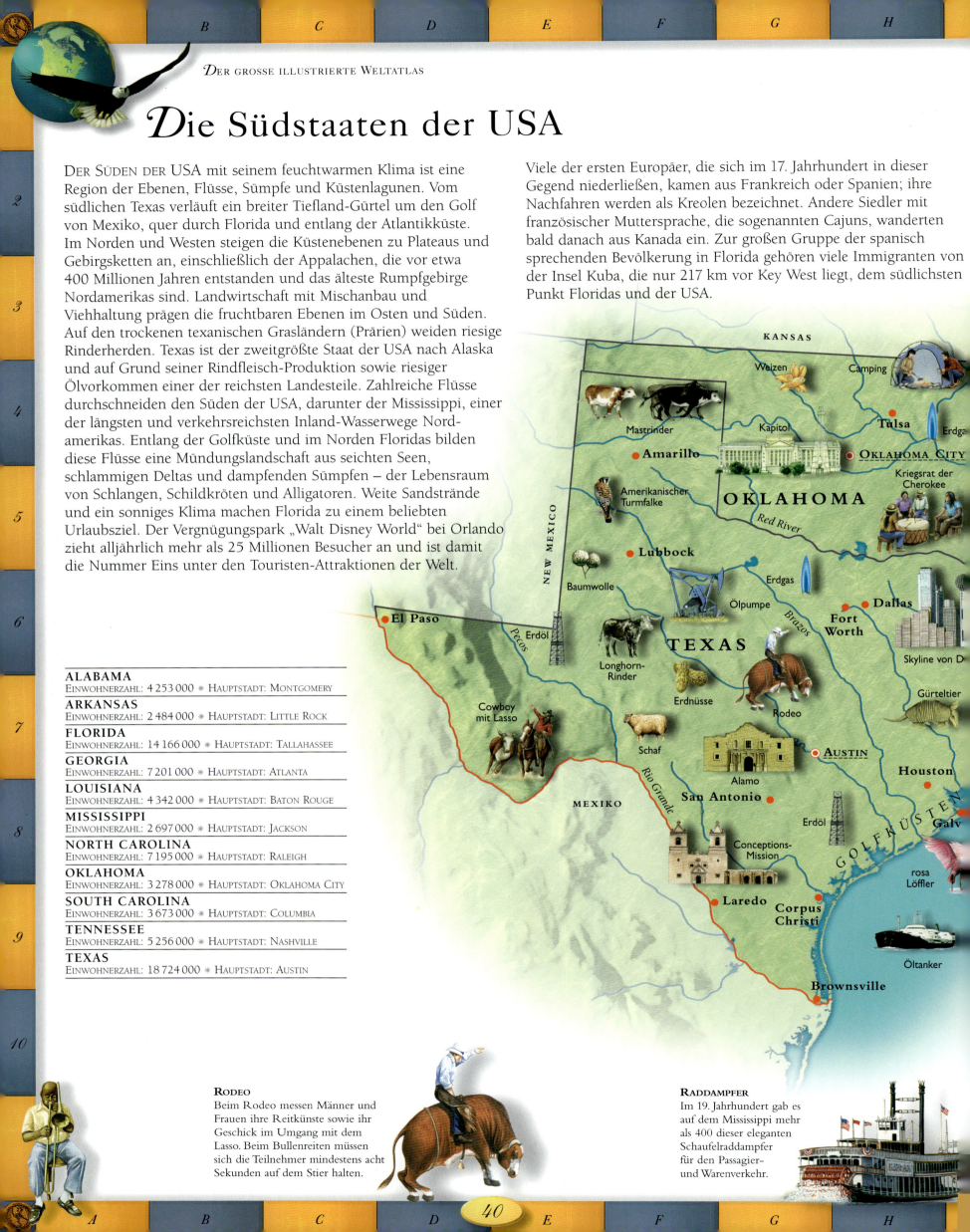

RODEO
Beim Rodeo messen Männer und Frauen ihre Reitkünste sowie ihr Geschick im Umgang mit dem Lasso. Beim Bullenreiten müssen sich die Teilnehmer mindestens acht Sekunden auf dem Stier halten.

RADDAMPFER
Im 19. Jahrhundert gab es auf dem Mississippi mehr als 400 dieser eleganten Schaufelraddampfer für den Passagier- und Warenverkehr.

Der Mittelwesten der USA

DAS ZENTRALGEBIET DER USA besteht aus einem ausgedehnten Tiefland, das als Mittelwesten bekannt ist. Im Nordosten dieser Region liegen die Großen Seen, die flächenmäßig größte Gruppe von Süßwasser-Seen auf der ganzen Welt. Die Flüsse und Kanäle, die diese Seen mit dem Atlantik und dem Golf von Mexiko verbinden, bilden ein wichtiges Transportnetz. Die günstige Verkehrslage sowie die reichen Bodenschätze dieser Gegend (darunter Kohle und Eisen) haben entscheidend dazu beigetragen, dass sich heute im Gebiet der Großen Seen das Zentrum der nordamerikanischen Industrie befindet. Riesige Fabrikanlagen an den Südufern des Michigan- und Erie-Sees produzieren fast den gesamten US-Bedarf an Eisen, Stahl und Automobilen. Leider erzeugen sie auch eine Menge Schadstoffe, und die Luft- und Wasserverschmutzung der Großen Seen ist heute enorm hoch. Im Süden und Westen der Seen erstreckte sich einst flaches Grasland, das man als Plains oder Prärie bezeichnet und auf dem Millionen Bisons und andere Wildtiere umherstreiften und Indianerstämme wie die Sioux und Komantschen beheimatet waren. Heute ist die Prärie in Ackerland umgewandelt und gehört zu den bedeutendsten Anbaugebieten der Welt. So bezeichnet man das Gebiet um Iowa als Corn Belt oder Maisgürtel, weil hier etwa die Hälfte der Welternte an Mais produziert wird. Der größte Teil davon landet in den Futtersilos der ebenfalls in dieser Gegend ansässigen Schweine- und Rindermastbetriebe. Noch weiter im Westen, auf dem Tafelland der Great Plains, gibt es einen „Weizengürtel". Hier erstrecken sich wogende Getreidefeldern, so weit das Auge reicht.

ILLINOIS
EINWOHNERZAHL: 11 830 000 ✴ HAUPTSTADT: SPRINGFIELD
INDIANA
EINWOHNERZAHL: 5 803 000 ✴ HAUPTSTADT: INDIANAPOLIS
IOWA
EINWOHNERZAHL: 2 842 000 ✴ HAUPTSTADT: DES MOINES
KANSAS
EINWOHNERZAHL: 2 565 000 ✴ HAUPTSTADT: TOPEKA
MICHIGAN
EINWOHNERZAHL: 9 549 000 ✴ HAUPTSTADT: LANSING
MINNESOTA
EINWOHNERZAHL: 4 610 000 ✴ HAUPTSTADT: ST. PAUL
MISSOURI
EINWOHNERZAHL: 5 324 000 ✴ HAUPTSTADT: JEFFERSON CITY
NEBRASKA
EINWOHNERZAHL: 1 637 000 ✴ HAUPTSTADT: LINCOLN
NORTH DAKOTA
EINWOHNERZAHL: 641 400 ✴ HAUPTSTADT: BISMARCK
OHIO
EINWOHNERZAHL: 11 150 000 ✴ HAUPTSTADT: COLUMBUS
SOUTH DAKOTA
EINWOHNERZAHL: 729 000 ✴ HAUPTSTADT: PIERRE
WISCONSIN
EINWOHNERZAHL: 5 123 000 ✴ HAUPTSTADT: MADISON

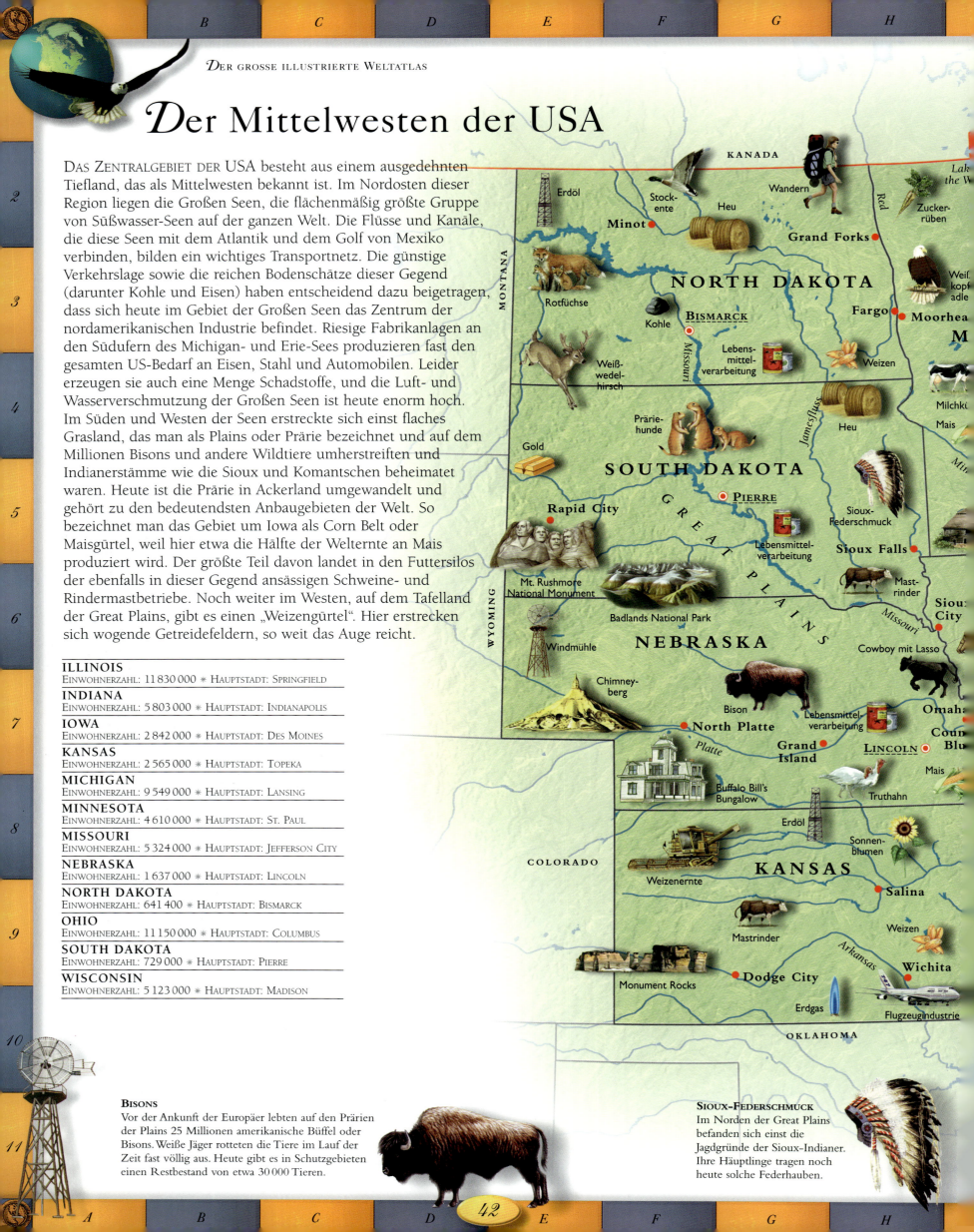

BISONS
Vor der Ankunft der Europäer lebten auf den Prärien der Plains 25 Millionen amerikanische Büffel oder Bisons. Weiße Jäger rotteten die Tiere im Lauf der Zeit fast völlig aus. Heute gibt es in Schutzgebieten einen Restbestand von etwa 30 000 Tieren.

SIOUX-FEDERSCHMUCK
Im Norden der Great Plains befanden sich einst die Jagdgründe der Sioux-Indianer. Ihre Häuptlinge tragen noch heute solche Federhauben.

DER GROSSE ILLUSTRIERTE WELTATLAS

Der Westen der USA

DIE HOCH AUFRAGENDEN ROCKY MOUNTAINS trennen den Westen der USA von den Ebenen des Mittelwestens. Bergziegen klettern in den Steilhängen der gewaltigen Felsmassive umher, und Elche äsen an reißenden Gebirgsbächen. Das Gebiet kann landwirtschaftlich kaum genutzt werden; nur auf den Bergwiesen weiden Rinderherden. Westlich der Rockies erstreckt sich eine Reihe von trockenen Hochländern, Becken und niedrigeren Bergketten. Das Colorado-Plateau besitzt einige der eindrucksvollsten Landschaften des Kontinents, darunter den Grand Canyon, die größte Schlucht der Welt. Die Staaten Washington, Oregon und Idaho werden in den USA meist als Pazifischer Nordwesten bezeichnet. Der niederschlagsreiche, dicht bewaldete Westteil dieser Region ist ein Zentrum der Forstindustrie. 40 Prozent der Landesproduktion an Holz stammen aus diesem Gebiet. In Kalifornien, dem größten Staat des Westens, leben mehr Menschen als in allen anderen Bundesstaaten, die meisten davon im Umkreis der Küsten-Metropolen Los Angeles und San Francisco. Landeinwärts, zwischen den Bergen der Küstenkette (Coast Ranges) und der Sierra Nevada, breitet sich ein Flickenteppich aus Feldern über das künstlich bewässerte zentrale Tal. Der westlichste Staat ist Hawaii, der 4000 km vor der Küste mitten im Pazifik liegt. Hawaii besteht aus 132 Inseln, die von untermeerischen Vulkanen gebildet wurden. Mehrere der Hawaii-Vulkane sind heute noch tätig, darunter der Mauna Loa, der größte aktive Vulkan der Welt.

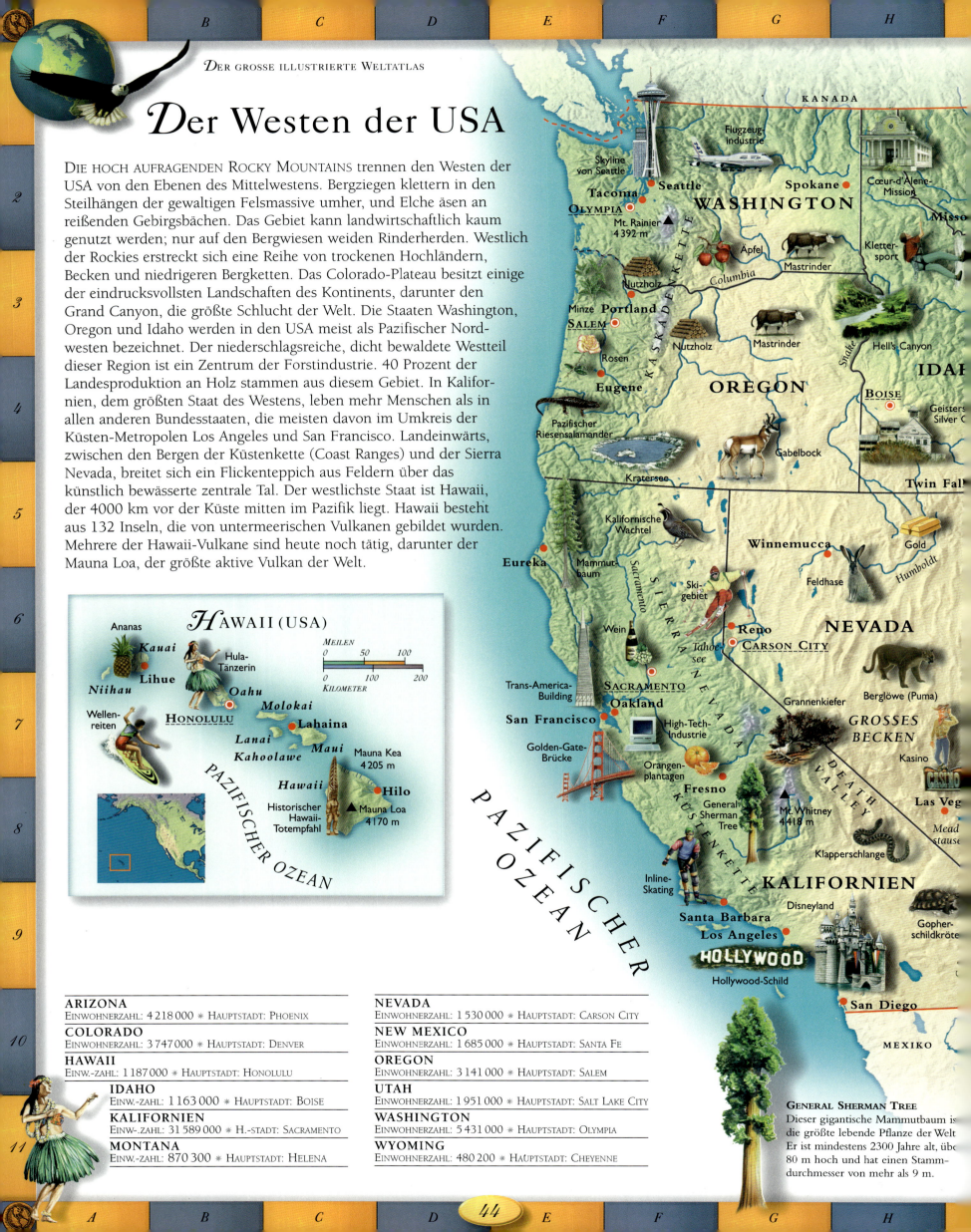

ARIZONA
EINWOHNERZAHL: 4 218 000 ✻ HAUPTSTADT: PHOENIX
COLORADO
EINWOHNERZAHL: 3 747 000 ✻ HAUPTSTADT: DENVER
HAWAII
EINW.-ZAHL: 1 187 000 ✻ HAUPTSTADT: HONOLULU
IDAHO
EINW.-ZAHL: 1 163 000 ✻ HAUPTSTADT: BOISE
KALIFORNIEN
EINW.-ZAHL: 31 589 000 ✻ H.-STADT: SACRAMENTO
MONTANA
EINW.-ZAHL: 870 300 ✻ HAUPTSTADT: HELENA

NEVADA
EINWOHNERZAHL: 1 530 000 ✻ HAUPTSTADT: CARSON CITY
NEW MEXICO
EINWOHNERZAHL: 1 685 000 ✻ HAUPTSTADT: SANTA FE
OREGON
EINWOHNERZAHL: 3 141 000 ✻ HAUPTSTADT: SALEM
UTAH
EINWOHNERZAHL: 1 951 000 ✻ HAUPTSTADT: SALT LAKE CITY
WASHINGTON
EINWOHNERZAHL: 5 431 000 ✻ HAUPTSTADT: OLYMPIA
WYOMING
EINWOHNERZAHL: 480 200 ✻ HAUPTSTADT: CHEYENNE

GENERAL SHERMAN TREE
Dieser gigantische Mammutbaum is die größte lebende Pflanze der Welt Er ist mindestens 2300 Jahre alt, übe 80 m hoch und hat einen Stammdurchmesser von mehr als 9 m.

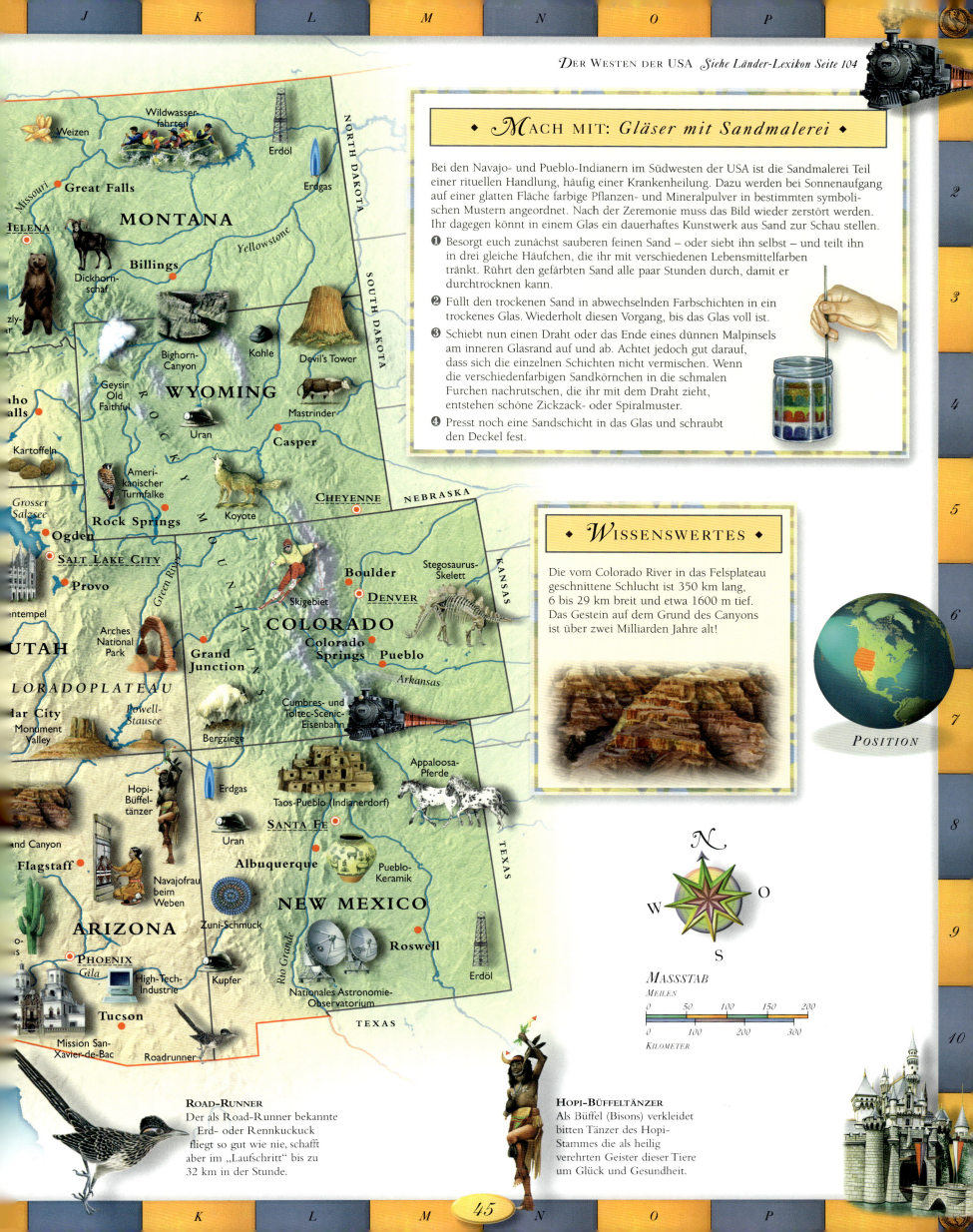

Der Westen der USA *Siehe Länder-Lexikon Seite 104*

◆ Mach mit: *Gläser mit Sandmalerei* ◆

Bei den Navajo- und Pueblo-Indianern im Südwesten der USA ist die Sandmalerei Teil einer rituellen Handlung, häufig einer Krankenheilung. Dazu werden bei Sonnenaufgang auf einer glatten Fläche farbige Pflanzen- und Mineralpulver in bestimmten symbolischen Mustern angeordnet. Nach der Zeremonie muss das Bild wieder zerstört werden. Ihr dagegen könnt in einem Glas ein dauerhaftes Kunstwerk aus Sand zur Schau stellen.

❶ Besorgt euch zunächst sauberen feinen Sand – oder siebt ihn selbst – und teilt ihn in drei gleiche Häufchen, die ihr mit verschiedenen Lebensmittelfarben tränkt. Rührt den gefärbten Sand alle paar Stunden durch, damit er durchtrocknen kann.

❷ Füllt den trockenen Sand in abwechselnden Farbschichten in ein trockenes Glas. Wiederholt diesen Vorgang, bis das Glas voll ist.

❸ Schiebt nun einen Draht oder das Ende eines dünnen Malpinsels am inneren Glasrand auf und ab. Achtet jedoch gut darauf, dass sich die einzelnen Schichten nicht vermischen. Wenn die verschiedenfarbigen Sandkörnchen in die schmalen Furchen nachrutschen, die ihr mit dem Draht zieht, entstehen schöne Zickzack- oder Spiralmuster.

❹ Presst noch eine Sandschicht in das Glas und schraubt den Deckel fest.

◆ Wissenswertes ◆

Die vom Colorado River in das Felsplateau geschnittene Schlucht ist 350 km lang, 6 bis 29 km breit und etwa 1600 m tief. Das Gestein auf dem Grund des Canyons ist über zwei Milliarden Jahre alt!

POSITION

MASSSTAB
MEILEN
0 50 100 150 200
0 100 200 300
KILOMETER

Road-Runner
Der als Road-Runner bekannte Erd- oder Rennkuckuck fliegt so gut wie nie, schafft aber im „Laufschritt" bis zu 32 km in der Stunde.

Hopi-Büffeltänzer
Als Büffel (Bisons) verkleidet bitten Tänzer des Hopi-Stammes die als heilig verehrten Geister dieser Tiere um Glück und Gesundheit.

45

Der grosse illustrierte Weltatlas

Mexiko, Mittelamerika und die Karibik

MEXIKO UND MITTELAMERIKA bilden eine Landbrücke zwischen den USA und Südamerika. Diese wird an ihrer engsten Stelle vom Panamakanal durchschnitten, einer 80 km langen künstlichen Wasserstraße, die den Atlantik mit dem Pazifik verbindet. Mexiko allein ist mehr als doppelt so groß wie die sieben mittelamerikanischen Länder zusammen. Da es größtenteils aus einem extrem trockenen Hochland besteht, können nur 18 Prozent seiner Gesamtfläche landwirtschaftlich genutzt werden. Lediglich der schmale Küstenstreifen im Osten besitzt ein feuchtwarmes Klima. In dieser Region gibt es reiche Ölvorkommen. Drei Viertel aller Mexikaner leben in Städten. Eine besondere Anziehung übt Mexiko-Stadt aus, die zu den größten und am schnellsten wachsenden Metropolen auf der Welt gehört. Mittelamerika ist überwiegend gebirgig und von dichten Regenwäldern bedeckt. Im Laubdach des Dschungels kreischen bunte Papageien, und lärmende Affenhorden schwingen sich von Ast zu Ast. Obwohl sich nur ein kleiner Bruchteil des Bodens für den Ackerbau eignet, lebt etwa die Hälfte der Bevölkerung in ländlicher Umgebung. Es gibt viele Kleinbauern, die auf winzigen Parzellen Mais und Gemüse für den Eigenbedarf ziehen. Im Osten liegen die Inseln der Karibik mit ihren Tropenwäldern und weiten Sandstränden. Da Mexiko, Mittelamerika und die Karibik jahrhundertelang von Spanien regiert wurden, sprechen heute die meisten Menschen dieser Region Spanisch, auch wenn ihre Vorfahren vielleicht Einwanderer aus anderen Teilen Europas, indianische Ureinwohner oder als Sklaven ins Land gebrachte Afrikaner waren.

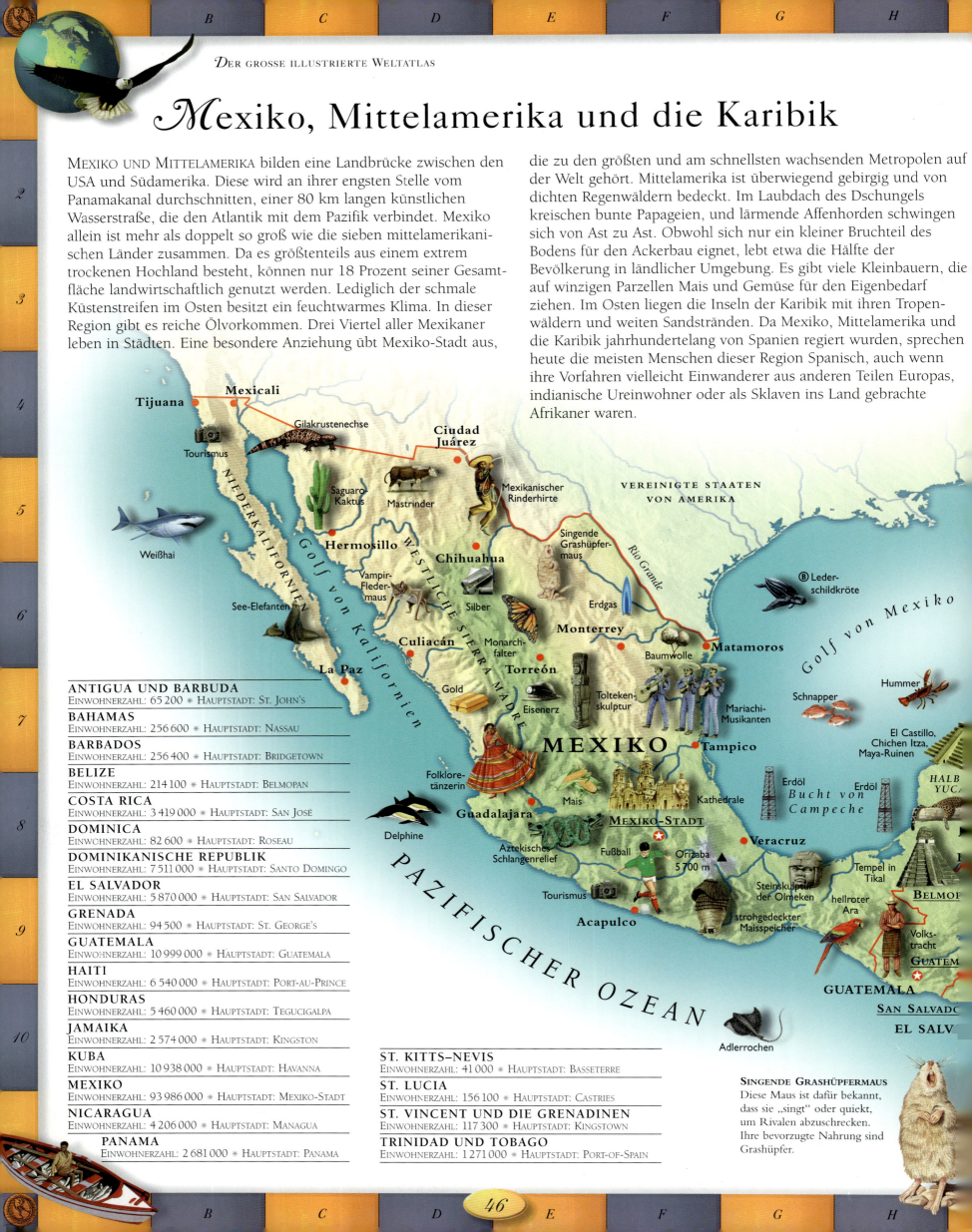

ANTIGUA UND BARBUDA
EINWOHNERZAHL: 65 200 ∗ HAUPTSTADT: ST. JOHN'S
BAHAMAS
EINWOHNERZAHL: 256 600 ∗ HAUPTSTADT: NASSAU
BARBADOS
EINWOHNERZAHL: 256 400 ∗ HAUPTSTADT: BRIDGETOWN
BELIZE
EINWOHNERZAHL: 214 100 ∗ HAUPTSTADT: BELMOPAN
COSTA RICA
EINWOHNERZAHL: 3 419 000 ∗ HAUPTSTADT: SAN JOSÉ
DOMINICA
EINWOHNERZAHL: 82 600 ∗ HAUPTSTADT: ROSEAU
DOMINIKANISCHE REPUBLIK
EINWOHNERZAHL: 7 511 000 ∗ HAUPTSTADT: SANTO DOMINGO
EL SALVADOR
EINWOHNERZAHL: 5 870 000 ∗ HAUPTSTADT: SAN SALVADOR
GRENADA
EINWOHNERZAHL: 94 500 ∗ HAUPTSTADT: ST. GEORGE'S
GUATEMALA
EINWOHNERZAHL: 10 999 000 ∗ HAUPTSTADT: GUATEMALA
HAITI
EINWOHNERZAHL: 6 540 000 ∗ HAUPTSTADT: PORT-AU-PRINCE
HONDURAS
EINWOHNERZAHL: 5 460 000 ∗ HAUPTSTADT: TEGUCIGALPA
JAMAIKA
EINWOHNERZAHL: 2 574 000 ∗ HAUPTSTADT: KINGSTON
KUBA
EINWOHNERZAHL: 10 938 000 ∗ HAUPTSTADT: HAVANNA
MEXIKO
EINWOHNERZAHL: 93 986 000 ∗ HAUPTSTADT: MEXIKO-STADT
NICARAGUA
EINWOHNERZAHL: 4 206 000 ∗ HAUPTSTADT: MANAGUA
PANAMA
EINWOHNERZAHL: 2 681 000 ∗ HAUPTSTADT: PANAMA
ST. KITTS–NEVIS
EINWOHNERZAHL: 41 000 ∗ HAUPTSTADT: BASSETERRE
ST. LUCIA
EINWOHNERZAHL: 156 100 ∗ HAUPTSTADT: CASTRIES
ST. VINCENT UND DIE GRENADINEN
EINWOHNERZAHL: 117 300 ∗ HAUPTSTADT: KINGSTOWN
TRINIDAD UND TOBAGO
EINWOHNERZAHL: 1 271 000 ∗ HAUPTSTADT: PORT-OF-SPAIN

SINGENDE GRASHÜPFERMAUS
Diese Maus ist dafür bekannt, dass sie „singt" oder quiekt, um Rivalen abzuschrecken. Ihre bevorzugte Nahrung sind Grashüpfer.

MEXIKO, MITTELAMERIKA UND DIE KARIBIK *Siehe Länder-Lexikon Seite 104–105*

◆ WISSENSWERTES ◆

Der Saguaro-Kaktus gedeiht nur in den Wüsten Nordwest-Mexikos und der südwestlichen USA. Er wächst so langsam, dass er 25 Jahre braucht, bis er eine Höhe von 30 cm erreicht hat. Aber er kann 200 Jahre alt und bis zu 15 m hoch werden. Wie alle Kakteen-Arten speichert der Saguaro das lebensnotwendige Wasser in den fleischigen Teilen seines Stammes. Ein ausgewachsener Saguaro kann genug Wasser enthalten, um damit 100 Badewannen zu füllen!

◆ MACH MIT: Mexikanische Piñata ◆

Eine Piñata ist ein mit Süßigkeiten gefülltes Gefäß aus Papiermaché, das oft die Form eines Tierkopfs oder Sterns hat. Piñatas spielen bei vielen Festen in Mexiko und Mittelamerika eine wichtige Rolle: Man hängt sie an der Zimmerdecke oder an einem Baumast auf, und die Kinder versuchen der Reihe nach, sie mit Stockschlägen zu zerbrechen. Eine mexikanische Piñata wäre sicher eine Bereicherung für eure nächste Party.

❶ Umwickelt einen großen Luftballon mit Streifen aus Zeitungspapier, die ihr in Mehlkleister oder Weißleim getaucht habt. Wartet, bis die Schicht hart ist, und wiederholt die Prozedur noch mindestens zweimal.

❷ Sobald die Hülle aus Papiermaché gut durchgetrocknet ist, könnt ihr oben eine kleine Öffnung hineinschneiden und die Piñata mit allem möglichen Naschzeug füllen. Danach wird das Loch ebenfalls mit Papiermaché verschlossen.

❸ Als nächstes bastelt ihr – wie unten abgebildet – Sternspitzen aus Karton und klebt sie mit Klebestreifen auf die Kugel. Den fertigen Stern könnt ihr anmalen oder mit buntem Seidenpapier verzieren.

Schritt 3A   Schritt 3B

❹ Zuletzt bohrt ihr dicht nebeneinander zwei kleine Löcher in die Hülle und zieht ein Stück gebogenen Draht durch und verknotet es. Hängt die Piñata mitten im Zimmer auf und haltet einen Stock bereit, mit dem die Gäste der Reihe nach versuchen, sie in Stücke zu schlagen.

ATLANTISCHER OZEAN

Engelfisch · Tourismus
BAHAMAS · ★ NASSAU
TURKS- UND CAICOS-INSELN (GROSSBRITANNIEN)
Folkloretänzer
★ HAVANNA · Zigarren · KUBA · ⓑ Kubakrokodil · Palmen
Sporttauchen · JUNGFERNINSELN (USA/GROSSBRITANNIEN) · ANGUILLA (GROSSBRITANNIEN) · ANTIGUA UND BARBUDA
Bananen · ★ SANTO DOMINGO · San Juan · PUERTO RICO (USA) · ST. KITTS UND NEVIS · MONTSERRAT (GROSSBRITANNIEN) · GUADELOUPE (FRANKREICH) · DOMINICA
Kricket · ★ PORT-AU-PRINCE · HAITI · DOMINIKANISCHE REPUBLIK · Tourismus · MARTINIQUE (FRANKREICH)
CAYMAN-INSELN (GROSSBRITANNIEN) · ★ KINGSTON · JAMAIKA · Fort-de-France · ST. LUCIA · BARBADOS
Segelsport · ST. VINCENT UND DIE GRENADINEN · Zuckerrohr
Fischerboot · GRENADA · Steel-Band
NIEDERLÄNDISCHE ANTILLEN (NIEDERLANDE) · ★ PORT-OF-SPAIN · TRINIDAD UND TOBAGO
ARUBA (NIEDERLANDE)

Karibik

HONDURAS
Fischerboot
Kaffee · NICARAGUA · Mastrinder
Panamakanal · Cuna-Indianerin
★ SAN JOSÉ · Kaffee · ★ PANAMA · PANAMA · Brüllaffe
COSTA RICA · Zuckerrohr

VENEZUELA
KOLUMBIEN

POSITION

TEMPEL IN TIKAL
Tikal ist eine Ruinenstadt in Guatemala, die einst von den Maya erbaut wurde. Sie hatte ihre Blütezeit zwischen 300 und 900 n. Chr. und wurde dann aus unbekannten Gründen aufgegeben.

MASSSTAB
MEILEN
0 100 200 300
0 100 200 300 400 500
KILOMETER

47

Der grosse illustrierte Weltatlas

Südamerika

Von der Nordküste in den feuchtheissen Tropen erstreckt sich Südamerika 7250 Kilometer südwärts bis Kap Hoorn, einer von Frost und Stürmen heimgesuchten Halbinsel. Die Anden oder südamerikanischen Kordilleren, die entlang der gesamten Westküste verlaufen, bilden die längste Gebirgskette der Welt. Im Norden schlängelt sich der Amazonas (der zweitlängste Strom der Welt) von den Anden ostwärts zum Atlantik, durch ausgedehnte Regenwälder, die einst mehr als ein Drittel des Kontinents bedeckten. Im Süden gehen die Wälder in die Grasebenen des Gran Chaco und der Pampas über. An der Südspitze des Kontinents liegt Patagonien, ein trockenes, windumtostes Tafelland. In Südamerika leben Menschen europäischer, indianischer und afrikanischer Herkunft. Während in den meisten Ländern Spanisch gesprochen wird, hat Brasilien Portugiesisch zur Amtssprache erhoben.

Höchste Berge – Längste Flüsse

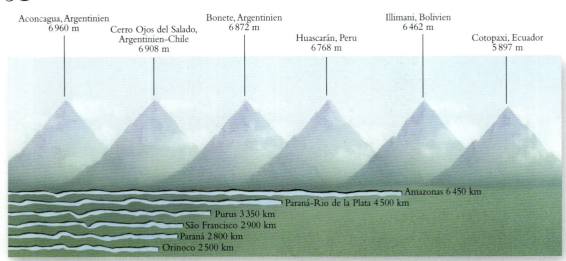

Politische Karte

Kontinent-Fakten

Gesamte Landfläche: 17 818 505 km²
Gesamtbevölkerung: 319 153 000
Unabhängige Länder: Argentinien, Bolivien, Brasilien, Chile, Ecuador, Guyana, Kolumbien, Paraguay, Peru, Suriname, Uruguay, Venezuela

Welt-Rekorde

LÄNGSTE GEBIRGSKETTE DER WELT
Anden, Westliches Südamerika 7 600 km

REGENÄRMSTE REGION DER WELT
Atacama-Wüste, Chile, Durchschnittliche Jahresniederschläge weniger als 0,1 mm

HÖCHSTER WASSERFALL DER WELT
Angel Falls (Salto Angel), Venezuela, 979 m

HÖCHSTE HAUPTSTADT DER WELT
La Paz, Bolivien, 3 631 m

HÖCHSTER SCHIFFBARER SEE DER WELT
Titicacasee, Peru-Bolivien, 3 810 m

WASSERREICHSTER FLUSS DER WELT
Amazonas, Peru-Brasilien, ergiesst 200 000 m³ pro Sekunde in den Atlantik

GRÖSSTES FLUSSBECKEN DER WELT
Amazonasbecken, Nördliches Südamerika, 7 045 000 km²

GRÖSSTE LAGUNE DER WELT
Lagoa dos Patos, Brasilien, 9 850 km²

Kontinent-Rekorde

HÖCHSTER BERG
Aconcagua, Argentinien, 6 960 m

TIEFSTER PUNKT
Halbinsel Valdés, Argentinien, 40 m unter dem Meeresspiegel

GRÖSSTER SEE
Titicacasee, Peru-Bolivien, 8 288 km²

LÄNGSTER FLUSS
Amazonas, Peru-Brasilien, 6 450 km²

LAND MIT DER GRÖSSTEN FLÄCHE
Brasilien, 8 506 663 km²

LAND MIT DER HÖCHSTEN EINWOHNERZAHL
Brasilien, 160 737 000 Einwohner

STADT MIT DER HÖCHSTEN EINWOHNERZAHL
São Paulo, Brasilien, 16 400 000 Einwohner

◆ Wissenswertes ◆

Die Atacama im Norden von Chile ist das trockenste Gebiet der Erde. In manchen Teilen dieser Wüste hat es seit Menschengedenken nicht mehr geregnet, in anderen gehen höchstens ein- bis zweimal im Jahrhundert Schauer nieder.

DER GROSSE ILLUSTRIERTE WELTATLAS

Der Norden Südamerikas

EIN GROSSTEIL DES NÖRDLICHEN SÜDAMERIKA wird vom zweitlängsten Strom der Erde, dem Amazonas, und seinen mehr als 200 Nebenarmen entwässert. Dieses Flussnetz durchzieht üppige tropische Regenwälder, in denen ein Zehntel aller Pflanzen und Tiere unseres Planeten beheimatet sind. Leider werden immer mehr Regenwaldgebiete von der rasch wachsenden Bevölkerung gerodet und in Acker- oder Weideland umgewandelt. Jede Minute verschwindet eine Waldfläche, die etwa so groß wie fünf Fußballfelder ist. Mehr als ein Viertel der Regenwälder auf der Erde gehört zu Brasilien, dem größten Staat in Südamerika. Brasilien besitzt viele Mineral- und Erzvorkommen, darunter Eisen, Erdöl und Gold. Es ist das am stärksten industrialisierte Land des Kontinents und der führende Kaffee-, Bananen- und Zuckerrohrproduzent der Welt. Nordwestlich von Brasilien liegt Venezuela, ein dünn besiedeltes Land, das die Nummer Eins unter den Erdöllieferanten Südamerikas ist. Von Venezuela aus führen die Anden in einem weiten Bogen südwärts durch Kolumbien, Ecuador und Peru. Im regenreichen Norden dieser hohen Gebirgskette sind die Hänge mit riesigen Kaffee- und Bananenplantagen bedeckt. Weiter südlich lassen die Niederschläge nach, und Anbau ist nur da möglich, wo Gebirgsbäche die Felder bewässern. In den höheren Lagen der peruanischen Anden gedeihen Kartoffeln und Weizen. Auch Tiere, vor allem Lamas und Alpakas, werden hier oben gehalten. Rund 1000 km vor der Küste von Ecuador befinden sich die Galápagos-Inseln. Diese Vulkaninseln sind berühmt wegen ihrer außergewöhnlichen Tierwelt, zu der unter anderem Meerleguane und Riesenschildkröten gehören.

BRASILIEN
EINWOHNERZAHL: 160 737 000 ✽ HAUPTSTADT: BRASILIA

ECUADOR
EINWOHNERZAHL: 10 891 000 ✽ HAUPTSTADT: QUITO

GUYANA
EINWOHNERZAHL: 723 800 ✽ HAUPTSTADT: GEORGETOWN

KOLUMBIEN
EINWOHNERZAHL: 36 200 000 ✽ HAUPTSTADT: BOGOTÁ

PERU
EINWOHNERZAHL: 24 087 000 ✽ HAUPTSTADT: LIMA

SURINAM
EINWOHNERZAHL: 429 500 ✽ HAUPTSTADT: PARAMARIBO

VENEZUELA
EINWOHNERZAHL: 21 005 000 ✽ HAUPTSTADT: CARACAS

PFEILGIFTFROSCH
Die Haut des Pfeilgift- oder Erdbeerfrosches enthält eines der stärksten Gifte auf der Erde. Die Urwaldindianer präparieren damit die Spitzen ihrer Jagdpfeile.

MACHU PICCHU
Diese alte, hoch auf einem Berg gelegene Stadt in Peru wurde von den Inka errichtet, einem Indianervolk, das zwischen 1400 und 1532 die gesamte Westregion Südamerikas beherrschte.

DER GROSSE ILLUSTRIERTE WELTATLAS

DER SÜDEN SÜDAMERIKAS Siehe Länder-Lexikon Seite 106

Der Süden Südamerikas

NACH SÜDEN ZU HAT DER südamerikanische Kontinent die Form eines langen, schmalen Dreiecks, dessen Spitze von der Insel Feuerland gebildet wird. An seiner Westseite trennt die Andenkette den Staat Chile von seinen Nachbarn. Chile besteht aus einem Landstreifen, der etwa zwanzigmal so lang wie breit ist und mehrere Klimazonen umfasst. Im kalten, regenreichen und dünn besiedelten Süden ragen entlang der Küste schroffe Gebirge auf, und Gletscher schlängeln sich durch Täler und Fjorde. Milder ist das Klima in Mittelchile, einer Gegend, in der neben Landwirtschaft auch Obst- und Weinanbau betrieben wird. Der Norden ist extrem trocken. Hier befindet sich unter anderem die Atacama-Wüste, die als niederschlagsärmstes Gebiet der Welt gilt. Östlich der Atacama fallen die Anden nach Bolivien ab, einem der ärmsten Länder in ganz Südamerika. Von Ost-Bolivien ziehen sich weite Ebenen südwärts durch Paraguay, Uruguay und Nord-Argentinien. Riesige Vieh- und Schafherden weiden im Osten und Süden dieser Ebenen, bewacht von Gauchos, den Cowboys Südamerikas. In Argentinien gibt es mehr als 50 Millionen Rinder, und die Rindfleisch-Produktion zählt zu den wichtigsten Industrien des Landes. Das ergiebigste Grasland des Landes, die sogenannte Pampa, umgibt die Hauptstadt Buenos Aires, in der ein Drittel der Gesamtbevölkerung Argentiniens lebt. Nahezu menschenleer ist dagegen der Süden Argentiniens. Hier erstreckt sich Patagonien, ein kaltes, ödes Tafelland, das jedoch über reiche Bodenschätze verfügt. Rauhe Stürme umpeitschen Feuerland an der Südspitze des Kontinents: Hunderte von Schiffen zerschellten bei dem Versuch, die Magellan-Straße zu durchqueren oder das berüchtigte Kap Hoorn zu umfahren.

ARGENTINIEN
EINWOHNERZAHL: 34 293 000 * HAUPTSTADT: BUENOS AIRES
BOLIVIEN
EINWOHNERZAHL: 7 896 000 * HAUPTSTADT: LA PAZ, SUCRE
CHILE
EINWOHNERZAHL: 14 161 000 * HAUPTSTADT: SANTIAGO
PARAGUAY
EINWOHNERZAHL: 5 358 000 * HAUPTSTADT: ASUNCIÓN
URUGUAY
EINWOHNERZAHL: 3 223 000 * HAUPTSTADT: MONTEVIDEO

◆ MACH MIT: Osterinsel-Moai ◆

Die Osterinsel ist übersät mit Kolossalstatuen aus Tuffstein, von denen manche über 9 Meter hoch aufragen. Man nimmt an, dass die Urbewohner der Insel die Skulpturen aufstellten, um ihre Ahnen zu verehren. Eure Osterinsel-Statuen können ruhig etwas kleiner ausfallen.

1 Vermischt zu gleichen Teilen Gips und Vermikulit (beides in Baumärkten erhältlich), rührt die Masse mit Wasser zu einem dicken Brei an und gießt sie in einen alten Schuhkarton.

2 Reißt den Karton ab, sobald die Masse hart wird. Nun könnt ihr den Block mit einem Plastikmesser oder einem hölzernen Eisstiel bearbeiten und in die gewünschte Form bringen.

3 Ersatzweise könnt ihr auch Ton, gebrannten Gips oder sonst eine im Handel erhältliche Modelliermasse verwenden.

LAMA
Ein in Südamerika weit verbreitetes Nutztier ist das zur Gattung der Kamele gehörende Lama. Es liefert nicht nur Wolle, sondern befördert auch schwere Lasten über die schmalen Gebirgspfade.

Kartenbeschriftungen

Wasserkraft · BRASILIEN · Straßenbahn · PARAGUAY · ASUNCIÓN · Paraguay · Präsidentenpalast · Corrientes · Nandu · Mast-rinder · Baum-wolle · Polo · Pilcomayo · GRAN CHACO · Mähnen-wolf · Rio Salado · Erdöl · Erdgas · Halsband-Pekari · Weizen · Zuckerrohr · San Miguel de Tucumán · BRASILIEN · Sägerake (Motmot) · Nutzholz · Trinidad · Bolivianische Tracht · Santa Cruz · SUCRE · Riesen-Bromelie · Großer Ameisenbär · Guaporé · Mamoré · BOLIVIEN · Cochabamba · Zinn · Poopó-see · Dorfmusikanten · ANDEN · Lamas · Cerro Ojos del Salado 6908 m · Brillenbär · Zink · Gold · LA PAZ · Mt. Illimani 6462 m · Silber · Anden-kondor · Bonete 6872 m · PERU · Titicaca-see · ATACAMAWÜSTE · Kupfer · Arica · Iquique · Antofagasta · Copiapó

Der grosse illustrierte Weltatlas

Europa

Der kleine, dicht bevölkerte Kontinent Europa setzt sich aus vielen Ländern zusammen, die jeweils ihre eigene Kultur und meist auch ihre eigene Sprache haben. Im Norden und Westen wird er vom Atlantischen Ozean und dessen Nebenmeeren, im Süden vom Mittelmeer begrenzt. Im Osten trennen Gebirge und Fluss Ural Europa und Asien, die gemeinsam den Großkontinent Eurasien bilden. Eine Reihe von Bergketten wie die Pyrenäen, die Alpen und die Karpaten durchziehen Europa von Ost nach West. Südlich dieser Gebirge ist das Land stark zerklüftet. Charakteristisch für das Klima in Südeuropa sind heiße, trockene Sommer und milde, feuchte Winter. Im Norden erstreckt sich ein breites Tiefland von der Atlantikküste bis nach Westrussland. Während in West- und Mitteleuropa ein mildes, feuchtes Klima herrscht, wechseln in Nord- und Osteuropa kalte, schneereiche Winter mit warmen, trockenen Sommern ab. Früher einmal war der größte Teil Europas von Wäldern bedeckt, die jedoch im Lauf der Zeit gerodet wurden, um Platz für Landwirtschaft, Siedlungen und Industrie zu schaffen.

Kontinent-Fakten

Gesamte Landfläche: 10 354 636 km² (einschließlich des europäischen Teils von Russland)
Gesamtbevölkerung: 693 950 000 (einschließlich des europäischen Teils von Russland)
Unabhängige Länder: Albanien, Andorra, Belgien, Bosnien und Herzegowina, Bulgarien, Dänemark, Deutschland, Estland, Finnland, Frankreich, Griechenland, Großbritannien, Irland, Island, Italien, Jugoslawien, Kroatien, Lettland, Liechtenstein, Litauen, Luxemburg, Makedonien, Malta, Moldawien, Monaco, Niederlande, Norwegen, Österreich, Polen, Portugal, Rumänien, Russland, San Marino, Schweden, Schweiz, Slowakei, Slowenien, Spanien, Tschechische Republik, Ukraine, Ungarn, Vatikanstadt, Weißrussland.

Welt-Rekorde

Kleinstes Land der Welt
Vatikanstadt, 0,44 km²
Grösster Stalagmit der Welt
Krasnohorska-Höhle, Slowakei, 32 m

Kontinent-Rekorde

Höchster Berg
Elbrus, Russland, 5 642 m
Tiefster Punkt
Wolga-Delta, 28 m unter dem Meeresspiegel
Grösster See
Ladogasee, Russland, 17 703 km²
Längster Fluss
Wolga, Russland, 3 700 km
Land mit der grössten Fläche
Russland (Europäischer Teil), 603 701 km²
Land mit der höchsten Einwohnerzahl
Russland (Europäischer Teil), 109 909 000 Einwohner
Stadt mit der höchsten Einwohnerzahl
Paris, Frankreich, 9 500 000 Einwohner

Höchste Berge – Längste Flüsse

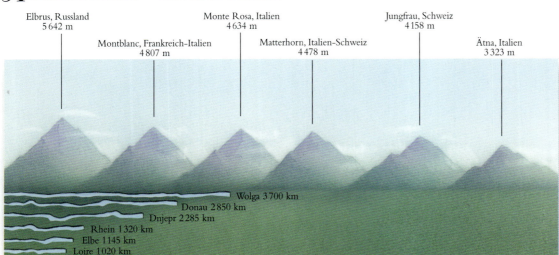

Elbrus, Russland 5 642 m
Montblanc, Frankreich-Italien 4 807 m
Monte Rosa, Italien 4 634 m
Matterhorn, Italien-Schweiz 4 478 m
Jungfrau, Schweiz 4 158 m
Ätna, Italien 3 323 m

Wolga 3 700 km
Donau 2 850 km
Dnjepr 2 285 km
Rhein 1 320 km
Elbe 1 145 km
Loire 1 020 km

Politische Karte

Zahlenschlüssel

- 1 Liechtenstein
- 2 Andorra
- 3 Monaco
- 4 San Marino
- 5 Vatikanstadt

DER GROSSE ILLUSTRIERTE WELTATLAS

GROSSBRITANNIEN UND IRLAND *Siehe Länder-Lexikon Seite 107*

Großbritannien und Irland

AUF DEN BEIDEN GRÖSSTEN DER SOGENANNTEN BRITISCHEN INSELN finden wir das Vereinigte Königreich von Großbritannien und Nordirland sowie die Republik Irland. Zum Vereinigten Königreich von Großbritannien und Nordirland gehören England, Wales, Schottland und der Nordosten der Insel Irland. Diese Länder werden von London aus regiert, besitzen aber ihre kulturelle Eigenständigkeit. Schottland und Wales haben zusätzlich eigene Parlamente; in Schottland gibt es darüber hinaus ein eigenes Rechts- und Bildungssystem, eigene Banknoten und eine unabhängige Landeskirche. England ist ein dicht bevölkertes Land mit vielen Großstädten. Allein in der Hauptstadt London leben fast acht Millionen Menschen. Das wegen seiner historischen Bauten berühmte London zählt zu den wichtigsten Handels- und Finanzzentren der Welt. Der Südosten Englands besteht aus fruchtbarem Ackerland. Fast die gesamte landwirtschaftliche Produktion des Vereinigten Königreichs kommt aus dieser Gegend. Die wichtigsten Industriegebiete finden sich in Mittelengland – den sogenannten Midlands – und in der Umgebung der Kohlefelder im Bergland der Pennines. Die gebirgigen, niederschlagsreichen Regionen im Westen und Norden werden vor allem als Weideland genutzt. Auf den Hängen des rauhen, dünn besiedelten Schottischen Hochlands grasen Schafe. In höheren Lagen gibt es Rotwild, und um die Gipfel ziehen Adler ihre Kreise. Die Republik Irland umfasst etwa 85 Prozent der „grünen" Insel Irland, deren Landschaft von saftigen Wiesen und Küstengebirgen geprägt ist. Die Industrie konzentriert sich auf die Hauptstadt Dublin und das im Süden gelegene Cork.

ENGLAND
EINWOHNERZAHL: 48 620 000 * HAUPTSTADT: LONDON

IRLAND (REPUBLIK)
EINWOHNERZAHL: 3 550 000 * HAUPTSTADT: DUBLIN

NORDIRLAND
EINWOHNERZAHL: 1 640 000 * HAUPTSTADT: BELFAST

SCHOTTLAND
EINW.-ZAHL: 5 130 000 * HAUPTSTADT: EDINBURGH

VEREINIGTES KÖNIGREICH
EINWOHNERZAHL: 58 295 000 * HAUPTSTADT: LONDON

WALES
EINWOHNERZAHL: 2 905 000 * HAUPTSTADT: CARDIFF

◆ WISSENSWERTES ◆

Im 19. Jahrhundert wurde der Name des walisischen Ortes Llanfairpwllgwyngyll zum Spaß auf den Zungenbrecher Llanfairpwllgwyngyllgogerychwyrndrobwllllantysiliogogogoch verlängert. Er bedeutet wörtlich „St. Mary's Kirche am Teich der weißen Haselsträucher nahe dem reißenden Strudel an der roten Höhle der Kirche St. Tysilio". 1988 kehrte das Dorf offiziell zu der kürzeren Schreibweise zurück. Nur an der Bahnstation steht immer noch die 58-Buchstaben-Bezeichnung.

LLANFAIRPWLLGWYNGYLLGOGERYCHWYRNDROBWLLLANTYSILIOGOGOGOCH

◆ SCHAU NACH ◆

- Welche berühmte Eisenbrücke befindet sich in der Nähe der schottischen Hauptstadt?
- Nenne eine typische irische Sportart!
- Wie heißt die Inselgruppe bei Land's End?

Shetlandpony

Lerwick

SHETLAND-INSELN

Kabeljau

ORKNEY-INSELN

Kirkwall

John o'Groats

Thurso

Rotwild

Schotte mit Dudelsack

Urquhart Castle und Loch Ness

Inverness

Ben Nevis 1343 m

Auerhahn

Lachs

Mull

Otter

Oban

Skye

Schafe

South HEBRIDEN

North Uist

South Uist

Stornoway

Textilien

Lewis

Iona-Kloster

Islay

Arran

Glasgow

Kohle

Clyde

Forth

EDINBURGH

GRAMPIAN MTS.

Tay

Dee

SCHOTTLAND

Hammerwerfen bei den Highland-Spielen

Hochlandrinder

Aberdeen

Glamis Castle

Golf

Dundee

Öplattform

Eisenbahnbrücke über den Firth of Forth

Kohle

Tweed

Mastrinder

Hadrians-...

Schellfisch

Felsenformation Giant's Causeway (Fußweg der Riesen)

N O

Spanien und Portugal

DIE IBERISCHE HALBINSEL MIT DEN STAATEN SPANIEN, Portugal und Andorra liegt im äußersten Südwesten von Europa. Die Pyrenäen, ein mächtiges Gebirge, in das sich der Zwergstaat Andorra schmiegt, trennen die große, beinahe fünfeckige Landfläche vom übrigen Kontinent. Das Innere der Iberischen Halbinsel wird durch die Meseta gebildet, ein ausgedehntes Tafelland mit Grassteppen, Olivenhainen und bewaldeten Hügeln. Im Zentrum dieser Hochfläche liegt Madrid – die größte Stadt Spaniens und mit 642 m über dem Meeresspiegel die höchst gelegene Hauptstadt Europas. Spaniens zweitgrößte Metropole Barcelona befindet sich in der schmalen Küstenebene des Ostens. Diese Region ist ebenso wie die nahe Inselgruppe der Balearen die meiste Zeit des Jahres warm und sonnig, und im Sommer bevölkern Scharen von Touristen aus ganz Europa die zahlreichen Sandstrände. Die Südspitze Spaniens liegt nur 15 km von Afrika entfernt. Zwischen 711 n. Chr. und dem 12. Jahrhundert stand ein Großteil Spaniens unter der Herrschaft der Mauren, einem Arabervolk aus Nordafrika, und Städte wie Granada oder Sevilla besitzen viele Bauwerke im reich verzierten maurischen Stil. Portugal, einst das Herz eines weltweiten Imperiums, ist heute einer der ärmsten Staaten in Westeuropa. Olivenhaine und Korkeichen-Wälder bedecken die trockenen Ebenen des Südens. In den vielen Flusstälern, die das Land durchziehen, wird vor allem Wein angebaut. Zu den bekanntesten portugiesischen Weinen zählt der Portwein, benannt nach Porto, der zweitgrößten Stadt des Landes.

ANDORRA
EINWOHNERZAHL: 65 800 ∗ HAUPTSTADT: ANDORRA LA VELLA
PORTUGAL
EINWOHNERZAHL: 10 562 000 ∗ HAUPTSTADT: LISSABON
SPANIEN
EINWOHNERZAHL: 39 404 000 ∗ HAUPTSTADT: MADRID

FLAMENCO
Als Flamenco bezeichnet man Musik und Tänze der andalusischen Zigeuner. Die Tänzer in ihren farbenprächtigen Kostümen können von Gesang, Kastagnetten- und Gitarrenspiel begleitet werden.

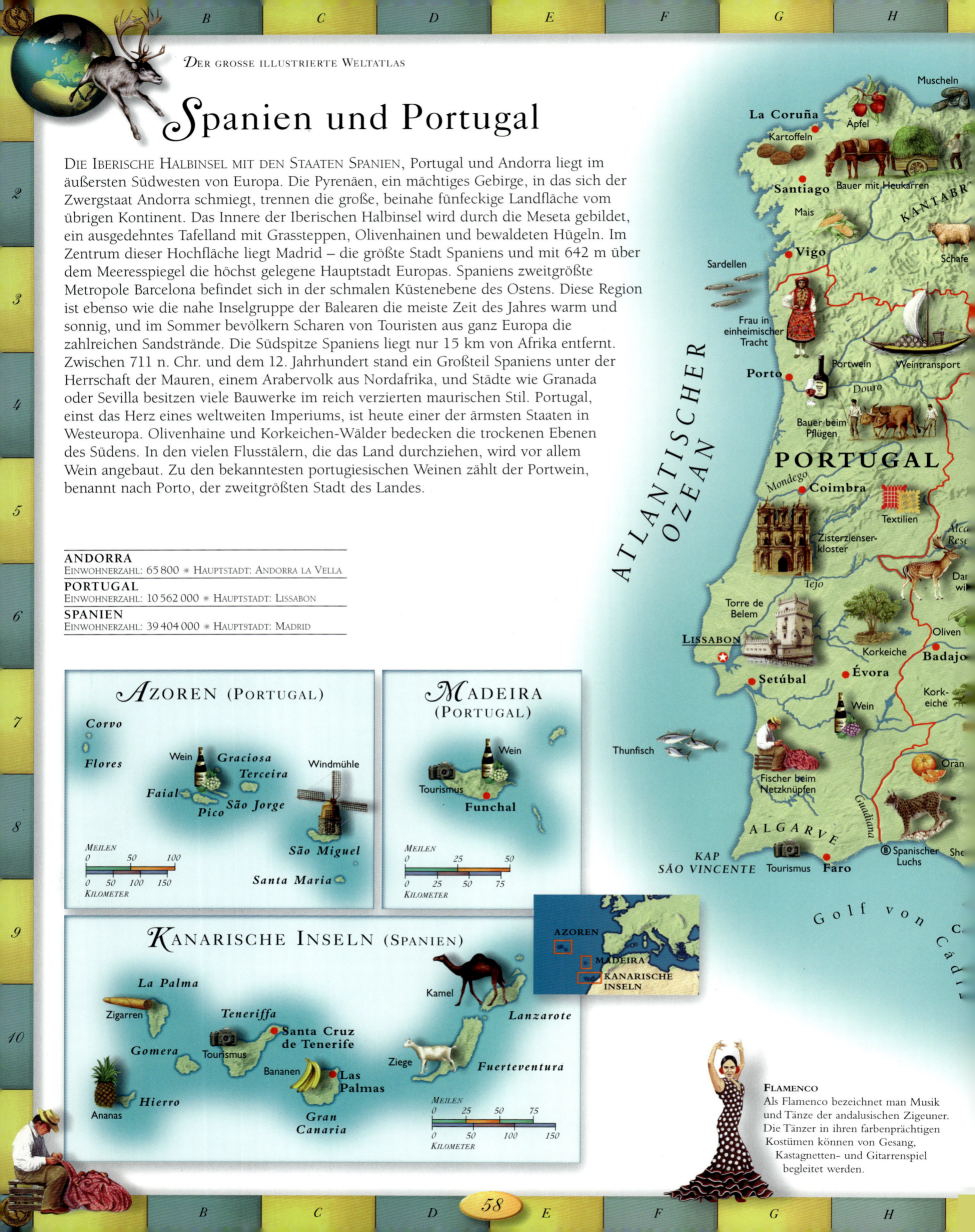

Frankreich

FRANKREICH, DAS GRÖSSTE LAND Westeuropas, gliedert sich in unterschiedliche Landschaften und Klimate. Während das Wetter im überwiegend flachen Norden mild und niederschlagsreich ist, wird es zum gebirgigen Süden hin wärmer und trockener. Drei Viertel der Bevölkerung wohnen in Städten, obwohl die Landwirtschaft eine herausragende Rolle spielt und Frankreich an der Spitze der europäischen Agrarländer steht. Während auf den Ebenen im Norden Weizen und Zuckerrüben gedeihen, wird im Hügelland von Zentral- und Südfrankreich vor allem Wein angebaut. Lediglich Italien produziert noch mehr Wein als Frankreich. Am dichtesten besiedelt ist das Gebiet um die Hauptstadt Paris. Ein Fünftel der Gesamtbevölkerung und die meisten Industriezweige konzentrieren sich auf diesen Raum. Mehrere große Flüsse, darunter die Seine und die Loire, durchziehen die Ebenen im Westen und Norden Frankreichs. Da diese Wasserwege einst die wichtigsten Verkehrsverbindungen des Landes waren, sind ihre Ufer heute noch von zahlreichen historischen Orten und prunkvollen Schlössern gesäumt. Im Süden grenzen die Pyrenäen und die Alpen Frankreich gegen Spanien und Italien ab. Die schneebedeckten Gipfel bilden die Kulisse einer Reihe bekannter Skistationen. Daneben gibt es Nationalparks, in denen Adler, Murmeltiere und Gemsen heimisch sind. Entlang der Mittelmeerküste finden wir gut besuchte Strände und Badeorte. Nahe der italienischen Grenze liegt Monaco, der zweitkleinste Staat der Welt. Monaco ist berühmt wegen seiner Spielkasinos und des alljährlich stattfindenden Grand-Prix-Autorennens.

FRANKREICH
EINWOHNERZAHL: 58 109 000 ✳ HAUPTSTADT: PARIS
MONACO
EINWOHNERZAHL: 31 500 ✳ HAUPTSTADT: MONACO

✦ Wissenswertes ✦

Seit kurzem verläuft unter dem Meer der sogenannte Kanaltunnel, eine zweigleisige Eisenbahnlinie, die Frankreich mit Großbritannien verbindet. Die Züge unterqueren den Ärmelkanal in 35 Minuten. Eine Fahrt von London nach Paris dauert nun nicht länger als etwa drei Stunden.

BOULE
Dieser Freizeitsport ist in Frankreich sehr populär. Boule wird mit Metallkugeln auf einer harten, aber unbefestigten Fläche im Freien gespielt.

DER EIFFELTURM
Für die Pariser Weltausstellung von 1889 konstruierte der Ingenieur Alexandre Gustave Eiffel diesen Turm, der einst das höchste Bauwerk der Welt war.

DER GROSSE ILLUSTRIERTE WELTATLAS

DIE BENELUX-LÄNDER *Siehe Länder-Lexikon Seite 107*

Die Benelux-Länder

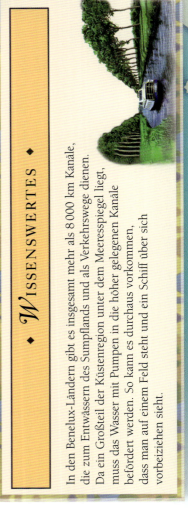

DER NAME BENELUX-LÄNDER hat sich für Belgien, Luxemburg und die Niederlande eingebürgert, drei dicht bevölkerte Staaten vor der Nordseeküste. Ein Großteil der Landfläche, darunter ein Drittel der früher als Holland bezeichneten Niederlande, liegt unter dem Meeresspiegel. Im Lauf der Jahrhunderte errichteten die Küstenbewohner Dämme und Deiche zum Schutz gegen das Meer, pumpten das Wasser aus dem als Polder bezeichneten Marschland hinter den Deichen und legten Tausende Kilometer von Kanälen an. In der gesamten Region fahren Lastkähne durch dieses Netz von Wasserstraßen, vorbei an Windmühlen, Bauernhöfen, Wiesen mit Milchkühen und bunten Tulpenfeldern, denn Belgien sowie die Niederlande beliefern die ganze Welt mit Blumen und Blumenzwiebeln. Amsterdam, die Hauptstadt der Niederlande, wird von mehr als 150 Kanälen durchzogen, den sogenannten Grachten, die zum Teil von hohen, schmalen Häusern aus dem 17. Jahrhundert gesäumt sind. In Belgien verbinden Kanäle die Seehäfen mit den historischen Städten Brügge und Gent sowie mit der Hauptstadt Brüssel. Brüssel wird oft als Hauptstadt Europas bezeichnet, da sich hier der Sitz der Europäischen Gemeinschaft (EG) befindet. Südöstlich von Brüssel erstrecken sich die Ardennen, der einzige Gebirgszug dieser Gegend. Ihre bewaldeten Kuppen prägen den nördlichen Teil von Luxemburg, ein winziges Land, das jedoch zu den wichtigsten europäischen Finanzzentren zählt.

BELGIEN
EINWOHNERZAHL: 10 082 000 * HAUPTSTADT: BRÜSSEL
LUXEMBURG
EINWOHNERZAHL: 404 700 * HAUPTSTADT: LUXEMBURG
NIEDERLANDE
EINWOHNERZAHL: 15 453 000 * HAUPTSTADT: AMSTERDAM, DEN HAAG

♦ WISSENSWERTES ♦

In den Benelux-Ländern gibt es insgesamt mehr als 8 000 km Kanäle, die zum Entwässern des Sumpflands und als Verkehrswege dienen. Da ein Großteil der Küstenregion unter dem Meeresspiegel liegt, muss das Wasser mit Pumpen in die höher gelegenen Kanäle befördert werden. So kann es durchaus vorkommen, dass man auf einem Feld steht und ein Schiff über sich vorbeiziehen sieht.

DAS ATOMIUM
Das Atomium stellt ein Eisenmolekül dar und ist eines der wenigen Bauten, die noch heute an die Brüsseler Weltausstellung von 1958 erinnern.

62

Westliches Mitteleuropa

NACH DEM ZWEITEN WELTKRIEG WURDE DEUTSCHLAND GETEILT. Seit der Wiedervereinigung der Bundesrepublik (im Westen) und der Deutschen Demokratischen Republik (im Osten) im Jahr 1990 hat das Land mit über 80 Millionen Menschen die höchste Einwohnerzahl in ganz Europa (mit Ausnahme Russlands). Die meisten deutschen Großstädte liegen an bedeutenden Flüssen. So verbindet der Rhein das wichtigste Industriezentrum des Landes – das oft als Kohlenpott bezeichnete Ruhrgebiet – mit den großen Häfen der Niederlande im Norden und mit der Schweizer Metropole Basel im Süden. Auf seinem Weg zum Meer zieht der Strom an dunklen Tannenwäldern, sanften Weinbergen und schroffen, von mittelalterlichen Burgen gekrönten Felsenklippen vorbei. Von Süddeutschland aus erstrecken sich die Alpen in die Schweiz und nach Österreich hinein, wo die Berge etwa zwei Drittel des Landes einnehmen. Straßen und Eisenbahnlinien winden sich durch schmale Flusstäler und über steile Pässe in Richtung Süden. Im Sommer weiden Kühe auf hoch gelegenen Almwiesen; im Winter tummeln sich Skifahrer auf den Hängen. Die Schweiz ist ein friedliebendes Land, das seit 1814 in keinen Krieg mehr verwickelt war. Das veranlasste Menschen aus aller Welt, ihr Geld auf Schweizer Banken einzuzahlen, und so gilt die Alpenrepublik heute als eines der bedeutendsten Finanzzentren. In Österreich wird vor allem der flache Nordosten für Landwirtschaft und Industrie genutzt. Hier befindet sich das Einzugsgebiet der Donau, des zweitlängsten Stroms in Europa. Die Donau durchfließt auch Wien, die Hauptstadt Österreichs, in der ein Fünftel der Gesamtbevölkerung lebt und die als eine der glanzvollsten Metropolen der Welt gilt.

DEUTSCHLAND
EINWOHNERZAHL: 81 338 000 * HAUPTSTADT: BERLIN

LIECHTENSTEIN
EINWOHNERZAHL: 30 700 * HAUPTSTADT: VADUZ

ÖSTERREICH
EINWOHNERZAHL: 7 987 000 * HAUPTSTADT: WIEN

SCHWEIZ
EINWOHNERZAHL: 7 085 000 * HAUPTSTADT: BERN

◆ MACH MIT: *Schweizer Schokolade-Fondue* ◆

Ein typisches Schweizer Gericht ist das Käse-Fondue, ein Gemisch aus geschmolzenem Käse und Weißwein, in das man Brotwürfel taucht. Euer Fondue wird jedoch nicht mit Käse, sondern mit Schokolade zubereitet!

1. Teilt 250 g Halbbitter-Schokolade in Stücke und gebt sie zusammen mit einer Tasse (250 ml) Sahne in einen Topf oder eine Pfanne mit hohem Rand.

2. Bittet einen Erwachsenen, die Zutaten unter Rühren zu erwärmen, bis die Schokolade geschmolzen ist. Schlagt das Gemisch mit dem Schneebesen, bis es zu glänzen beginnt.

3. Sobald das Schokolade-Fondue ein wenig abgekühlt ist, kommt ihr Obststückchen (Erdbeeren, Trauben und Ananas eignen sich besonders gut) auf ein langes Stäbchen oder eine Gabel spießen, in die Schokolade tauchen und vernaschen. Guten Appetit!

◆ WISSENSWERTES ◆

Liechtenstein hat nur 30 700 Einwohner. Da das Land nirgends breiter als 6 km ist, könnte man es zu Fuß in knapp zwei Stunden durchwandern. Der Fürst von Liechtenstein residiert auf seinem Schloss in der Hauptstadt Vaduz.

Italien

ITALIEN BESTEHT AUS EINER LANG GESTRECKTEN, stiefelförmigen Halbinsel, den beiden großen Inseln Sizilien und Sardinien sowie etwa 70 kleineren Inseln. Daneben befinden sich auf italienischem Boden zwei unabhängige Zwergstaaten: San Marino im Osten und Vatikanstadt in Rom selbst. Vatikanstadt ist der Sitz des Papstes und zugleich der kleinste Staat der Welt. Das italienische Festland ist vorwiegend von Gebirgen geprägt. Während der Alpenbogen einen Querriegel entlang der Nordgrenze bildet, ziehen sich die Apenninen vom Norden bis fast hinunter zur Südspitze des Stiefels. Zwischen diesen beiden Bergketten liegt das fruchtbare Flachland der Po-Ebene. Hier und in der anschließenden venetianischen Ebene finden wir neben Ackerbau die bedeutendsten Industrien des Landes, so die Automobilfabriken von Turin und die großen Textil- und Modezentren von Mailand. Alljährlich strömen mehr als

50 Millionen Touristen nach Italien, um die antiken Ruinen, historischen Städte und Museen zu besichtigen oder die zahlreichen Sonnenstrände zu genießen. Das milde Klima ermöglicht den Anbau von großen Mengen Weizen, Zitrusfrüchten, Oliven und Trauben: Italien ist weltweit der größte Produzent von Olivenöl und Wein. Manche Gebiete Italiens werden regelmäßig von Erdbeben heimgesucht. Außerdem finden sich hier die einzigen aktiven Vulkane des europäischen Festlands. So schleuderte der Ätna auf Sizilien im Jahr 70 v. Chr. mindestens 260mal Asche und Lava aus. Etwa 95 km südlich von Sizilien liegen die Inseln von Malta, die im Lauf der Jahrhunderte abwechselnd unter römischer, arabischer, türkischer, französischer und englischer Herrschaft standen. Heute ist Malta eine selbständige Republik.

ITALIEN EINWOHNERZAHL: 58 262 000 * HAUPTSTADT: ROM
MALTA EINWOHNERZAHL: 369 600 * HAUPTSTADT: VALLETTA
SAN MARINO EINWOHNERZAHL: 24 300 * HAUPTSTADT: SAN MARINO
VATIKANSTADT EINWOHNERZAHL: 830 * HAUPTSTADT: VATIKANSTADT

◆ WISSENSWERTES ◆

Der „Schiefe Turm von Pisa" wurde zwischen 1173 und 1370 als Campanile oder Glockenturm erbaut. Bereits nach Fertigstellung der ersten drei Säulengalerien geriet das Gebäude aus sechs übereinander liegenden Säulenreihen in Schräglage, weil sich der Untergrund senkte. Obwohl der Turm etwa 4,5 m von der Senkrechten abweicht, wurde er erst kürzlich so stabilisiert, dass er nicht umstürzen kann.

KOLOSSEUM
Das römische Amphitheater wurde im 1. Jahrhundert n. Chr. für Großereignisse wie Gladiatorenkämpfe und Tierhetzen errichtet. Gelegentlich überflutete man sogar die Arena, um Seeschlachten darzustellen.

VESUV UND POMPEJI
Bei einem Ausbruch des Vulkans Vesuv im Jahr 79 n. Chr. wurde die Stadt Pompeji unter Schutt und Asche begraben. Sie geriet in Vergessenheit, bis sie im 18. Jahrhundert auf ihr

Südosteuropa

ALBANIEN
EINWOHNERZAHL: 3 414 000 • HAUPTSTADT: TIRANA
BOSNIEN UND HERZEGOWINA
EINWOHNERZAHL: 3 202 000 • HAUPTSTADT: SARAJEVO
BULGARIEN
EINWOHNERZAHL: 8 775 000 • HAUPTSTADT: SOFIA
GRIECHENLAND
EINWOHNERZAHL: 10 648 000 • HAUPTSTADT: ATHEN
JUGOSLAWIEN
EINWOHNERZAHL: 11 102 000 • HAUPTSTADT: BELGRAD
KROATIEN
EINWOHNERZAHL: 4 666 000 • HAUPTSTADT: ZAGREB
MAKEDONIEN
EINWOHNERZAHL: 2 160 000 • HAUPTSTADT: SKOPJE
RUMÄNIEN
EINWOHNERZAHL: 23 198 000 • HAUPTSTADT: BUKAREST
SLOWENIEN
EINWOHNERZAHL: 2 052 000 • HAUPTSTADT: LJUBLJANA

DIE OFT ALS BALKAN BEZEICHNETE REGION liegt an der Grenze Europas zu Asien und beherbergt ein buntes Völkergemisch aus beiden Kontinenten. Diese Tatsache hat im Lauf der Geschichte immer wieder zu Konflikten zwischen den verschiedenen Ländern und ethnischen Gruppen geführt. 1991 erklärten die Republiken Slowenien, Kroatien, Bosnien-Herzegowina und Makedonien ihre Unabhängigkeit von Jugoslawien. Die Folge war ein erbitterter Krieg, der Städte und Dörfer zerstörte, ganze Industrien vernichtete und Tausende von Menschen heimatlos machte. Der größte Teil Südosteuropas besteht aus wild zerklüfteten Gebirgslandschaften. Entlang der kroatischen Küste steigen schroffe Felsklippen aus dem Meer auf. Landeinwärts umgeben Wälder und Ackerland die Bergketten, die sich ostwärts durch Jugoslawien bis nach Rumänien und Bulgarien erstrecken. Im bulgarischen Teil des Balkangebirges liegt das Tal der Rosen.

Hier werden mehr als zwei Drittel des Weltbedarfs des kostbaren Rosenöls produziert, das ein wesentlicher Bestandteil der meisten Parfums ist. Die besten Anbaugebiete Südosteuropas befinden sich im Tal der Donau, die eine wichtige Verbindung zu den Häfen des Schwarzen Meers darstellt. In Griechenland hat die starke Überweidung durch Schafe und Ziegen in manchen Gebieten zu einer baum- und strauchlosen Grassteppe geführt, aber vielerorts erlaubt das Klima den Anbau von Oliven, Trauben, Zitrusfrüchten und Weizen. Das schöne Wetter und die eindrucksvolle Landschaft locken Touristen aus allen Teilen der Welt nach Griechenland. In der Hauptstadt Athen, das allein ein Drittel der griechischen Bevölkerung aufnimmt, brandet dichter Verkehr an 2000 Jahre alten Tempeln vorbei. Ruhe und Beschaulichkeit herrscht dagegen auf den griechischen Inseln: Weiß gekalkte Häuser drängen sich auf Klippen, und Fischerboote treiben in türkisblauen Buchten.

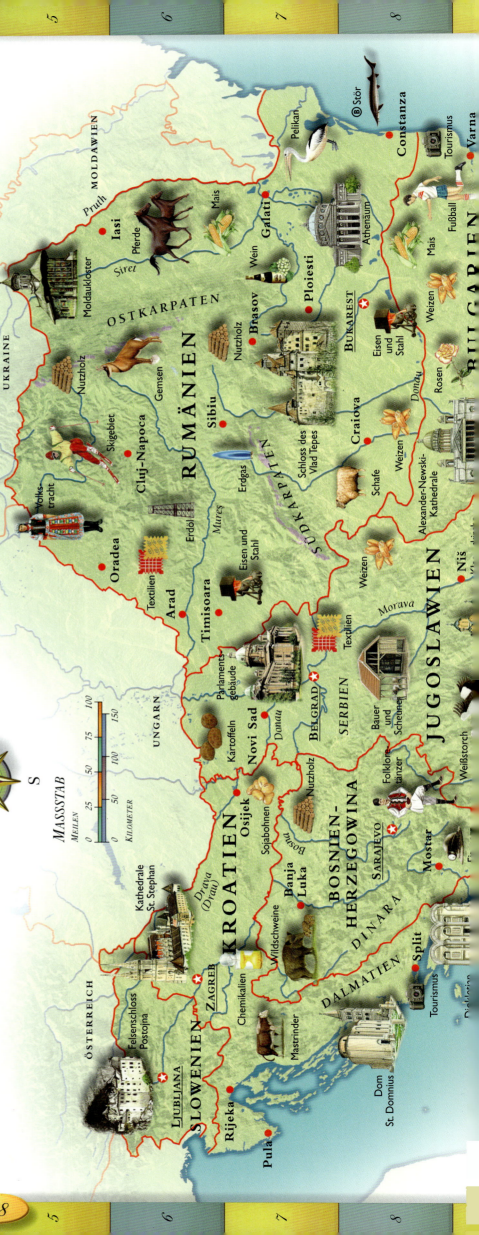

68

♦ MACH MIT: Tropfsteinhöhle ♦

Die Adelsberger Grotten in der slowenischen Stadt Postojna (früher Adelsberg) sind wegen ihrer Stalaktiten und Stalagmiten weltberühmt. Die von der Decke hängenden oder vom Boden aufragenden Kalkgebilde entstanden im Lauf vieler Jahrtausende durch Tropfwasser in den ausgedehnten Höhlen des Karstgebiets. Wenn ihr dagegen eine Tropfsteinhöhle anlegen wollt, braucht ihr dafür höchstens ein paar Tage.

① Malt auf den Innenboden einer Schuhschachtel eine Höhlenszene und verkleidet die Seitenflächen des Kartons außen und innen mit Alufolie. Stellt die Schachtel nun so auf, dass euer Gemälde die Rückwand der Höhle bildet. Bittet einen Erwachsenen, an den seitlichen Rändern der Höhlendecke je zwei Löcher in den Karton zu bohren, und stellt links und rechts der Schachtel ein Glas auf.

② Fädelt nun eine Schnur so durch zwei gegenüberliegende Löcher, dass sie innen ein wenig durchhängt und außen mit je einem Ende bis zum Boden des Glases reicht. Wiederholt das Ganze mit einer zweiten Schnur und den beiden anderen Löchern.

③ Füllt die Gläser mit heißem Wasser und rührt so lange Sodapulver ein, bis es sich nicht mehr auflöst. Wascht euch danach gut die Hände! Im Lauf der nächsten Tage, wenn die Flüssigkeit von den Schnuren aufgesogen wird und allmählich zu verdunsten beginnt, zeigen sich an den Stellen, wo die Schnüre am stärksten durchhängen, kleine Salzgebilde. Gleichzeitig entstehen da, wo das Wasser auf den Höhlenboden tropft, kleine Salzhäufchen. Nach und nach entwickeln sich aus diesen Formationen Stalaktiten und Stalagmiten.

Schwarzes Meer

POSITION

TÜRKEI

Gedächtniskirche

Lebensmittelverarbeitung
Plovdiv
Tabak
Weizen
Alexandroupolis
Samothraki
Thásos
Oliven
Lesbos
TÜRKEI
Ägäisches Meer
Segelsport
Chíos
Samos
Makrelen
DODEKANES
Windmühle
Rhodos
Karpathos
Mittelmeer

Musala 2925 m
RHODOPEN
Struma
Skigebiet
SKOPJE
MAKEDONIEN
Vardar
Orthodoxe Kirche
Bitola
Korçë
ALBANIEN
TIRANA
Vlorë
Teppich-Qualitätskontrolle
Durrës
Schwarzmilan
Shkodër
Kupfer
Mais
Eisen und Stahl
Ziegen
Baumwolle
Griechisch-orthodoxer Mönch
Saloniki
Sardinen
Skyros
Braunkohle
Euböa
Chalkis
Volos
NÖRDLICHE SPORADEN
Olymp 2917 m
Ruinen von Delphi
Meteoraklöster
Wein
Buzuki
GRIECHENLAND
Patras
Levkas
Oliven
Kefallinia
IONISCHE INSELN
Zakynthos
Tourismus
PELOPONNES
Tripolis
Ruinen von Olympia
König Agamemnons goldene Totenmaske
Parthenon
Piräus
ATHEN
Evzones (Wachsoldaten)
Kreuzfahrtschiff
Tinos
Andros
Mykonos
KYKLADEN
Paros
Naxos
Santorin
Kirche im Landesstil
Kythira
Kretisches Meer
Chania
Iraklion
Kreta
Stierkopf-Skulptur, Knossos

Ionisches Meer

Adriatisches Meer

ITALIEN

SCHWARZMILANE
Diese in ganz Südosteuropa verbreiteten Raubvögel sammeln sich bei Dunkelheit in Baumkronen und übernachten in riesigen Kolonien.

SCHLOSS DES VLAD TEPES
Der rumänische Fürst Vlad Tepes, der im 15. Jahrhundert lebte und als „Vlad, der Pfähler" in die Geschichte einging, soll für die Vampir-Legende des Grafen Drakula Pate gestanden haben.

EVZONES
So heißen die griechischen Gardisten in ihren traditionellen Röcken und quastenverzierten Mützen, die am Grab des Unbekannten Soldaten vor dem Parlament in Athen Wache halten.

69

DER GROSSE ILLUSTRIERTE WELTATLAS

Osteuropa

In jüngster Zeit kam es in dieser Region zu tiefgreifenden politischen Veränderungen. Zwischen 1990 und 1991 zerbrach der riesige Staatenverband der früheren Sowjetunion, und die Republiken Lettland, Estland, Litauen, Weißrussland, Moldawien und Ukraine erlangten die Unabhängigkeit. Dazu kam 1993 die Teilung der Tschechoslowakei in zwei Länder – die Tschechische Republik und die Slowakei. Gebirge begrenzen die Tschechische Republik und bedecken einen Großteil der Slowakei, aber das restliche Osteuropa ist überwiegend flach. Grassteppen durchziehen Zentralungarn und weite Gebiete der Ukraine. Polen besteht hauptsächlich aus Tiefebenen mit fruchtbarem Ackerland, durchströmt von breiten Flüssen, die im südlichen Bergland entspringen und in den Sümpfen und Dünenstränden der Ostseeküste münden. Die Landschaft der baltischen Staaten Litauen, Lettland und Estland ist von Wiesen, Marschland und zahllosen Seen geprägt. Entlang der Ostsee können die Winter bitterkalt sein, und häufig müssen Eisbrecher die Fahrrinnen zwischen den Häfen der Region frei halten. Etwa zwei Drittel der Bewohner Osteuropas leben in Städten; viele von ihnen arbeiten in der Schwerindustrie, vor allem im Kohlebergbau, in der Eisen- und Stahlerzeugung sowie auf Schiffswerften. Die hohe Industriedichte hat in manchen Gebieten zu einer erheblichen Umweltbelastung geführt. So wurden die Wälder in Polen und der Tschechischen Republik durch sauren Regen vernichtet, und manche Seen in Ungarn sind heute so verschmutzt, dass man Schwimmverbote erlassen musste. In der Ukraine und in Weißrussland liegen weite Gebiete brach, da die Böden seit dem Reaktorunfall von Tschernobyl (bei Kiew) im Jahr 1986 radioaktiv verseucht sind. Dennoch bleibt die Ukraine einer der größten Weizenlieferanten der Welt.

◆ Schau nach ◆

- Welche Art von Glaswaren werden in der Tschechischen Republik gefertigt?
- Nenne ein Mineral, das in Ungarn abgebaut wird.
- Ein typisches Gericht der Ukraine ist eine Suppe namens Borschtsch, die eine bestimmte Rübensorte enthält. Welche?

ESTLAND
Einwohnerzahl: 1 625 000 * Hauptstadt: Tallinn

LETTLAND
Einwohnerzahl: 2 763 000 * Hauptstadt: Riga

LITAUEN
Einwohnerzahl: 3 876 000 * Hauptstadt: Wilna

MOLDAWIEN
Einwohnerzahl: 4 490 000 * Hauptstadt: Kischinau

POLEN
Einwohnerzahl: 38 792 000 * Hauptstadt: Warschau

SLOWAKEI
Einwohnerzahl: 5 432 000 * Hauptstadt: Bratislava

TSCHECHISCHE REPUBLIK
Einwohnerzahl: 10 433 000 * Hauptstadt: Prag

UKRAINE
Einwohnerzahl: 51 868 000 * Hauptstadt: Kiew

UNGARN
Einwohnerzahl: 10 319 000 * Hauptstadt: Budapest

WEISSRUSSLAND
Einwohnerzahl: 10 437 000 * Hauptstadt: Minsk

TEYN-KIRCHE IN PRAG
Die Türme dieser gotischen Marienkirche aus dem 14. Jahrhundert werden Adam und Eva genannt, weil einer (der rechte) breiter als der andere ist.

PUSSTAREITER
Die Region Hortobágy in der ungarischen Pussta ist berühmt für ihre Pferdezucht, und die Einheimischen gelten als tollkühne Reiter.

Nordeuropa

Der grosse illustrierte Weltatlas

Nordeuropa Siehe Länder-Lexikon Seite 109

DÄNEMARK
Einwohnerzahl: 5 199 000 ∗ Hauptstadt: Kopenhagen
FINNLAND
Einwohnerzahl: 5 085 000 ∗ Hauptstadt: Helsinki
ISLAND
Einwohnerzahl: 266 000 ∗ Hauptstadt: Reykjavik
NORWEGEN
Einwohnerzahl: 4 331 000 ∗ Hauptstadt: Oslo
SCHWEDEN
Einwohnerzahl: 8 822 000 ∗ Hauptstadt: Stockholm

Als Skandinavien im engeren Sinn bezeichnet man die Halbinsel im Norden Europas mit den Ländern Norwegen und Schweden. Meist werden aber auch noch Dänemark und Finnland zu den skandinavischen Ländern gezählt. Im Westen dieser Halbinsel bilden Fjorde – schmale, von Gletschern ausgeschürfte Buchten zwischen steilen Felswänden – und mehr als 150 000 kleine Inseln ein Labyrinth von Wasserwegen. Landeinwärts überziehen Berge und baumlose Hochflächen den größten Teil Norwegens. Nach Osten zu fällt das Land in Stufen ab. Die sumpfigen Ebenen Schwedens und Finnlands sind mit Tausenden von Seen durchsetzt. In den dichten Nadelwäldern streifen Elche, Braunbären und Wölfe umher. Im nördlichen Teil dieser Region herrscht arktisches Klima mit langen, dunklen und schneereichen Wintern. Ganz im Süden ist das Klima gemäßigt und das Land etwas fruchtbarer. Während in

Norwegen nur ein Zwanzigstel der Flächen landwirtschaftlich genutzt werden kann, sind mehr als drei Viertel von Dänemark Agrarland. Auf Island, einer Vulkaninsel 1000 km westlich von Norwegen, gibt es kaum Äcker und Weiden. Das öde Landesinnere besteht hauptsächlich aus Vulkanen, heißen Quellen und Lavafeldern. Manche Gegenden Islands haben so starke Ähnlichkeit mit der Mondoberfläche, dass Astronauten hier ihr Training für die Mondlandungen absolvierten. Auf einigen Hochebenen finden sich als Überbleibsel der letzten Eiszeit riesige Eiskappen. Dazu gehört der Vatnajökull im Südosten der Insel, dessen Eisdecke über einem aktiven Vulkan liegt. Er ist mit einer Fläche von mehr als 8000 km^2 größer als alle europäischen Gletscher zusammen.

MASSSTAB
MEILEN
KILOMETER

Barentssee

RUSSLAND

FINNLAND

Nordkap-Monument

NORDKAP

Indri-See

Kemijoki

Elch

Langlauf

Nutzholz

Sauna

Oulu

Zink

Lappländisches Paar

Vielfraß

Wasserkraft

Rentiere

Hammerfest

Kabeljau

Lappe (Same)

Braunbär

Gällivare

Luleå

Segelsport

Tromsø

Eisenerz

Torneälv

Kebnekajse 2123 m

Freiland-schachbrett

Lichtfest

Lachs

Skellefteå

Umeä

Narvik

Orca (Killerwal)

Runenstein

Eishockey

Bodø

Fischerboot

Wasserkraft

Fjordpony

LOFOTEN

Papageientaucher

Hering

Polarkreis-Pyramide

Europäisches Nordmeer

ISLAND

Seeadler

Akureyri

Svartifoss-Wasserfall

VATNAJÖKULL

ATLANTISCHER OZEAN

Schafe

REYKJAVIK

Strokkur-Geysir

DER GROSSE ILLUSTRIERTE WELTATLAS

Asien

DER GRÖSSTE KONTINENT DER ERDE reicht beinahe um den halben Globus und umfasst ein Drittel der gesamten Landmasse. Hier befinden sich die höchsten Berge, der größte See und der tiefste Festland-Punkt der Welt. Asien war einst die Wiege vieler bedeutender Hochkulturen und Religionen und ist heute die Heimat von 60 Prozent der Weltbevölkerung. Die meisten Asiaten leben im Osten und Süden. Im feuchtheißen Klima dieser Gebiete gibt es riesige Wälder, fruchtbare Ebenen und Hunderte von tropischen Inseln. Der Südwesten und das Innere des Kontinents werden von Wüsten und unwirtlichen Gebirgen beherrscht. Die Steppenlandschaft Zentralasiens geht nach Norden zu in die endlosen Nadelwälder Russlands über. Noch weiter nördlich erstreckt sich ein Tundragürtel bis an die Meeresküste. Russland besitzt die größte Landfläche der Welt, China dagegen die bei weitem größte Bevölkerung.

Kontinent-Fakten

Gesamte Landfläche: 44 391 162 km² (ohne den europäischen Teil Russlands)
Gesamtbevölkerung: 3 516 177 000 (ohne den europäischen Teil Russlands)
Unabhängige Länder: Afghanistan, Armenien, Aserbaidschan, Bahrain, Bangladesch, Bhutan, Brunei, China, Georgien, Indien, Indonesien, Irak, Iran, Israel, Japan, Jemen, Jordanien, Kambodscha, Kasachstan, Katar, Kirgistan, Kuwait, Laos, Libanon, Malaysia, Malediven, Mongolei, Myanmar (Birma), Nepal, Nordkorea, Oman, Pakistan, Philippinen, Russland, Saudi-Arabien, Singapur, Sri Lanka, Südkorea, Syrien, Tadschikistan, Taiwan, Thailand, Türkei, Turkmenistan, Usbekistan, Vereinigte Arabische Emirate, Vietnam, Zypern

Welt-Rekorde

HÖCHSTER BERG DER WELT
MOUNT EVEREST, CHINA-NEPAL, 8 848 M

TIEFSTER PUNKT DER WELT
TOTES MEER, ISRAEL-JORDANIEN, 400 M UNTER DEM MEERESSPIEGEL

SEE MIT DER GRÖSSTEN FLÄCHE DER WELT
KASPISCHES MEER, WESTASIEN, 371 800 KM²

ÄLTESTER, TIEFSTER UND GRÖSSTER (RAUMINHALT) SEE DER WELT
BAIKALSEE, RUSSLAND, 25 MILLIONEN JAHRE ALT; 1 637 M TIEF; 23 000 KM³ WASSER

LAND MIT DER GRÖSSTEN FLÄCHE
RUSSLAND, 17 075 383 KM²

LAND MIT DER HÖCHSTEN EINWOHNERZAHL DER WELT
CHINA, 1 203 097 000 EINWOHNER

STADT MIT DER HÖCHSTEN EINWOHNERZAHL DER WELT
TOKIO, JAPAN, 26 800 000 EINWOHNER

LÄNGSTES BAUWERK DER WELT
CHINESISCHE MAUER, 3 460 KM

LÄNGSTE EISENBAHN DER WELT
TRANSSIBIRISCHE EISENBAHN, RUSSLAND, 9 297 KM

Kontinent-Rekorde

LÄNGSTER FLUSS
JANGTSEKIANG, 6 380 KM

Höchste Berge – Längste Flüsse

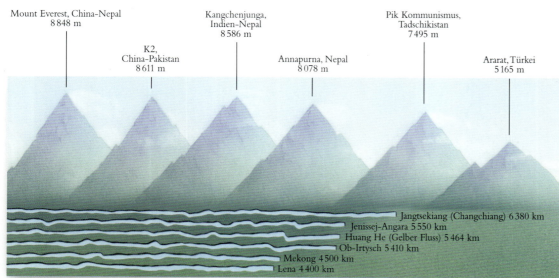

Mount Everest, China-Nepal 8 848 m
K2, China-Pakistan 8 611 m
Kangchenjunga, Indien-Nepal 8 586 m
Annapurna, Nepal 8 078 m
Pik Kommunismus, Tadschikistan 7 495 m
Ararat, Türkei 5 165 m

Jangtsekiang (Changchiang) 6 380 km
Jenissej-Angara 5 550 km
Huang He (Gelber Fluss) 5 464 km
Ob-Irtysch 5 410 km
Mekong 4 500 km
Lena 4 400 km

Politische Karte

Zahlenschlüssel

1 ARMENIEN
2 ASERBAIDSCHAN
3 LIBANON
4 ISRAEL
5 KUWAIT
■ 6 BAHRAIN
7 KATAR
8 VEREINIGTE ARABISCHE EMIRATE
9 BHUTAN
10 BANGLADESCH
■ 11 SINGAPUR
12 BRUNEI

74

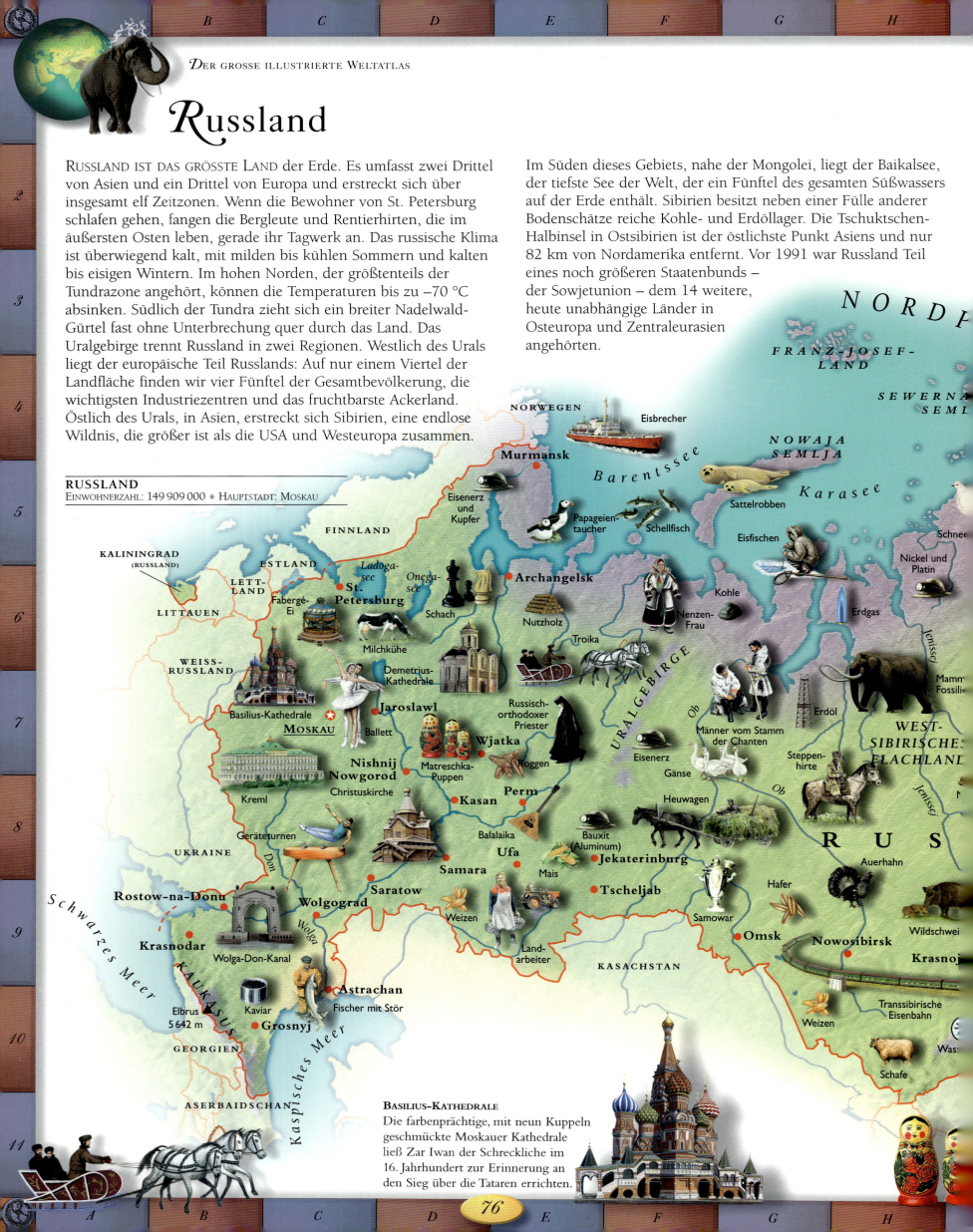

Russland

Der grosse illustrierte Weltatlas

Russland ist das grösste Land der Erde. Es umfasst zwei Drittel von Asien und ein Drittel von Europa und erstreckt sich über insgesamt elf Zeitzonen. Wenn die Bewohner von St. Petersburg schlafen gehen, fangen die Bergleute und Rentierhirten, die im äußersten Osten leben, gerade ihr Tagwerk an. Das russische Klima ist überwiegend kalt, mit milden bis kühlen Sommern und kalten bis eisigen Wintern. Im hohen Norden, der größtenteils der Tundrazone angehört, können die Temperaturen bis zu –70 °C absinken. Südlich der Tundra zieht sich ein breiter Nadelwald-Gürtel fast ohne Unterbrechung quer durch das Land. Das Uralgebirge trennt Russland in zwei Regionen. Westlich des Urals liegt der europäische Teil Russlands: Auf nur einem Viertel der Landfläche finden wir vier Fünftel der Gesamtbevölkerung, die wichtigsten Industriezentren und das fruchtbarste Ackerland. Östlich des Urals, in Asien, erstreckt sich Sibirien, eine endlose Wildnis, die größer ist als die USA und Westeuropa zusammen.

Im Süden dieses Gebiets, nahe der Mongolei, liegt der Baikalsee, der tiefste See der Welt, der ein Fünftel des gesamten Süßwassers auf der Erde enthält. Sibirien besitzt neben einer Fülle anderer Bodenschätze reiche Kohle- und Erdöllager. Die Tschuktschen-Halbinsel in Ostsibirien ist der östlichste Punkt Asiens und nur 82 km von Nordamerika entfernt. Vor 1991 war Russland Teil eines noch größeren Staatenbunds – der Sowjetunion – dem 14 weitere, heute unabhängige Länder in Osteuropa und Zentraleurasien angehörten.

RUSSLAND
Einwohnerzahl: 149 909 000 ✱ Hauptstadt: Moskau

BASILIUS-KATHEDRALE
Die farbenprächtige, mit neun Kuppeln geschmückte Moskauer Kathedrale ließ Zar Iwan der Schreckliche im 16. Jahrhundert zur Erinnerung an den Sieg über die Tataren errichten.

76

Zentraleurasien

EURASIEN IST DIE GROSSE LANDMASSE, die sich aus Europa und Asien zusammensetzt. Zentraleurasien erstreckt sich von der südöstlichen Ecke Europas bis in die trockenen Regionen Innerasiens. Die Türkei bildet eine Brücke zwischen den beiden Kontinenten, die durch die Bosporus-Meerenge voneinander getrennt sind. Das bergige Hinterland der Türkei ist karg und öde, aber die fruchtbaren Küstengebiete liefern Tee und Tabak und die weltweit größten Erträge an Haselnüssen und Rosinen. Im Süden der Türkei liegt die Insel Zypern, deren Bewohner teils türkischer, teils griechischer Herkunft sind. Georgien, Armenien und Aserbaidschan, die östlich an die Türkei grenzen, sind von den hohen Bergen des Kaukasus umgeben. Diese Länder besitzen reiche Erz- und Rohstofflager: Eine Zeitlang produzierte Baku, die Hauptstadt von Aserbaidschan, etwa die Hälfte des Weltbedarfs an Erdöl. Jenseits des Kaspischen Meers finden wir Wüsten, die einen Großteil von Turkmenistan, Usbekistan und Kasachstan bedecken. Die einstigen Handelsstraßen zwischen China und Europa durchquerten diese Länder und verbanden Städte wie Samarkand und Taschkent. Im Norden geht die Wüste in das weite Grasland der Kirgisen-Steppe über; im Südosten beherrschen die hohen Berge des Tian-shan die Länder Kirgistan und Tadschikistan. In Zentralasien hat die künstliche Bewässerung der Felder durch Umleiten und Stauen von Flüssen zu einer dramatischen Absenkung mancher Seen geführt. So ist der Aralsee, einst der viertgrößte See der Welt, auf ein Viertel seiner ursprünglichen Größe geschrumpft, und die Fischerdörfer, die ihn früher säumten, liegen heute bis zu 30 km von seinen Ufern entfernt.

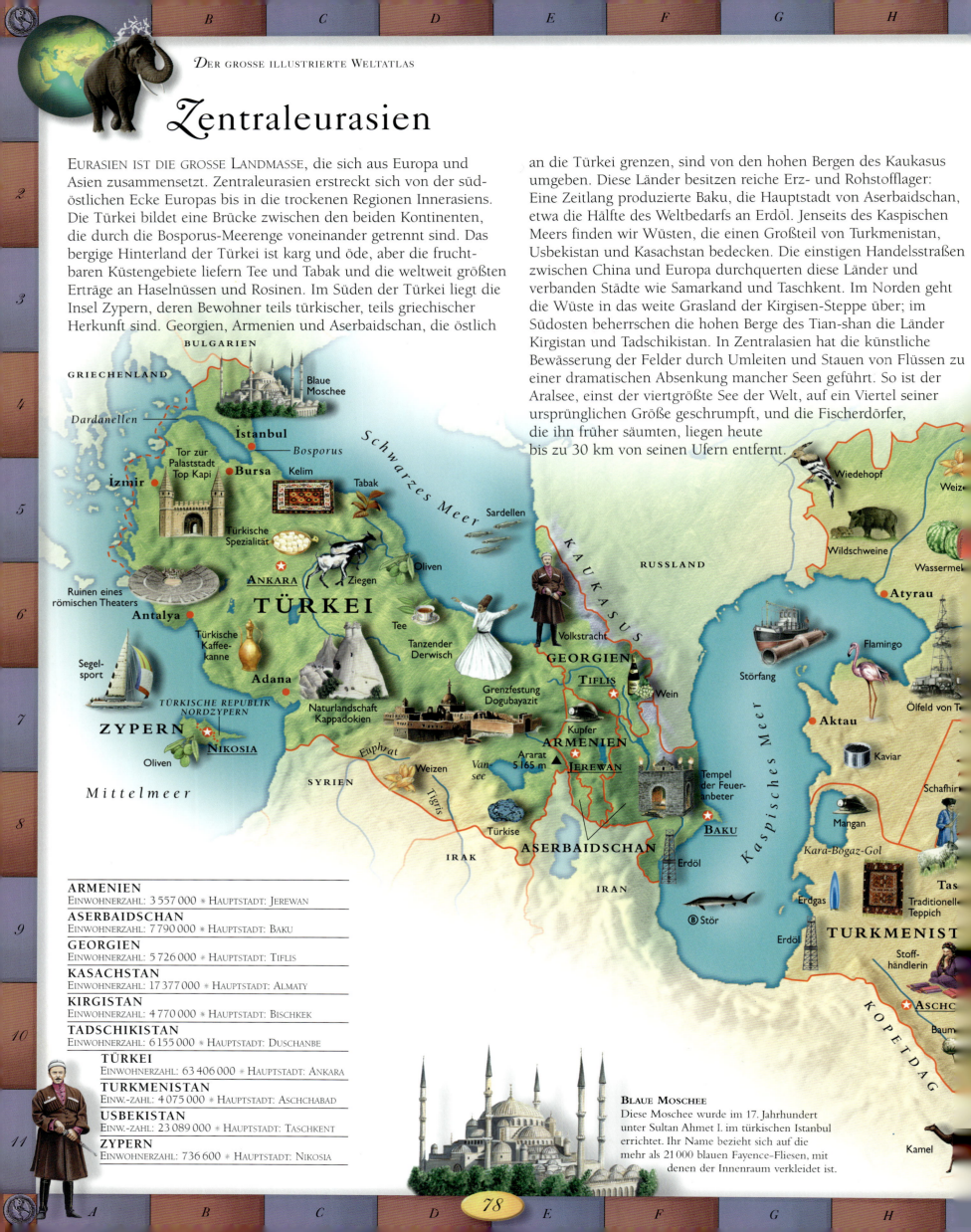

ARMENIEN
EINWOHNERZAHL: 3 557 000 * HAUPTSTADT: JEREWAN
ASERBAIDSCHAN
EINWOHNERZAHL: 7 790 000 * HAUPTSTADT: BAKU
GEORGIEN
EINWOHNERZAHL: 5 726 000 * HAUPTSTADT: TIFLIS
KASACHSTAN
EINWOHNERZAHL: 17 377 000 * HAUPTSTADT: ALMATY
KIRGISTAN
EINWOHNERZAHL: 4 770 000 * HAUPTSTADT: BISCHKEK
TADSCHIKISTAN
EINWOHNERZAHL: 6 155 000 * HAUPTSTADT: DUSCHANBE
TÜRKEI
EINWOHNERZAHL: 63 406 000 * HAUPTSTADT: ANKARA
TURKMENISTAN
EINW.-ZAHL: 4 075 000 * HAUPTSTADT: ASCHCHABAD
USBEKISTAN
EINW.-ZAHL: 23 089 000 * HAUPTSTADT: TASCHKENT
ZYPERN
EINWOHNERZAHL: 736 600 * HAUPTSTADT: NIKOSIA

BLAUE MOSCHEE
Diese Moschee wurde im 17. Jahrhundert unter Sultan Ahmet I. im türkischen Istanbul errichtet. Ihr Name bezieht sich auf die mehr als 21 000 blauen Fayence-Fliesen, mit denen der Innenraum verkleidet ist.

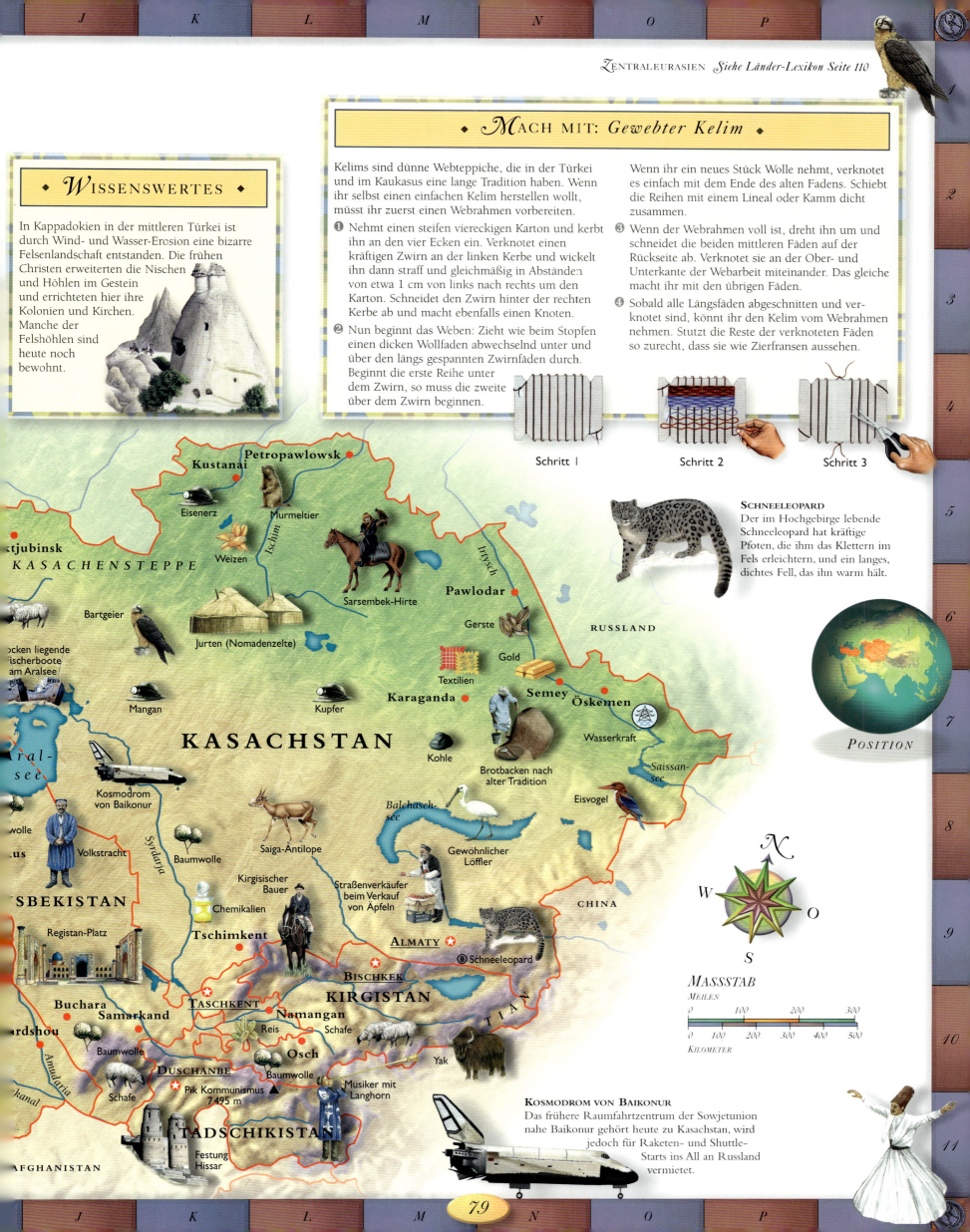

DER GROSSE ILLUSTRIERTE WELTATLAS

Der Nahe Osten

DER NAHE OSTEN IST DIE WIEGE mehrerer uralter Hochkulturen, Hier entstanden auch drei Weltreligionen: Islam, Christentum und Judaismus. Zwar gibt es schmale Streifen fruchtbaren Landes an der dicht bevölkerten Mittelmeerküste, im irakischen Zweistromland, das von Euphrat und Tigris durchflossen wird, sowie in den Hochländern von Nordiran und Jemen, aber die meisten übrigen Gebiete sind heiß, trocken und unfruchtbar. Wüsten erstrecken sich südwärts von Syrien, Jordanien und Israel über einen Großteil der Arabischen Halbinsel. Manche Regionen dieser Halbinsel erhalten zehn Jahre lang keinen Regen! Auch der Iran ist zu zwei Dritteln von Wüsten bedeckt. Die Große Salzwüste (Dascht e Kavir) im Osten des Landes ist nahezu vegetationslos. Zu den wenigen Geschöpfen, die hier überleben können, gehören Gazellen, die in Notzeiten mit winzigen Mengen Salzwasser auskommen. Im Lauf der Zeit haben die Bewohner des Nahen Ostens gelernt, ihre begrenzten Wasserreserven optimal zu nutzen. So werden seit Jahrtausenden die Anbauflächen zwischen Euphrat und Tigris durch Kanäle künstlich bewässert. Und seit kurzem gibt es an den Küsten des Persischen Golfs Anlagen, die das Meerwasser entsalzen und in Süßwasser verwandeln. In der Golfregion befindet sich die Hälfte aller Erdöl- und Erdgasvorkommen der Welt, was einigen Ländern zu beträchtlichem Reichtum verholfen hat. So ist das Pro-Kopf-Einkommen in den Vereinigten Arabischen Emiraten doppelt so hoch wie in den USA. Im Gegensatz dazu zählt der Jemen, in dem es praktisch kein Erdöl gibt, zu den ärmsten Ländern der Erde.

BAHRAIN
EINWOHNERZAHL: 575 900 ∗ HAUPTSTADT: MANAMA

IRAK
EINWOHNERZAHL: 20 644 000 ∗ HAUPTSTADT: BAGDAD

IRAN
EINWOHNERZAHL: 64 625 000 ∗ HAUPTSTADT: TEHERAN

ISRAEL
EINWOHNERZAHL: 5 433 000 ∗ HAUPTSTADT: JERUSALEM

JEMEN
EINWOHNERZAHL: 14 728 000 ∗ HAUPTSTADT: SANA

JORDANIEN
EINWOHNERZAHL: 4 101 000 ∗ HAUPTSTADT: AMMAN

KATAR
EINWOHNERZAHL: 533 900 ∗ HAUPTSTADT: DOHA

KUWAIT
EINWOHNERZAHL: 1 817 000 ∗ HAUPTSTADT: KUWAIT

LIBANON
EINWOHNERZAHL: 3 696 000 ∗ HAUPTSTADT: BEIRUT

OMAN
EINWOHNERZAHL: 2 125 000 ∗ HAUPTSTADT: MASKAT

SAUDI-ARABIEN
EINWOHNERZAHL: 18 730 000 ∗ HAUPTSTADT: RIAD

SYRIEN
EINWOHNERZAHL: 15 452 000 ∗ HAUPTSTADT: DAMASKUS

VEREINIGTE ARABISCHE EMIRATE
EINWOHNERZAHL: 2 925 000 ∗ HAUPTSTADT: ABU DHABI

◆ Wissenswertes ◆

Die auch als Rub al-Khali – arabisch „das leere Viertel" – bezeichnete Große Arabische Wüste im südlichen Saudi-Arabien ist die größte zusammenhängende Sandfläche der Erde. Auf einem Gebiet von der Größe Frankreichs gibt es weder Städte noch Dörfer. Die einzigen Bewohner dieser Region sind die Nomadenstämme der Beduinen.

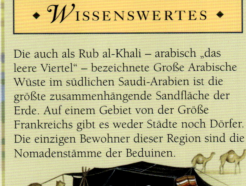

FELSENDOM
Der Kuppelbau in Jerusalem ist eine der wichtigsten Pilgerstätten des Islam. Seine Rückseite grenzt an die heilige Klagemauer der Juden. Der Dom ist über einem Felsen erbaut, auf dem Abraham nach der Überlieferung seinen Sohn Isaak opfern wollte.

VERSCHLEIERTE FRAU
Nach islamischer Tradition müssen Frauen ihr Haar und Gesicht vor Fremden verhüllen. Viele tragen daher einen Schleier oder eine Gesichtsmaske und einen langen schwarzen Umhang.

Südasien

DAS AUCH ALS VORDERINDIEN oder indischer Subkontinent bezeichnete Südasien ist durch eine Reihe von mächtigen Gebirgswällen vom übrigen Asien abgeschnitten. Im Nordosten ragt der Himalaya mit den höchsten Bergen der Erde über Nordindien und die beiden kleinen Königreiche Nepal und Bhutan auf. Im Nordwesten erstreckt sich der regenarme, wild zerklüftete Hindukusch – die zweithöchste Gebirgskette der Welt – quer durch Afghanistan. Im Süden dieser Massive fällt das Land steil in eine breite, fruchtbare Ebene ab, die von Pakistan bis nach Bangladesch reicht und einen Großteil von Nordindien umfasst. Südindien besteht aus einem dreieckigen, nach Osten geneigten Hochland, dem sogenannten Dekkan-Plateau, das von schmalen Küstenebenen gesäumt wird. Nicht weit von der Südostküste entfernt befindet sich die Insel Sri Lanka.

Obwohl es in Südasien ausgedehnte Regionen mit fruchtbarem Ackerland, dazu reiche Bodenschätze und eine Fülle expandierender Industriezweige gibt, kann die einheimische Wirtschaft kaum Schritt mit dem rasenden Bevölkerungswachstum halten. Ein Fünftel der gesamten Menschheit lebt in Südasien, und allein in Indien werden alljährlich 20 Millionen Kinder geboren. So kommt es, dass in vielen Gebieten bittere Armut herrscht. Vier Fünftel der Bewohner Südasiens leben in kleinen Dörfern, und die meisten ernähren sich von dem, was sie selbst anbauen. Die Landwirtschaft in Indien, Sri Lanka und Bangladesch ist von den Sommerniederschlägen abhängig, die der Monsunwind bringt. Fällt zu wenig Regen, dann verdorrt die Ernte. Fällt dagegen zu viel Regen, kommt es zu verheerenden Überschwemmungen, die die Ernte vernichten und viele Opfer fordern.

AFGHANISTAN
EINWOHNERZAHL: 21 252 000 ∗ HAUPTSTADT: KABUL
BANGLADESCH
EINWOHNERZAHL: 128 095 000 ∗ HAUPTSTADT: DHAKA
BHUTAN
EINWOHNERZAHL: 1 781 000 ∗ HAUPTSTADT: THIMBU
INDIEN
EINWOHNERZAHL: 936 546 000 ∗ HAUPTSTADT: NEU DELHI
MALEDIVEN
EINWOHNERZAHL: 261 300 ∗ HAUPTSTADT: MALE
NEPAL
EINWOHNERZAHL: 21 561 000 ∗ HAUPTSTADT: KATMANDU
PAKISTAN
EINWOHNERZAHL: 131 542 000 ∗ HAUPTSTADT: ISLAMABAD
SRI LANKA
EINWOHNERZAHL: 18 343 000 ∗ HAUPTSTADT: COLOMBO

◆ MACH MIT: *Taj-Mahal-Fliese* ◆

Der Mogulkaiser Shah Jahan ließ das Taj Mahal zum Gedenken an seine Lieblingsfrau Mumtaz errichten. 20 000 Arbeiter waren etwa 20 Jahre damit beschäftigt, das 1631 begonnene Bauwerk zu vollenden. So verkleideten sie das Grabmal mit Fliesen aus blendend weißem Marmor und verzierten diese einzeln mit Blumenmuster-Reliefs und Einlegearbeiten aus Halbedelsteinen. Vielleicht macht es euch Spaß, selbst eine Taj-Mahal-Fliese zu entwerfen.

1. Entwerft ein Blumenmuster auf einem weißen Papierquadrat.
2. Malt das Muster farbig aus und beklebt das Papier mit „Edelsteinen" aus Flitter, Pailletten, Knöpfen oder bunten Plastikresten.

TEMPELTÄNZE
In Bhutan tragen Tänzer bei religiösen Zeremonien reich geschmückte Seidengewänder und Masken, die Götter und Dämonen darstellen.

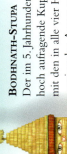

BODHNATH-STUPA
Der im 5. Jahrhundert begonnene, hoch aufragende Kuppelbau in Nepal ist mit den auf alle vier Himmelsrichtungen weisenden Augen von Buddha, dem Begründer des Buddhismus, geschmückt.

GESCHMÜCKTER ELEFANT
In Indien werden Elefanten für Prozessionen bemalt, in farbenprächtige Seidendecken gehüllt und mit funkelnden Edelsteinen geschmückt.

Südostasien

Südostasien besteht aus der grossen Halbinsel Hinterindien und mehr als 20 000 Inseln, dem indonesischen Archipel. Überall in dieser feuchtheißen Region wechseln zerklüftete Berge mit breiten Strombecken und Küstenebenen ab, die einst von dichten Regenwäldern bedeckt waren. Die meisten Menschen leben in den Flusstälern oder in Küstennähe, wo sie Fischfang und Ackerbau betreiben. Die wichtigste Feldfrucht ist der Reis. Während in den Ebenen der Sumpf- oder Nassreis auf bewässerten Flächen angebaut wird, pflanzt man an Hängen und Hochflächen den Berg- oder Trockenreis auf schmalen, stufenförmig ansteigenden Terrassen. In jüngster Zeit hat in Südostasien eine starke Landflucht eingesetzt. Auf der Suche nach Arbeit strömen Tausende von armen Bauern in die Großstädte. Bangkok, Ho-Tschi-Minh-Stadt (das frühere Saigon), Manila und Jakarta haben heute mit die höchsten Einwohnerzahlen und die rasantesten Wachstumsraten der Welt. Südostasien besitzt eine Fülle von Rohstoffen und Bodenschätzen. Malaysia ist der größte Zinnproduzent der Welt, Myanmar (Birma) exportiert die meisten Rubine, und der kleine Staat Brunei zählt dank seiner ergiebigen Erdölquellen zu den reichsten Ländern der Erde. Holz ist der am weitesten verbreitete Rohstoff: Mehr als drei Viertel aller Tropen-Edelhölzer stammen aus den Regenwäldern Südostasiens. Leider hat das maßlose Abholzen dazu geführt, dass die Waldbestände in manchen Gegenden knapp werden und viele Tier- und Pflanzenarten vom Aussterben bedroht sind. Einige Länder versuchen heute den Raubbau dadurch einzuschränken, dass sie große Waldgebiete in herrliche Nationalparks verwandeln.

BRUNEI
Einw.-zahl: 292 300 * Hauptstadt: Bandar Seri Begawan
INDONESIEN
Einwohnerzahl: 203 584 000 * Hauptstadt: Jakarta
KAMBODSCHA
Einwohnerzahl: 10 561 000 * Hauptstadt: Phnom Penh
LAOS
Einwohnerzahl: 4 837 000 * Hauptstadt: Vientiane
MALAYSIA
Einwohnerzahl: 19 724 000 * Hauptstadt: Kuala Lumpur
MYANMAR (BIRMA)
Einwohnerzahl: 45 104 000 * Hauptstadt: Yangon
PHILIPPINEN
Einwohnerzahl: 73 266 000 * Hauptstadt: Manila
SINGAPUR
Einwohnerzahl: 2 890 000 * Hauptstadt: Singapur
THAILAND
Einwohnerzahl: 60 271 000 * Hauptstadt: Bangkok
VIETNAM
Einwohnerzahl: 74 393 000 * Hauptstadt: Hanoi

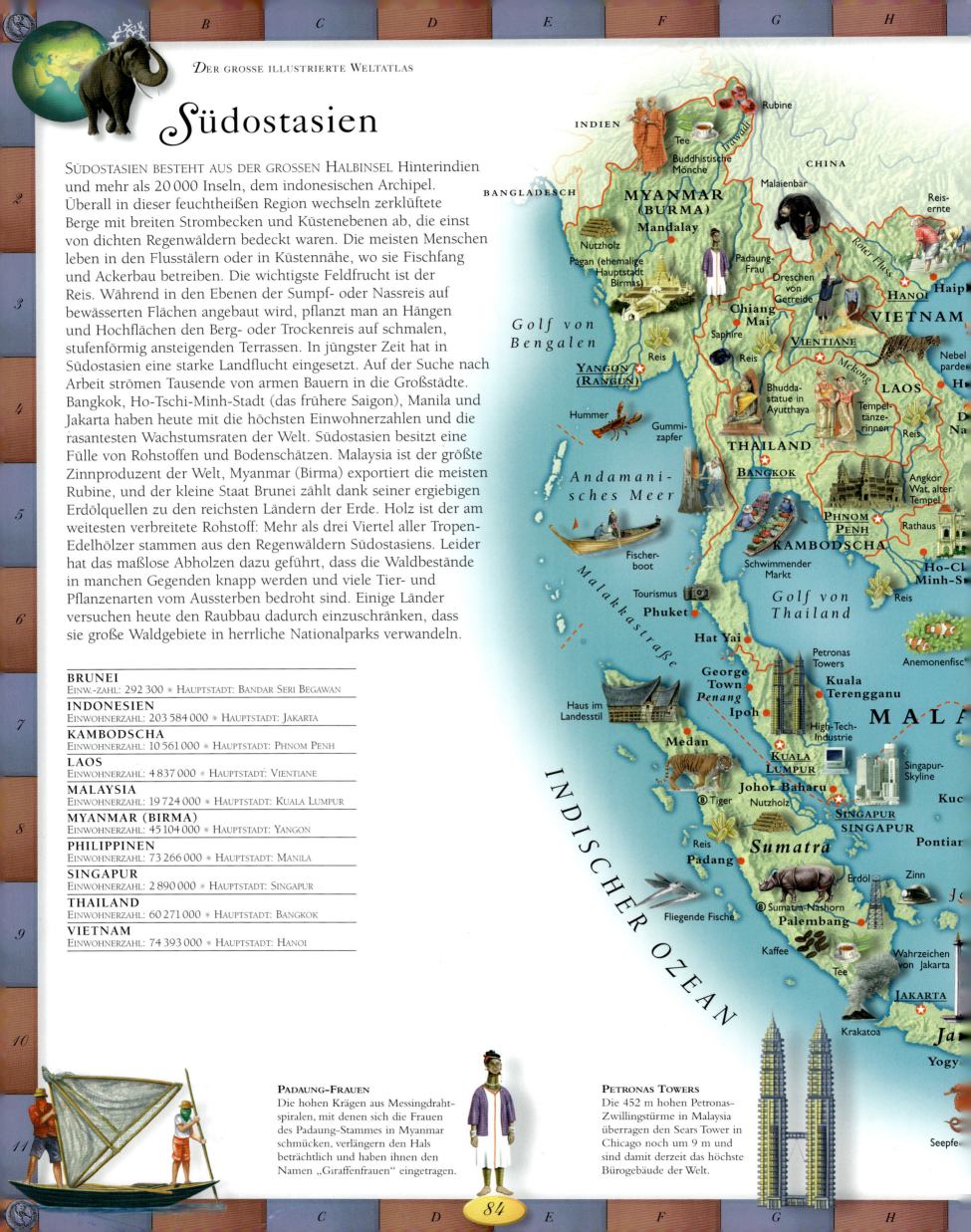

PADAUNG-FRAUEN
Die hohen Krägen aus Messingdrahtspiralen, mit denen sich die Frauen des Padaung-Stammes in Myanmar schmücken, verlängern den Hals beträchtlich und haben ihnen den Namen „Giraffenfrauen" eingetragen.

PETRONAS TOWERS
Die 452 m hohen Petronas-Zwillingstürme in Malaysia überragen den Sears Tower in Chicago noch um 9 m und sind damit derzeit das höchste Bürogebäude der Welt.

DER GROSSE ILLUSTRIERTE WELTATLAS

Ostasien

OSTASIEN UMFASST NEBEN MEHREREN KLEINEN INSELN etwa ein Viertel des asiatischen Festlands. Es wird von China dominiert, dem drittgrößten (und volkreichsten) Staat der Erde. Obwohl China nur geringfügig mehr Landfläche besitzt als die USA, hat es gut viermal so viele Einwohner. Achtzig Prozent davon leben im östlichen Drittel des Landes, einer Region mit mildem, niederschlagsreichem Klima und überwiegend fruchtbarem Boden. Es gibt viele Großstädte im Osten Chinas, aber die meisten Menschen leben in ländlicher Umgebung, wo sie Schweine und Hühner halten und Reis, Weizen und Gemüse anbauen. Das westliche China ist regenarm, zerklüftet und dünn besiedelt. Tibet im Südwesten wird gern als „Dach der Welt" bezeichnet, weil es auf dem höchsten Plateau der Erde liegt und von den mächtigsten Gipfeln des Himalaya gesäumt wird. Im Norden erstreckt sich die Wüste Gobi bis weit in die Mongolei, wo heute noch viele Hirtenvölker als Nomaden leben. In der Küstengegend gibt es eine Reihe von Ländern und Territorialgebieten, die gegenwärtig eine rasende Wirtschaftsentwicklung mitmachen. Südkorea und Taiwan etwa besitzen eine blühende Textil-, Fahrzeug- und Elektronikindustrie. Macao – eine winzige Überseeprovinz Portugals an der Südküste Chinas, die am 20. 12. 1999 endgültig in chinesischen Besitz überging – ist mit 22 150 Einwohnern pro Quadratkilometer der dichtest besiedelte Fleck auf der ganzen Erde. Das benachbarte Hongkong, eine frühere britische Kronkolonie, die 1997 an China zurückfiel, ist das drittgrößte Finanzzentrum der Welt. Seine modernen Hochhäuser ragen über einen der belebtesten Häfen in ganz Asien auf.

CHINA
EINWOHNERZAHL: 1 203 097 000 ✱ HAUPTSTADT: BEIJING
MONGOLEI
EINWOHNERZAHL: 2 494 000 ✱ HAUPTSTADT: ULAN BATOR
NORDKOREA
EINWOHNERZAHL: 23 487 000 ✱ HAUPTSTADT: PJÖNGJANG
SÜDKOREA
EINWOHNERZAHL: 45 554 000 ✱ HAUPTSTADT: SEOUL
TAIWAN
EINWOHNERZAHL: 21 501 000 ✱ HAUPTSTADT: TAIPEH

• Wissenswertes •

Die Chinesische Mauer oder Große Mauer im Norden Chinas ist rund 3 460 km lang. Astronauten können sie aus dem All erkennen. Das Bollwerk wurde im 3. Jahrhundert v. Chr. zum Schutz gegen Eindringlinge aus dem Norden errichtet und im 14. Jahrhundert n. Chr. verstärkt und verlängert.

TERRAKOTTA-ARMEE
Der chinesische Kaiser Qin Shi Huangdi ließ mehr als 6 000 Krieger aus Ton nachbilden, die sein Grabmal bis in alle Ewigkeit bewachen sollten.

RIESENPANDA
Es gibt auf der ganzen Welt nur noch etwa 1000 frei lebende Riesenpandas. Ihre Heimat sind die Bambuswälder Zentralchinas in der Nähe von Chengdu.

MASSSTAB

Japan

JAPAN BESTEHT AUS vier Hauptinseln und mehr als 4000 kleineren Inseln, die sich in einer langen Kette vor der Ostküste Asiens aneinanderreihen. Während die Nordhälfte Japans ein kühl-gemäßigtes Klima mit schneereichen Wintern und milden Sommern hat, herrschen im Süden subtropische bis tropische Bedingungen: Die Winter sind mild, die Sommer heiß mit starken Regenfällen. Das Land ist überwiegend gebirgig und zu zwei Dritteln von Wäldern bedeckt. Japan gehört zu den erdbebenreichsten Ländern der Erde und besitzt eine Vielzahl aktiver Vulkane. Es ist kleiner als der amerikanische Bundesstaat Montana, hat jedoch 150mal so viele Einwohner. Drei Viertel aller Japaner wohnen in großen Städten, vor allem in den Ballungsgebieten der Insel Honshu. Japans Hauptstadt Tokio hat sich mittlerweile über 80 Vororte einverleibt; sie bildet damit die größte urbane Zone der Welt, in der knapp 27 Millionen Menschen leben. Der Andrang der Pendler, die Tag für Tag zur Arbeit ins Zentrum fahren, ist so groß, dass die Bahn eigene „Schieber" beschäftigt – Sicherheitskräfte, die an den Haltestellen die Passagiere in die Waggons pressen. Obwohl Japan wenig Ackerland besitzt, ist es in der Lage, den größten Teil seines Nahrungsbedarfs – insbesondere an Reis – selbst zu decken. Fisch zählt zu den bedeutendsten Reichtümern des Landes, und die japanische Fischfang-Flotte ist die größte auf der ganzen Welt. Obwohl Japan selbst kaum über Bodenschätze verfügt, gehört es zu den großen Industrienationen: Es importiert Rohstoffe und stellt daraus hochwertige Erzeugnisse her. So ist Japan führend im Fahrzeug- und Schiffbau und einer der Hauptexporteure von Elektrogeräten und Unterhaltungselektronik.

JAPAN
EINWOHNERZAHL: 125 506 000 • HAUPTSTADT: TOKIO

◆ SCHAU NACH ◆

- Welche Art von Fest findet in Sapporo statt?
- Nenne zwei Hai-Arten, die es vor der Westküste von Honshu gibt.
- Welcher berühmte Berg liegt im Südwesten der japanischen Hauptstadt?

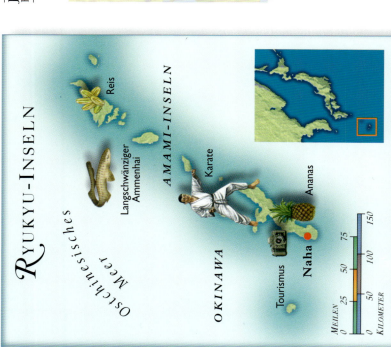

RYUKYU-INSELN
Reis
Langschwanziger Ammenhai
AMAMI-INSELN
Karate
OKINAWA
Tourismus
Naha
Ananas
Ostchinesisches Meer

DER GROSSE ILLUSTRIERTE WELTATLAS

Afrika

AFRIKA IST DER ZWEITGRÖSSTE KONTINENT DER ERDE. Er besteht aus einem ausgedehnten Hochland, das von schmalen Küstenebenen gesäumt wird. Ein breiter Gürtel tropischen Regenwalds beherrscht die Zentralregion Afrikas. Nördlich und südlich davon erstrecken sich Grasländer, die sogenannten Savannen, und Wüstengebiete. Die Sahara zieht sich vom Atlantischen Ozean quer durch Nordafrika bis zum Roten Meer. Sie bedeckt eine Fläche, die etwa der Größe der USA entspricht, und ist damit die größte Wüste der Welt. Der Südwesten wird ebenfalls von Wüsten wie der Kalahari und der Namib geprägt. Im Osten reicht das Great Rift Valley – ein durch einen Riss in der Erdkruste entstandenes Grabensystem – von Syrien in Asien bis hinunter nach Mosambik. Afrika gliedert sich in 53 Länder, vom ausgedehnten, größtenteils wüstenhaften Sudan bis zu den winzigen Tropeninseln der Seychellen. Im Norden leben vor allem Menschen arabischer Herkunft, während sich die überwiegend schwarze Bevölkerung des Südens aus Hunderten von Eingeborenenstämmen zusammensetzt.

Kontinent-Fakten

Gesamtfläche: 30 354 852 km²
Gesamtbevölkerung: 720 702 000 Einwohner
Unabhängige Länder: Ägypten, Algerien, Angola, Äquatorial-Guinea, Äthiopien, Benin, Botsuana, Burkina Faso, Burundi, Côte d'Ivoire (Elfenbeinküste), Demokratische Republik des Kongo (Zaire), Dschibuti, Eritrea, Gabun, Gambia, Ghana, Guinea, Guinea-Bissau, Kamerun, Kapverdische Inseln, Kenia, Komoren, Kongo, Lesotho, Liberia, Libyen, Madagaskar, Malawi, Mali, Marokko, Mauretanien, Mauritius, Mosambik, Namibia, Niger, Nigeria, Ruanda, Sambia, Sao Tomé und Príncipe, Senegal, Seychellen, Sierra Leone, Simbabwe, Somalia, Südafrika, Sudan, Swasiland, Tansania, Togo, Tschad, Tunesien, Uganda, Zentralafrikanische Republik

Höchste Berge – Längste Flüsse

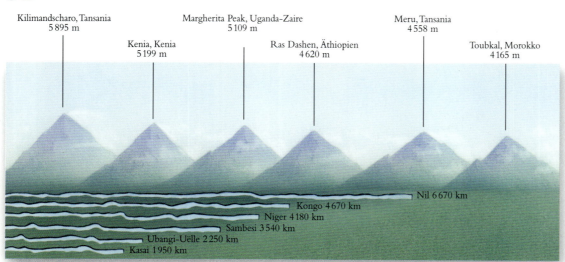

Kilimandscharo, Tansania 5 895 m
Kenia, Kenia 5 199 m
Margherita Peak, Uganda-Zaire 5 109 m
Ras Dashen, Äthiopien 4 620 m
Meru, Tansania 4 558 m
Toubkal, Morokko 4 165 m

Nil 6 670 km
Kongo 4 670 km
Niger 4 180 km
Sambesi 3 540 km
Ubangi-Uëlle 2 250 km
Kasai 1 950 km

Welt-Rekorde

GRÖSSTE WÜSTE DER WELT
Sahara, Nordafrika, 9 269 000 km²
LÄNGSTER FLUSS DER WELT
Nil, Nordafrika, 6 670 km
GRÖSSTER KÜNSTLICHER SEE DER WELT
Voltastausee, Ghana, 8 482 km²
HÖCHSTE TEMPERATUR DER WELT
Al-Aziziya, Libyen, 58 °C im Schatten, gemessen am 13. September 1922

Kontinent-Rekorde

HÖCHSTER BERG
Kilimandscharo, Tansania, 5 895 m
TIEFSTER PUNKT
Assalsee, Dschibuti, 152 m unter dem Meeresspiegel
GRÖSSTER SEE
Victoriasee, Ostafrika, 69 485 km²
LAND MIT DER GRÖSSTEN FLÄCHE
Sudan, 2 505 825 km²
LAND MIT DER HÖCHSTEN EINWOHNERZAHL
Nigeria, 101 232 000 Einwohner
STADT MIT DER HÖCHSTEN EINWOHNERZAHL
Kairo, Ägypten, 9 700 000 Einwohner

Politische Karte

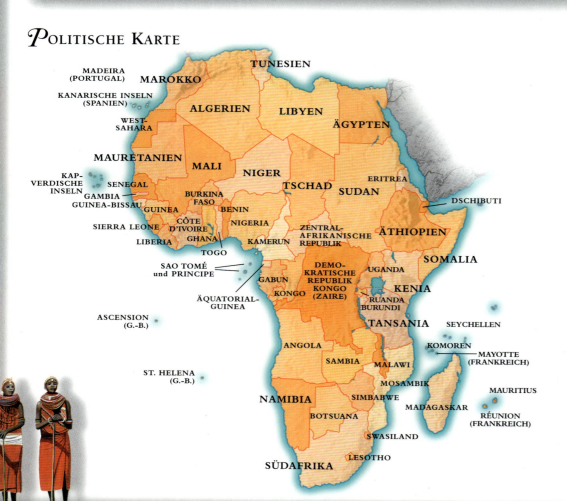

◆ Wissenswertes ◆

Die gewaltigen Wassermengen, die über die Victoria-Fälle (an der Grenze zwischen Sambia und Simbabwe) in die Tiefe stürzen, verursachen einen ohrenbetäubenden Lärm und einen Sprühnebel, der noch über 30 km Entfernung zu erkennen ist. Aus diesem Grund bezeichnen Einheimische die Wasserfälle als „donnernden Rauch".

DER GROSSE ILLUSTRIERTE WELTATLAS

Nördliches Afrika

DIE SAHARA, die mehr als die Hälfte von Nordafrika bedeckt, ist die größte Wüste der Welt. Öde Schutt- und Felsebenen wechseln sich mit einem endlosen Meer von Sanddünen ab. Die Hitze kann unerträglich sein, es gibt kaum Wasser und wenig Ackerland. Die meisten Bewohner der Sahara sind Nomaden, die mit ihren Kamelen, Schafen und Ziegen auf der Suche nach Wasser und Weiden durch die Wüste ziehen. Für den Anbau geeignet sind nur die Täler des Atlasgebirges am Nordrand der Sahara sowie die fruchtbare Schwemmebene des Nils, der die Wüste im Osten begrenzt. Das Niltal in Ägypten wird seit Jahrtausenden intensiv für die Landwirtschaft genutzt und ist heute eine der dichtest besiedelten Regionen auf der Erde. In Algerien und in Libyen gibt es zwar kaum Ackerland, aber beide Länder besitzen reiche Erdöl- und Erdgasvorkommen, mit deren Hilfe sie ihre frühere Armut überwinden konnten. Im Süden der Sahara erstreckt sich der Sahel, ein breiter Gürtel trockenen Graslands, der sich durch Überweidung und häufige Dürrekatastrophen zunehmend in Wüste verwandelt.

Weiter südlich weicht die Sahel-Zone den tropischen Regenwäldern Zentralafrikas. Rund um den Golf von Guinea wurde ein Großteil dieser Wälder gerodet, um Platz für ausgedehnte Plantagen zu schaffen, auf denen Kakao, Kaffee und Baumwolle gedeihen. In vielen Ländern der Region gibt es außerdem Erdöl und andere Bodenschätze, die neue Industrien entstehen ließen und zu einem gewissen Wohlstand geführt haben. Allerdings profitiert nur ein geringer Teil der riesigen Bevölkerung von diesem Wirtschaftsaufschwung; die Mehrzahl der Menschen ist weiterhin sehr arm.

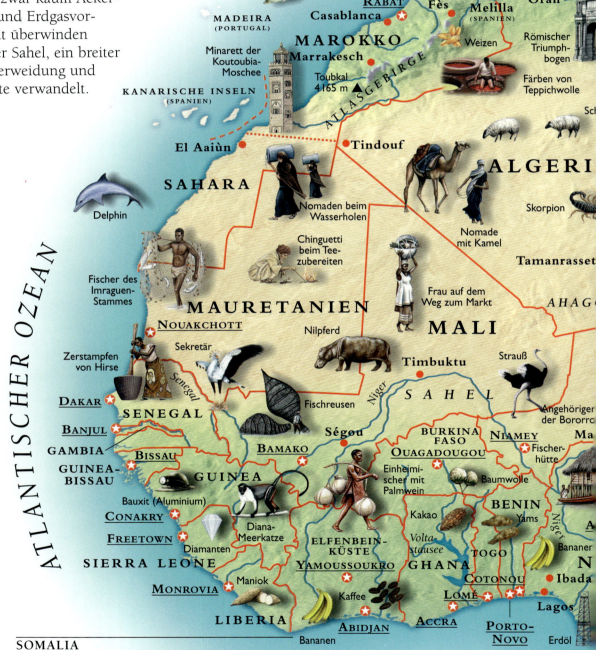

ÄGYPTEN
EINWOHNERZAHL: 62 360 000 * HAUPTSTADT: KAIRO
ALGERIEN
EINWOHNERZAHL: 28 539 000 * HAUPTSTADT: ALGIER
ÄQUATORIAL-GUINEA
EINWOHNERZAHL: 420 300 * HAUPTSTADT: MALABO
ÄTHIOPIEN
EINWOHNERZAHL: 55 979 000 * HAUPTSTADT: ADDIS ABEBA
BENIN
EINWOHNERZAHL: 5 523 000 * HAUPTSTADT: COTONOU
BURKINA FASO
EINWOHNERZAHL: 10 423 000 * HAUPTSTADT: OUAGADOUGOU
CÔTE D'IVOIRE (ELFENBEINKÜSTE)
EINWOHNERZAHL: 14 791 000 * HAUPTSTADT: ABIDJAN
DSCHIBUTI
EINWOHNERZAHL: 421 300 * HAUPTSTADT: DSCHIBUTI
ERITREA
EINWOHNERZAHL: 3 579 000 * HAUPTSTADT: ASMARA
GAMBIA
EINWOHNERZAHL: 989 300 * HAUPTSTADT: BANJUL
GHANA
EINWOHNERZAHL: 17 763 000 * HAUPTSTADT: ACCRA
GUINEA
EINWOHNERZAHL: 6 549 000 * HAUPTSTADT: CONAKRY
GUINEA-BISSAU
EINWOHNERZAHL: 1 125 000 * HAUPTSTADT: BISSAU
KAMERUN
EINWOHNERZAHL: 13 521 000 * HAUPTSTADT: JAUNDE
KAPVERDISCHE INSELN
EINWOHNERZAHL: 435 900 * HAUPTSTADT: PRAIA
LIBERIA
EINWOHNERZAHL: 3 073 000 * HAUPTSTADT: MONROVIA
LIBYEN
EINWOHNERZAHL: 5 248 000 * HAUPTSTADT: TRIPOLIS
MALI
EINWOHNERZAHL: 9 375 000 * HAUPTSTADT: BAMAKO
MOROKKO
EINWOHNERZAHL: 29 169 000 * HAUPTSTADT: RABAT
MAURETANIEN
EINWOHNERZAHL: 2 263 000 * HAUPTSTADT: NOUAKCHOTT
NIGER
EINWOHNERZAHL: 9 280 000 * HAUPTSTADT: NIAMEY
NIGERIA
EINW.-ZAHL: 101 232 000 * HAUPTSTADT: ABUJA
SENEGAL
EINW.-ZAHL: 9 007 000 * HAUPTSTADT: DAKAR
SIERRA LEONE
EINW.-ZAHL: 4 753 000 * HAUPTST.: FREETOWN
SOMALIA
EINWOHNERZAHL: 7 348 000 * HAUPTSTADT: MOGADISCHU
SUDAN
EINWOHNERZAHL: 30 120 000 * HAUPTSTADT: KHARTUM
TOGO
EINWOHNERZAHL: 4 410 000 * HAUPTSTADT: LOME
TSCHAD
EINWOHNERZAHL: 5 587 000 * HAUPTSTADT: N'DJAMENA
TUNESIEN
EINWOHNERZAHL: 8 880 000 * HAUPTSTADT: TUNIS
ZENTRALAFRIKANISCHE REPUBLIK
EINWOHNERZAHL: 3 210 000 * HAUPTSTADT: BANGUI

STRAUSS
Der Strauß ist der größte lebende Vogel der Welt. Er kann zwar nicht fliegen, legt im Laufen jedoch bis zu 65 km in der Stunde zurück.

Der grosse illustrierte Weltatlas

Südliches Afrika

Im Nordwesten dieser Region durchzieht der Kongo mit seinen zahlreichen Nebenflüssen riesige tropische Regenwälder. Krokodile bevölkern die Wasserwege, während das dichte Laubdach des Dschungels Schimpansen, Gorillas und den farbenprächtigen Vögeln der Tropen Schutz bietet. Die Menschen dieser Gegend leben meist in Dörfern entlang der Flüsse und bauen auf kleinen gerodeten Parzellen alles an, was sie zum Leben brauchen. Die Regenwälder erstrecken sich quer über den Kontinent, bis sie an das Great Rift Valley stoßen, eine Spalte in der Erdkruste, die einen gewaltigen Längsriss durch Ostafrika bildet. In den jäh abfallenden Tälern dieses Grabenbruchsystems befinden sich viele tiefe Seen und eine Reihe von Vulkanen, darunter Afrikas höchster Berg, der Kilimandscharo. Auf den Talböden und den weiten Savannen-Plateaus weiden riesige Herden von Zebras, Gnus und Antilopen, belauert und gejagt von Löwen, Geparden und anderen Raubtieren. Um den großartigen Tierreichtum dieser Region zu erhalten, haben viele Länder Wildparks und Reservate ins Leben gerufen, die Touristen aus aller Welt anlocken. Vom Südrand des Rift Valley in Mosambik breitet sich eine Höhengrassteppe – das sogenannte Veld – westwärts bis zur Kalahari- und Namib-Wüste aus. In Südafrika ist das Veld nicht nur als als Weideland von Bedeutung; es enthält eine Fülle von Mineralien, einschließlich Kupfer, Gold und Diamanten. Vor der Küste von Mosambik liegt Madagaskar, die viertgrößte Insel der Erde. Madagaskar ist bekannt wegen seiner einmaligen Tierwelt, insbesondere wegen seiner vielen Halbaffen-Arten, den Lemuren.

ANGOLA
Einwohnerzahl: 10 070 000 ∗ Hauptstadt: Luanda

BOTSUANA
Einwohnerzahl: 1 392 000 ∗ Hauptstadt: Gaborone

BURUNDI
Einwohnerzahl: 6 262 000 ∗ Hauptstadt: Bujumbura

GABUN
Einwohnerzahl: 1 156 000 ∗ Hauptstadt: Libreville

KENIA
Einwohnerzahl: 28 817 000 ∗ Hauptstadt: Nairobi

KOMOREN
Einwohnerzahl: 549 300 ∗ Hauptstadt: Moroni

KONGO
Einwohnerzahl: 2 505 000 ∗ Hauptstadt: Brazzaville

LESOTHO
Einwohnerzahl: 1 993 000 ∗ Hauptstadt: Maseru

MADAGASKAR
Einwohnerzahl: 13 862 000 ∗ Hauptstadt: Antananarivo

MALAWI
Einwohnerzahl: 9 808 000 ∗ Hauptstadt: Lilongwe

MAURITIUS
Einwohnerzahl: 1 127 000 ∗ Hauptstadt: Port Louis

MOSAMBIK
Einwohnerzahl: 18 115 000 ∗ Hauptstadt: Maputo

NAMIBIA
Einwohnerzahl: 1 652 000 ∗ Hauptstadt: Windhuk

RUANDA
Einwohnerzahl: 8 605 000 ∗ Hauptstadt: Kigali

SAMBIA
Einwohnerzahl: 9 446 000 ∗ Hauptstadt: Lusaka

SÃO TOMÉ UND PRÌNCIPE
Einwohnerzahl: 140 400 ∗ Hauptstadt: São Tomé

SEYCHELLEN
Einwohnerzahl: 72 700 ∗ Hauptstadt: Victoria

SIMBABWE
Einwohnerzahl: 11 140 000 ∗ Hauptstadt: Harare

SÜDAFRIKA
Einwohnerzahl: 45 095 000 ∗ Hauptstädte: Bloemfontein, Kapstadt, Pretoria

SWASILAND
Einwohnerzahl: 967 000 ∗ Hauptstadt: Mbabane

TANSANIA
Einwohnerzahl: 28 701 000 ∗ Hauptstadts: Daressalam

UGANDA
Einwohnerzahl: 19 573 000 ∗ Hauptstadt: Kampala

DEMOKRATISCHE REPUBLIK KONGO (ZAIRE)
Einwohnerzahl: 44 061 000 ∗ Hauptstadt: Kinshasa

MASSSTAB
MEILEN
0   100   200   300   400
0   100   200   300   400   500   600
KILOMETER

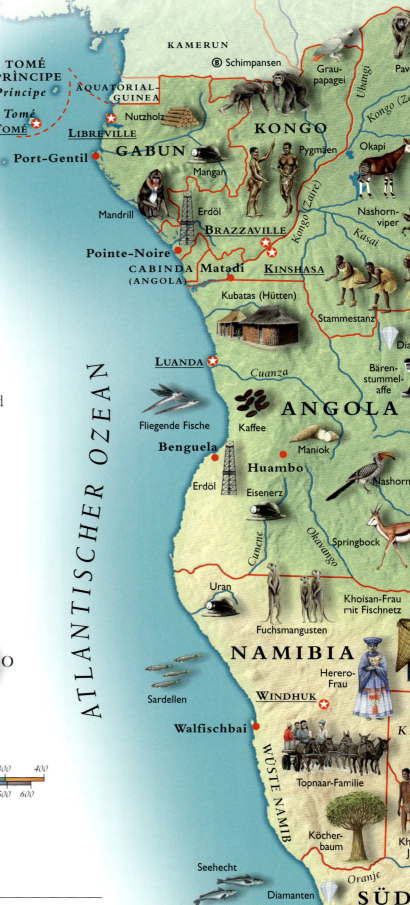

94

DER GROSSE ILLUSTRIERTE WELTATLAS

Australien und Ozeanien

AUSTRALIEN UND OZEANIEN UMFASSEN EINE RIESIGE FLÄCHE, die sich vom Indischen Ozean bis ins Zentrum des Pazifiks erstreckt. Da jedoch ein beträchtlicher Teil dieses Gebiets aus Wasser besteht, weist es relativ niedrige Bevölkerungszahlen auf. Australien besitzt die bei weitem größte zusammenhängende Landmasse. Tatsächlich ist die Insel so groß, dass sie als eigener Kontinent betrachtet wird. Ozeanien besteht aus Tausenden sehr viel kleinerer Inseln, die östlich von Australien über den Pazifik verstreut liegen. Sie werden in drei Gruppen unterteilt: Mikronesien und Melanesien sowie Polynesien, zu dem die beiden großen Inseln von Neuseeland gehören. Es gibt zwei Typen von Pazifik-Inseln – hohe, zerklüftete Inseln, die die Gipfel versunkener Bergketten oder untermeerischer Vulkane sind, und die flachen, sandigen Atolle, die entstehen, wenn sich Korallen auf den Gipfeln untermeerischer Berge ansiedeln und dort mit der Zeit immer höhere Riffe auftürmen. Viele der Pazifik-Inseln sind so klein, dass man sie auf normalen Karten überhaupt nicht eintragen kann.

KONTINENT-FAKTEN

Gesamte Landfläche: 8 507 753 km²
Gesamtbevölkerung: 28 462 000 Einwohner
Unabhängige Länder: Australien, Fidschi, Kiribati, Marshall-Inseln, Mikronesien, Nauru, Neuseeland, Palau, Papua-Neuguinea, Salomonen, Tonga, Tuvalu, Vanuatu, West-Samoa

WELT-REKORDE

LÄNGSTES KORALLENRIFF DER WELT
GROSSES BARRIERRIFF, AUSTRALIEN, 2 025 KM

GRÖSSTER FELSBLOCK DER WELT
ULURU (AYERS ROCK), AUSTRALIEN, 348 M HOCH; 2,5 KM LANG; 1,6 KM BREIT

GRÖSSTE SANDINSEL DER WELT
FRASER-INSEL, AUSTRALIEN, 120 KM LANG

KONTINENT-REKORDE

HÖCHSTER BERG
MOUNT WILHELM, PAPUA-NEUGUINEA, 4 500 M

TIEFSTER PUNKT
EYRESEE, AUSTRALIEN, 16 M UNTER DEM MEERESSPIEGEL

GRÖSSTER SEE
EYRESEE, AUSTRALIEN, 9 324 KM²

LÄNGSTER FLUSS
MURRAY-DARLING, AUSTRALIEN, 3 750 KM

LAND MIT DER GRÖSSTEN FLÄCHE
AUSTRALIEN, 7 686 884 KM²

LAND MIT DER HÖCHSTEN EINWOHNERZAHL
AUSTRALIEN, 18 322 000 EINWOHNER

STADT MIT DER HÖCHSTEN EINWOHNERZAHL
SYDNEY, AUSTRALIEN, 3 657 000 EINWOHNER

Höchste Berge – Längste Flüsse

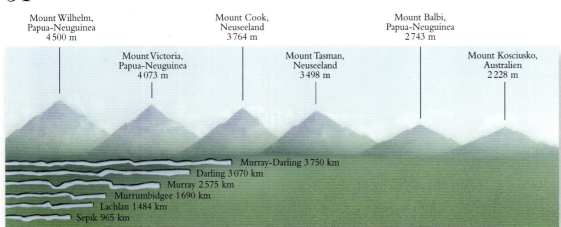

Politische Karte

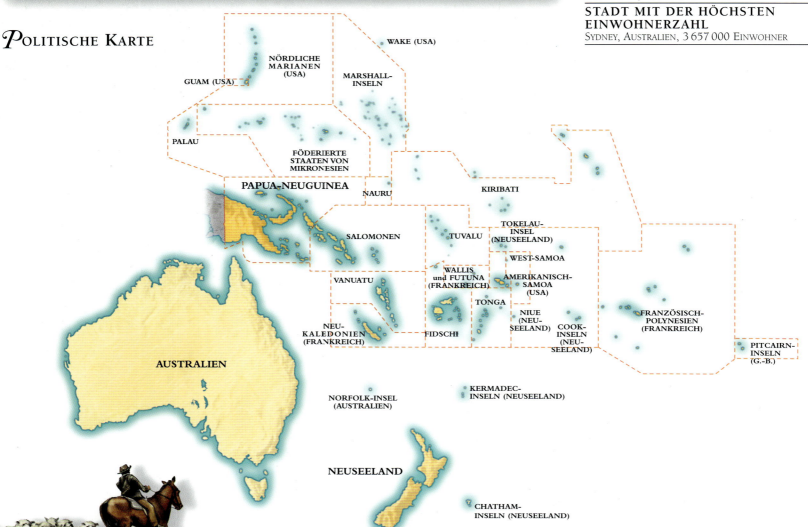

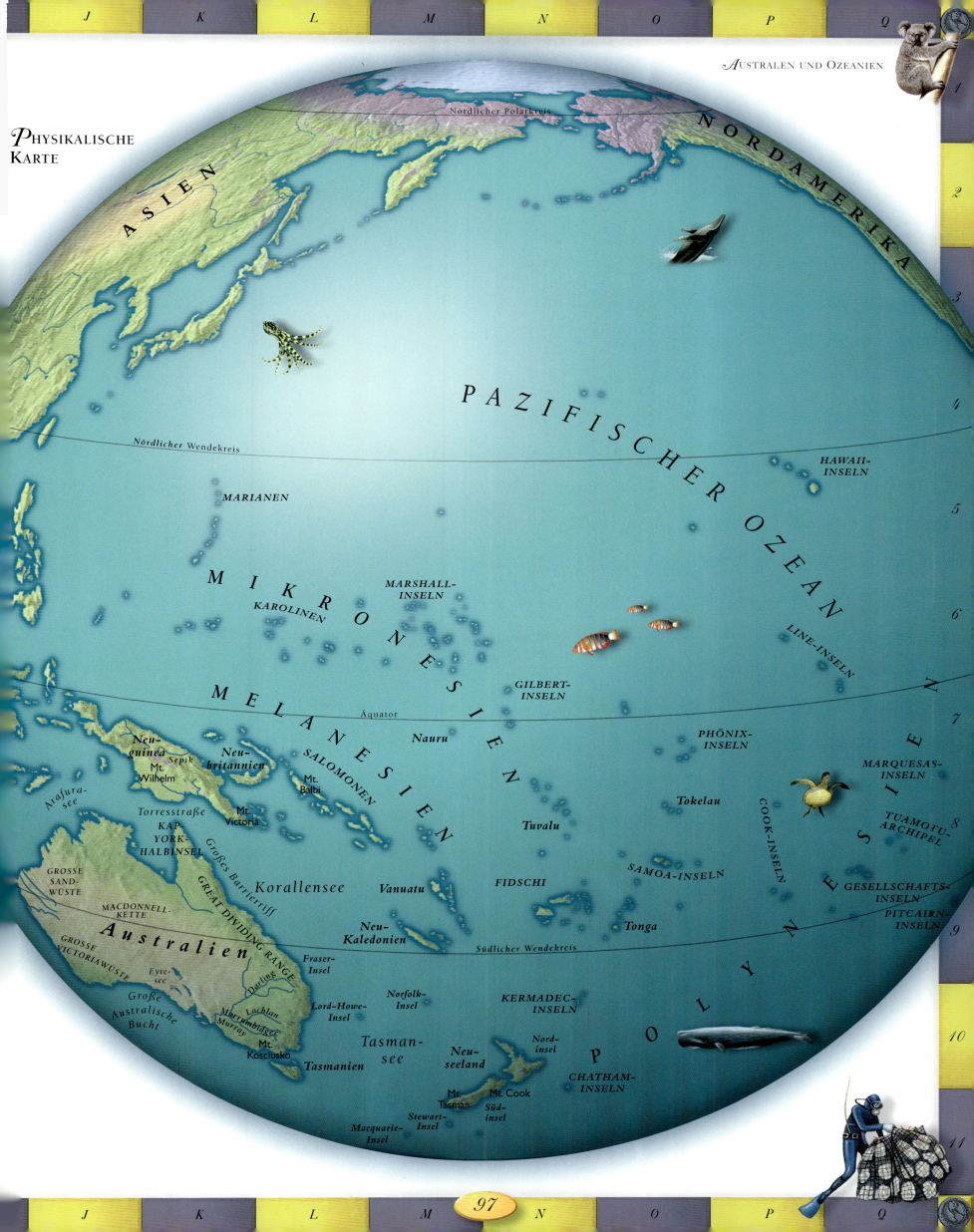

DER GROSSE ILLUSTRIERTE WELTATLAS

Australien und Papua-Neuguinea

AUSTRALIEN IST SO GROSS WIE das Festland der USA, hat jedoch weniger Einwohner als Texas. Das weite, extrem trockene Landesinnere, das als „Outback" bezeichnet wird, besteht hauptsächlich aus Wüsten oder Busch- und Grasland. In diesem an Bodenschätzen reichen Gebiet weiden riesige Schaf- und Rinderherden, aber die Besiedlung ist äußerst dünn. Die meisten Menschen bevorzugen die Nähe der großen Städte entlang der Ost-, Südost- und Südwest-Küsten, wo das Klima gemäßigt und das Land fruchtbar ist. Im äußersten Nordosten, der zum Tropengürtel gehört, gibt es einige Gebiete mit dichten Regenwäldern. Der Südosten ist kühler; hier kommt es in den Bergen regelmäßig zu Schneefällen. Heute haben sich auch die meisten Ureinwohner Australiens, die sogenannten Aborigines, in der Umgebung der Städte niedergelassen, aber einige leben immer noch nach der Tradition ihrer Vorfahren im Outback. Die Aborigines kamen vor rund 40 000 Jahren von Neuguinea nach Australien, als die Insel noch mit dem Festland verbunden war. Papua-Neuguinea, das bis 1975 Territorium des Australischen Bundes war, besteht aus mehreren Inselketten und der Osthälfte von Neuguinea. Die Hauptinsel ist mit Dschungel bedeckt und von sumpfigen Schwemmlandebenen umgeben. Die meisten Menschen leben in kleinen Dörfern mit Tierhaltung und Anbau für den Eigenbedarf. Viele dieser Gruppen haben bis heute ihre alten Traditionen und Dialekte bewahrt, da sie kaum mit der Außenwelt in Berührung kommen. Auf Papua-Neuguinea gibt es über 700 Sprachen – mehr als in jedem anderen Land der Welt.

AUSTRALIEN
Einwohnerzahl: 18 322 000 ∗ Hauptstadt: Canberra
PAPUA-NEUGUINEA
Einwohnerzahl: 4 295 000 ∗ Hauptstadt: Port Moresby

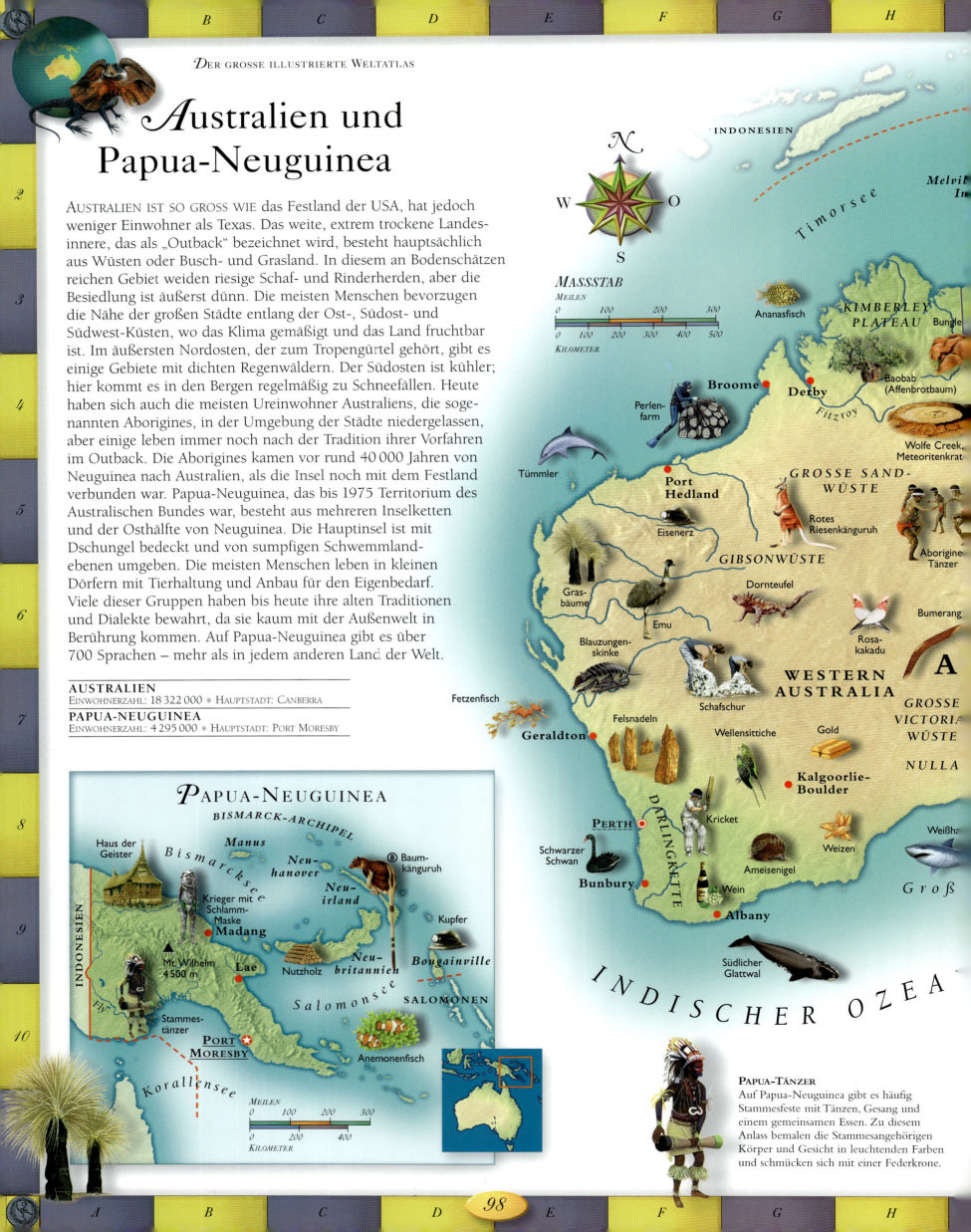

PAPUA-TÄNZER
Auf Papua-Neuguinea gibt es häufig Stammesfeste mit Tänzen, Gesang und einem gemeinsamen Essen. Zu diesem Anlass bemalen die Stammesangehörigen Körper und Gesicht in leuchtenden Farben und schmücken sich mit einer Federkrone.

Neuseeland und der Südwest-Pazifik

Die weit verstreuten und durch grosse Entfernungen voneinander getrennten Inseln im Südwest-Pazifik gehören zu den abgeschiedensten Flecken der Erde. Die größte und südlichste Gruppe dieser Inselwelt ist Neuseeland, das aus zwei großen – der Nord- und der Südinsel – und einer Reihe von kleineren Inseln besteht. Neuseeland ist ein moderner Industriestaat. Etwa 70 Prozent der Gesamtbevölkerung leben auf der Nordinsel, die zahlreiche, zum Teil aktive Vulkane besitzt. Ihr größtes Binnengewässer, der Taupo-See, liegt in einem Krater, der bei einer Vulkanexplosion entstand. Ganz in der Nähe befinden sich die in jüngster Zeit mehrfach ausgebrochenen Vulkane Ruapehu und Ngauruhoe. Das „Rückgrat" der Südinsel bilden die Neuseeländischen Alpen. An ihrer Westseite, die steil zur Küste abfällt, gibt es eine Reihe von Gletschern, eingerahmt von Regenwäldern, die in dem gemäßigten, niederschlagsreichen Klima üppig gedeihen. Mehr als die Hälfte der Landfläche wird für Ackerbau und Viehzucht genutzt. Auf jeden Neuseeländer kommen etwa 20 Schafe! Die eingeborenen Maori, die ein Sechstel der Bevölkerung ausmachen, sind voll in das Wirtschafts- und Kulturleben eingegliedert. Die übrigen Neuseeländer sind überwiegend Nachkommen britischer Einwanderer. Im Norden und Osten von Neuseeland liegend Tausende kleiner Tropeninseln. Inselstaaten wie Fidschi und Vanuatu haben den Fremdenverkehr als bedeutenden Wirtschaftsfaktor entdeckt. Auf einigen Inseln gibt es mittlerweile Zentren mit neuen Erwerbszweigen, aber die meisten Insulaner leben in kleinen Dorfgemeinschaften. Sie fangen Krabben, Hummer, Schildkröten und Thunfisch und bauen Süßkartoffeln und Bananen an. Eines der wichtigsten Exportgüter ist Kopra (getrocknete Kokosnusskerne), das zur Herstellung von Seife und Kerzen benötigt wird.

FIDSCHI
Einwohnerzahl: 772 900 ✴ Hauptstadt: Suva
NEUSEELAND
Einw.-zahl: 3 407 000 ✴ Hauptstadt: Wellington
SALOMONEN
Einwohnerzahl: 399 200 ✴ Hauptstadt: Honiara
TONGA
Einwohnerzahl: 105 600 ✴ Hauptstadt: Nuku'alofa
VANUATU
Einwohnerzahl: 173 600 ✴ Hauptstadt: Port Vila
WEST-SAMOA
Einwohnerzahl: 209 400 ✴ Hauptstadt: Apia

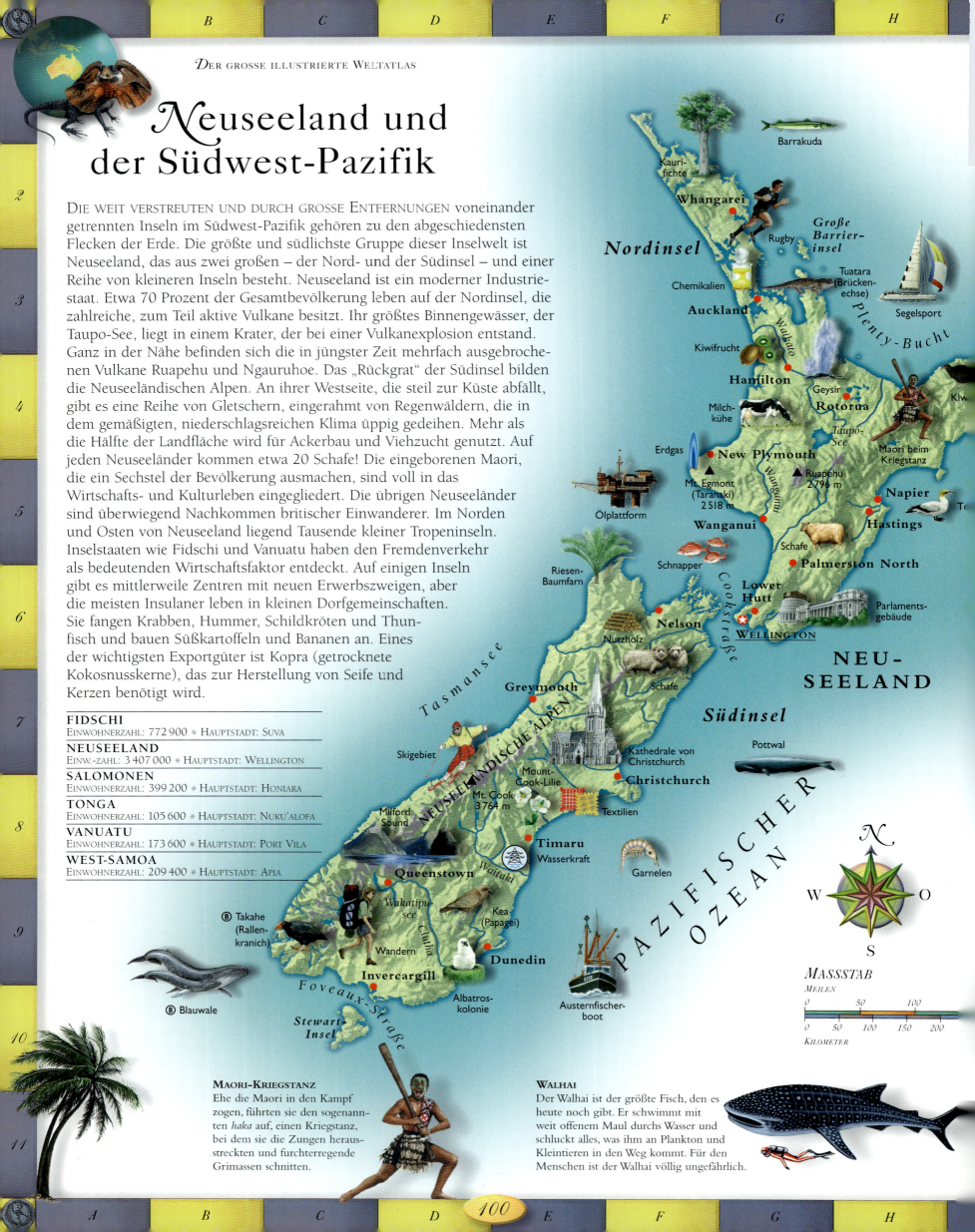

Maori-Kriegstanz
Ehe die Maori in den Kampf zogen, führten sie den sogenannten *haka* auf, einen Kriegstanz, bei dem sie die Zungen herausstreckten und furchterregende Grimassen schnitten.

Walhai
Der Walhai ist der größte Fisch, den es heute noch gibt. Er schwimmt mit weit offenem Maul durchs Wasser und schluckt alles, was ihm an Plankton und Kleintieren in den Weg kommt. Für den Menschen ist der Walhai völlig ungefährlich.

NEUSEELAND UND DER SÜDWEST-PAZIFIK *Siehe Länder-Lexikon Seite 118–119*

SALOMONEN

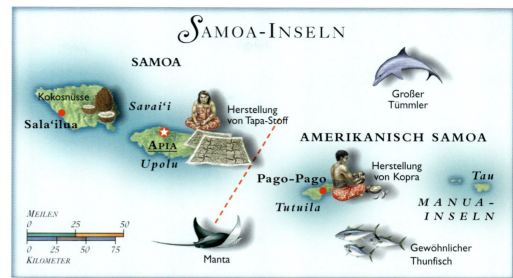
SAMOA-INSELN

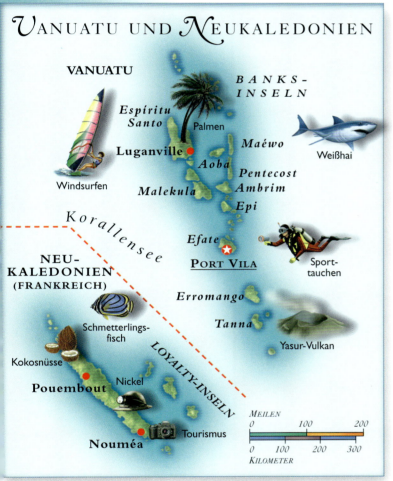
VANUATU UND NEUKALEDONIEN

FIDSCHI

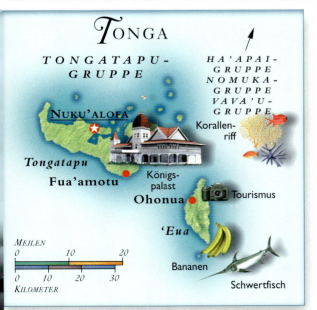
TONGA

GESELLSCHAFTSINSELN

101

DER GROSSE ILLUSTRIERTE WELTATLAS

Die Polargebiete

DIE GEBIETE AM NORD- UND SÜDPOL sind die kältesten und stürmischsten Zonen unseres Planeten. Beide sind ganzjährig mit Schnee und Eis bedeckt, und in den Wintermonaten herrscht auch tagsüber fast immer Dunkelheit. Die Antarktis im Süden ist ein vom Meer umgebener zugefrorener Kontinent, die Arktis im Norden ein von Kontinenten umgebenes zugefrorenes Meer. Im Winter schiebt sich das arktische Eis südwärts bis nach Nordamerika, Europa und Asien vor. Im äußersten Norden dieser Kontinente leben Volksstämme, die sich dem rauhen Klima der Arktis angepasst haben. Zu ihnen gehören die Samen (Lappen) in Skandinavien und die Inuit (Eskimo) in Kanada, Alaska, Grönland und Russland. Grönland, die größte Insel der Erde, gehört zu Dänemark. Die Antarktis ist der einzige Kontinent, der keine permanente Besiedlung aufweist. Zwar gibt es eine Reihe von Forschungsstationen, auf denen Wissenschaftler einen Teil des Jahres verbringen, aber viele verlassen die Antarktis, ehe der eisige, dunkle Winter einsetzt. Der Kontinent ist von einem riesigen Eisschild überzogen, der an manchen Stellen eine Dicke von 3 000 m erreicht. Entlang der Küste bildet das Eis riesige Schelfe über dem Ozean, von denen immer wieder mächtige Stücke abbrechen und als Eisberge durch die Meere treiben. Manche dieser Eisberge sind so groß wie ein ganzes Land und brauchen Jahre zum Schmelzen. Im Innern des Kontinents gibt es kaum Leben, aber vor der Küste wimmelt es von Walen, Seehunden und Fischen, und während des Sommers nisten große Scharen von Seevögeln auf dem küstennahen Festland und den nahe gelegenen Inseln.

PAZIFISCHER OZEAN
SÜDLICHER POLARKREIS
Sturmtaucher
Krill
Bellingshausen-see
Buckelwal
Schwertwal
Zügel-pinguin
Amundsen-see
Seeleopard
Russkaya (Russland)
Anwendung eines Sonnenkompass
Eisbrecher
Kaiser-pinguin
MARIE-BYRD-LAND
Byrd (USA)
Kaiserpinguine
Ross-meer
Ross Schelfeis
Eisberg
Ross-robbe
Scott (Neuseeland)
McMurdo-Sund
McMurdo (U.S.A.)
Mt. Erebus 3 794 m
Kap Adare
Ⓑ Blauwale
BALLENY-INSELN
TRANSARKTISCHES GEBIRGE
Ⓑ Finnwal
Leningradskaja (Russland)
Riesensturmvogel
Glaziologe (Gletscherforscher)
Forschungsstation
Wostock (Russland)
Dumont d'Urville (Frankreich)
WILKES-LAND
Adélie-Pinguine
Casey (Australien)
Mirneji (Russland)
INDISCHER OZEAN

SÜDSHETLAND-INSELN (GROSSBRITANNIEN)
Esels-pinguin
Palmer-Archipel (USA)
ELEFANTENINSEL (GROSSBRITANNIEN)
See-Elefanten
Faraday (Großbritannien)
Esperanza (Argentinien)
SÜDORKNEY-INSELN (GROSSBRITANNIEN)
ANTARKTISCHE HALBINSEL
Scotia-see
PALMER-LAND
Kaiser-pinguine
Gewöhnlicher Delphin
Wander-albatros
ELLSWORTH-LAND
Vinsonmassiv 4897 m
Weddell-meer
Kreuzfahrt-schiff
Ronne-Schelfeis
ELLSWORTH-BERGE
Belgrano II (Argentinien)
Halley (Großbritannien)
Krill
Larsen-Schelfeis
COATSLAND
Wedell-robben
SÜDPOL
+
Scott-Amundsen (USA)
Dakshin Gangotri (Indien)
Kufen-flugzeug
Skua
Schneetraktor
Kaiser-pinguine
KÖNIGIN-MAUD-LAND
Versorgungshubschrauber und Wohncontainer
Mizuho (Japan)
Adélie-Pinguine
Molodeschnaja (Russland)
Krabben-fresser
LAMBERT-GLETSCHER
Mawson (Australien)
Südlicher Glattwal
Gegenwind
Prydz-bai
Forschungs-schiff

POSITION

Antarktis

MASSSTAB
MEILEN
0   200   400   600
0   200   400   600   800   1000
KILOMETER

ATLANTISCHER OZEAN
SÜDLICHER POLARKREIS

KAISERPINGUINE
Die größte Pinguin-Art der Er kann wochenlang Temperature bis zu −60 °C ertragen. Eine dicke Fettschicht sowie ein dichtes Federkleid schützt die Tiere vor dem Erfrieren.

102

Der grosse illustrierte Weltatlas

Länder-Lexikon/Fakten und Zahlen

NORD- UND MITTELAMERIKA

KANADA
FLÄCHE: 9 976 185 km²
EINWOHNERZAHL: 28 435 000
HAUPTSTADT: Ottawa
WÄHRUNG: 100 Cents = 1 Kanadischer Dollar (kan.$)
AMTSSPRACHEN: Englisch, Französisch
HAUPTRELIGION: Christentum 72%
EXPORTE: Druckerzeugnisse, Zellstoff, Nutzholz, Rohöl, Maschinen, Erdgas, Aluminium, Fahrzeuge und -zubehör, Kommunikationselektronik

VEREINIGTE STAATEN VON AMERIKA (USA)
FLÄCHE: 9 375 720 km²
EINWOHNERZAHL: 263 814 000
HAUPTSTADT: Washington, D.C.
WÄHRUNG: 100 Cents = 1 amerikanischer Dollar (US $)
AMTSSPRACHE: Englisch
SONSTIGE SPRACHEN: Spanisch
HAUPTRELIGIONEN: Christentum 86 %, Judentum 2 %
EXPORTE: Fahrzeuge, Rohstoffe, Konsumgüter, Agrarprodukte

MEXIKO
FLÄCHE: 1 972 544 km²
EINWOHNERZAHL: 93 986 000
HAUPTSTADT: Mexiko-Stadt
WÄHRUNG: 100 Centavos = 1 mexikanischer Peso (Mex $)
AMTSSPRACHE: Spanisch
SONSTIGE SPRACHEN: indianische Dialekte
HAUPTRELIGION: Christentum 95 %
EXPORTE: Rohöl, Ölprodukte, Kaffee, Silber, Motoren, Fahrzeuge, Baumwolle, Elektronik

GUATEMALA
FLÄCHE: 108 889 km²
EINWOHNERZAHL: 10 999 000
HAUPTSTADT: Guatemala
WÄHRUNG: 100 Centavos = 1 guatemaltekischer Quetzal (Q)
AMTSSPRACHE: Spanisch
SONSTIGE SPRACHEN: Quiché, Cakchiquel, Kekchi und sonstige indianische Dialekte
HAUPTRELIGIONEN: Christentum 99 %, traditionelle Maya-Kulte
EXPORTE: Kaffee, Bananen, Baumwolle, Zucker, Mineralien, Textilien

BELIZE
FLÄCHE: 22 966 km²
EINWOHNERZAHL: 214 100
HAUPTSTADT: Belmopan
WÄHRUNG: 100 Cents = 1 Belize-Dollar (Bz $)
AMTSSPRACHE: Englisch
SONSTIGE SPRACHEN: Spanisch, Maya-Dialekte, Garifuna
HAUPTRELIGION: Christentum 92 %
EXPORTE: Zucker, Chiclegummi, Zitrusfrüchte, Bananen, Bekleidung, Fischprodukte, Nutzholz

HONDURAS
FLÄCHE: 112 087 km²
EINWOHNERZAHL: 5 460 000
HAUPTSTADT: Tegucigalpa
WÄHRUNG: 100 Centavos = 1 Lempira (L)
AMTSSPRACHE: Spanisch
SONSTIGE SPRACHEN: Eingeborenen-Dialekte
HAUPTRELIGION: Christentum 97 %
EXPORTE: Bananen, Kaffee, Garnelen, Hummer, Mineralien, Fleisch, Nutzholz

EL SALVADOR
FLÄCHE: 21 393 km²
EINWOHNERZAHL: 5 870 000
HAUPTSTADT: San Salvador
WÄHRUNG: 100 Centavos = 1 Salvador-Colón (C)
AMTSSPRACHE: Spanisch
SONSTIGE SPRACHEN: Eingeborenen-Dialekte
HAUPTRELIGION: Christentum 92 %
EXPORTE: Kaffee, Zuckerrohr, Garnelen

NICARAGUA
FLÄCHE: 128 410 km²
EINWOHNERZAHL: 4 206 000
HAUPTSTADT: Managua
WÄHRUNG: 100 Centavos = 1 Gold-Cordoba (C$)
AMTSSPRACHE: Spanisch
SONSTIGE SPRACHEN: Englisch, indianische Dialekte
HAUPTRELIGION: Christentum 100 %
EXPORTE: Fleisch, Kaffee, Baumwolle, Zucker, Bananen, Meeresfrüchte, Gold

COSTA RICA
FLÄCHE: 50 899 km²
EINWOHNERZAHL: 3 419 000
HAUPTSTADT: San José
WÄHRUNG: 100 Centimos = 1 Costa-Rica-Colón (C)
AMTSSPRACHE: Spanisch
SONSTIGE SPRACHEN: Englisch
HAUPTRELIGION: Christentum 95 %
EXPORTE: Kaffee, Bananen, Zucker, Textilien

PANAMA
FLÄCHE: 87 177 km²
EINWOHNERZAHL: 2 681 000
HAUPTSTADT: Panama
WÄHRUNG: 100 Centimos = 1 Balboa (B)
AMTSSPRACHE: Spanisch
SONSTIGE SPRACHEN: Englisch, Eingeborenen-Dialekte

Ihr wollt ganz schnell wissen, wie groß Kuba ist, wie viele Einwohner China hat oder in welcher Sprache sich die Luxemburger verständigen? Euch fällt die Hauptstadt von Litauen nicht mehr ein? Ihr würdet gern erfahren, was es in Swasiland für Religionen gibt und welche Waren Neuseeland exportiert? Alles kein Problem, wenn ihr das Länder-Lexikon auf S. 104–119 zu Rate zieht! Nach Kontinenten gegliedert, listet es sämtliche Länder der Erde in alphabetischer Reihenfolge auf und fasst ihre wichtigsten Daten in Stichpunkten zusammen. Ihr könnt eure Freunde und Eltern ja mal fragen, ob sie die Währung von Bulgarien kennen. (Euch ist natürlich klar, dass es sich nur um Lev und Stotinki handeln kann!)

Länder-Lexikon

Hauptreligion: Christentum 100 %
Exporte: Bananen, Garnelen, Zucker, Kaffee, Bekleidung

Bahamas
Fläche: 13 950 km²
Einwohnerzahl: 256 600
Hauptstadt: Nassau
Währung: 100 Cent = 1 Bahama-Dollar (B$)
Amtssprache: Englisch
Sonstige Sprachen: Bahama-Kreolisch
Hauptreligion: Christentum 95 %
Exporte: Pharmaprodukte, Zement, Rum, Krebse, Erdölraffinerie-Produkte

Kuba
Fläche: 110 862 km²
Einwohnerzahl: 10 938 000
Hauptstadt: Havanna
Währung: 100 Centavos = 1 Kuba-Peso (Cu $)
Amtssprache: Spanisch
Hauptreligion: Christentum 85 %
Exporte: Zucker, Schalentiere, Zitrusfrüchte, Kaffee, Tabak, Nickel, medizinische Produkte

Jamaika
Fläche: 11 580 km²
Einwohnerzahl: 2 574 000
Hauptstadt: Kingston
Währung: 100 Cents = 1 Jamaika-Dollar (J$)
Amtssprache: Englisch
Sonstige Sprachen: Jamaika-Kreolisch
Hauptreligion: Christentum 61 %
Exporte: Bauxit, Zucker, Bananen, Rum

Haiti
Fläche: 27 749 km²
Einwohnerzahl: 6 540 000
Hauptstadt: Port-au-Prince
Währung: 100 Centimes = 1 Gourde (G)
Amtssprache: Französisch
Sonstige Sprachen: Haiti-Kreolisch
Hauptreligion: Christentum 96 %
Exporte: Bekleidung, Kaffee, Zucker

Dominikanische Republik
Fläche: 48 322 km²
Einwohnerzahl: 7 511 000
Hauptstadt: Santo Domingo
Währung: 100 Centavos = 1 dominikanischer Peso (RD$)
Amtssprache: Spanisch
Hauptreligion: Christentum 95 %
Exporte: Mineralien, Zucker, Kaffee, Kakao, Gold

Antigua und Barbuda
Fläche: 443 km²
Einwohnerzahl: 65 200
Hauptstadt: St John's
Währung: 100 Cents = 1 ostkaribischer Dollar (EC$)
Amtssprache: Englisch
Sonstige Sprachen: Eingeborenen-Dialekte
Hauptreligionen: Christentum 97 %, Eingeborenen-Religionen 3 %
Exporte: Erdölprodukte, Fertigerzeugnisse, Maschinen- und Transportsysteme, Nahrungs- und Genussmittel

St. Kitts und Nevis
Fläche: 269 km²
Einwohnerzahl: 41 000
Hauptstadt: Basseterre
Währung: 100 Cents = 1 ostkaribischer Dollar (EC$)
Amtssprache: Englisch
Hauptreligion: Christentum 86 %
Exporte: Maschinen, Nahrungsmittel, Getränke, Elektronik, Tabak

Dominica
Fläche: 749 km²
Einwohnerzahl: 82 600
Hauptstadt: Roseau
Währung: 100 Cents = 1 ostkaribischer Dollar (EC$)
Amtssprache: Englisch
Sonstige Sprachen: Patois (französischer Dialekt)
Hauptreligion: Christentum 92 %
Exporte: Bananen, Grapefruit, Orangen, Gemüse, Seife, Pimentöl

St. Lucia
Fläche: 616 km²
Einwohnerzahl: 156 100
Hauptstadt: Castries
Währung: 100 Cents = 1 ostkaribischer Dollar (EC$)
Amtssprache: Englisch
Sonstige Sprachen: Patois (französischer Dialekt)
Hauptreligion: Christentum 100 %
Exporte: Bananen, Stoffe, Kakao, Obst und Gemüse, Kokosöl

Barbados
Fläche: 430 km²
Einwohnerzahl: 256 400
Hauptstadt: Bridgetown
Währung: 100 Cents = 1 Barbados-Dollar (Bds$)
Amtssprache: Englisch
Sonstige Sprachen: Barbados-Kreolisch
Hauptreligion: Christentum 100 %
Exporte: Zucker, Sirup, Rum, sonstige Nahrungsmittel und Getränke, Chemikalien, Elektroartikel, Bekleidung

St. Vincent und die Grenadinen
Fläche: 389 km²
Einwohnerzahl: 117 300
Hauptstadt: Kingstown
Währung: 100 Cents = 1 ostkaribischer Dollar (EC$)
Amtssprache: Englisch
Sonstige Sprachen: Patois (französischer Dialekt)
Hauptreligion: Christentum 75 %
Exporte: Bananen, Taro (tropische Gemüsepflanze), Tennisschläger

Grenada
Fläche: 344 km²
Einwohnerzahl: 117 300
Hauptstadt: Kingston
Währung: 100 Cents = 1 ostkaribischer Dollar (EC$)
Amtssprache: Englisch
Sonstige Sprachen: Patois (französischer Dialekt)
Hauptreligion: Christentum 85 %
Exporte: Bananen, Kakao, Muskat und Muskatblüten, Obst und Gemüse, Bekleidung

Trinidad und Tobago
Fläche: 5 128 km²
Einwohnerzahl: 1 271 000
Hauptstadt: Port-of-Spain
Währung: 100 Cents = 1 Trinidad-und-Tobago-Dollar (TT$)
Amtssprache: Englisch
Sonstige Sprachen: Hindi, Französisch, Spanisch
Hauptreligionen: Christentum 60 %, Hinduismus 24 %, Islam 6 %
Exporte: Erdöl und Erdölprodukte, Chemikalien, Stahlprodukte, Dünger, Zucker, Kakao, Kaffee, Zitrusfrüchte, Blumen

SÜD-AMERIKA

KOLUMBIEN
FLÄCHE: 1 138 914 km²
EINWOHNERZAHL: 36 200 000
HAUPTSTADT: Bogotá
WÄHRUNG: 100 Centavos = 1 kolumbischer Peso (Col $)
AMTSSPRACHE: Spanisch
HAUPTRELIGION: Christentum 95 %
EXPORTE: Erdöl, Kaffee, Kohle, Bananen, Blumen

VENEZUELA
FLÄCHE: 912 050 km²
EINWOHNERZAHL: 21 005 000
HAUPTSTADT: Caracas
WÄHRUNG: 100 Centimos = 1 Bolivar (B)
AMTSSPRACHE: Spanisch
SONSTIGE SPRACHEN: Eingeborenen-Dialekte
HAUPTRELIGION: Christentum 98 %
EXPORTE: Erdöl, Bauxit und Aluminium, Stahl, Chemikalien, Agrarprodukte, Fertigerzeugnisse

GUYANA
FLÄCHE: 214 970 km²
EINWOHNERZAHL: 723 800
HAUPTSTADT: Georgetown
WÄHRUNG: 100 Cents = 1 Guyana-Dollar (G $)
AMTSSPRACHE: Englisch
SONSTIGE SPRACHEN: Eingeborenen-Dialekte
HAUPTRELIGIONEN: Christentum 57 %, Hinduismus 33 %, Islam 9 %
EXPORTE: Zucker, Sirup, Bauxit, Reis, Garnelen

SURINAM
FLÄCHE: 163 820 km²
EINWOHNERZAHL: 429 500
HAUPTSTADT: Paramaribo
WÄHRUNG: 100 Cents = 1 Surinam-Gulden oder Florin (Sf)
AMTSSPRACHE: Holländisch
SONSTIGE SPRACHEN: Englisch, Sranang Tongo (Taki Taki), Hindustani, Javanisch
HAUPTRELIGIONEN: Christentum 48 %, Hinduismus 27 %, Islam 20 %, Eingeborenen-Religionen 5 %
EXPORTE: Aluminium, Garnelen, Fisch, Reis, Bananen

ECUADOR
FLÄCHE: 283 561 km²
EINWOHNERZAHL: 10 891 000
HAUPTSTADT: Quito
WÄHRUNG: 100 Centavos = 1 Sucre (S/.)
AMTSSPRACHE: Spanisch
SONSTIGE SPRACHEN: Quechua (Ketschua), Eingeborenen-Dialekte
HAUPTRELIGION: Christentum 95 %
EXPORTE: Erdöl, Bananen, Garnelen, Kakao, Kaffee

PERU
FLÄCHE: 1 285 215 km²
EINWOHNERZAHL: 24 087 000
HAUPTSTADT: Lima
WÄHRUNG: 100 Centavos = 1 Sol (S/.)
AMTSSPRACHEN: Spanisch, Quechua (Ketschua)
SONSTIGE SPRACHEN: Aymará
HAUPTRELIGION: Christentum 90 %
EXPORTE: Kupfer, Zink, Erdöl und Erdölprodukte, Blei, Feinsilber, Kaffee, Baumwolle

BRASILIEN
FLÄCHE: 8 506 663 km²
EINWOHNERZAHL: 160 737 000
HAUPTSTADT: Brasília
WÄHRUNG: 100 Centavos = 1 Cruzeiro (Cr $)
AMTSSPRACHE: Portugiesisch
SONSTIGE SPRACHEN: Spanisch, Englisch, Französisch
HAUPTRELIGION: Christentum 96 %
EXPORTE: Eisenerz, Sojabohnenkleie, Bananen, Orangensaft, Schuhe, Kaffee, Fahrzeugteile

BOLIVIEN
FLÄCHE: 1 098 579 km²
EINWOHNERZAHL: 7 896 000
HAUPTSTADT: La Paz (Regierungssitz) Sucre (Gerichtsbarkeit)
WÄHRUNG: 100 Centavos = 1 Boliviano (Cr $)
AMTSSPRACHEN: Spanisch, Quechua, Aymará
HAUPTRELIGION: Christentum 100%
EXPORTE: Metalle, Erdgas, Sojabohnen, Schmuck, Nutzholz

CHILE
FLÄCHE: 756 946 km²
EINWOHNERZAHL: 14 161 000
HAUPTSTADT: Santiago
WÄHRUNG: 100 Centavos = 1 chilenischer Peso (Ch $)
AMTSSPRACHE: Spanisch
SONSTIGE SPRACHEN: Eingeborenen-Dialekte
HAUPTRELIGION: Christentum 99 %
EXPORTE: Kupfer, sontige Metalle und Mineralien, Holzprodukte, Fisch, Obst

PARAGUAY
FLÄCHE: 406 741 km²
EINWOHNERZAHL: 5 358 000
HAUPTSTADT: Asunción
WÄHRUNG: 100 Centimos = 1 Guarani (G)
AMTSSPRACHE: Spanisch
SONSTIGE SPRACHEN: Guarani
HAUPTRELIGION: Christentum 97 %
EXPORTE: Baumwolle, Sojabohnen, Nutzholz, Pflanzenöle, Fleischprodukte, Kaffee

ARGENTINIEN
FLÄCHE: 2 776 884 km²
EINWOHNERZAHL: 34 293 000
HAUPTSTADT: Buenos Aires
WÄHRUNG: 100 Centavos = 1 argentinischer Peso
AMTSSPRACHE: Spanisch
SONSTIGE SPRACHEN: Englisch, Italien, Deutsch, Französisch
HAUPTRELIGIONEN: Christentum 94 %, Judentum 2 %
EXPORTE: Fertigerzeugnisse, Fleisch, Weizen, Mais, Pflanzenöle

URUGUAY
FLÄCHE: 176 221 km²
EINWOHNERZAHL: 3 223 000
HAUPTSTADT: Montevideo
WÄHRUNG: 100 Centesimos = 1 Uruguay-Peso ($ Ur)
AMTSSPRACHE: Spanisch
HAUPTRELIGIONEN: Christentum 68 %, Judentum 2 %
EXPORTE: Wolle, Textilien, Rindfleisch und andere Tierprodukte, Leder, Reis

LÄNDER-LEXIKON

EUROPA

GROSSBRITANNIEN
FLÄCHE: 244 110 km²
EINWOHNERZAHL: 58 295 000
HAUPTSTADT: London
WÄHRUNG: 100 Pence = 1 britisches Pfund (£)
AMTSSPRACHE: Englisch
SONSTIGE SPRACHEN: Walisisch, schottisches Gälisch, irisches Gälisch
HAUPTRELIGIONEN: Christentum 90%, Islam 3%, Hinduismus 1%, Judentum 1%
EXPORTE: Fertigerzeugnisse, Maschinen, Treibstoffe, Chemikalien, Transportsysteme

IRLAND
FLÄCHE: 68 894 km²
EINWOHNERZAHL: 3 550 000
HAUPTSTADT: Dublin
WÄHRUNG: 100 Pence = 1 irisches Pfund (£Ir)
AMTSSPRACHEN: Englisch, Irisch (Gälisch)
HAUPTRELIGION: Christentum 96%
EXPORTE: Chemikalien, Ausrüstung für Datenverarbeitung, Industriemaschinen, Tiere und Tierprodukte

PORTUGAL
FLÄCHE: 91 642 km²
EINWOHNERZAHL: 10 562 000
HAUPTSTADT: Lissabon
WÄHRUNG: 100 centavos = 1 portugiesischer scudo (Esc)
AMTSSPRACHE: Portugiesisch
HAUPTRELIGION: Christentum 98%
EXPORTE: Bekleidung, Schuhe, Maschinen, Kork, Papierprodukte, Häute und Felle

SPANIEN
FLÄCHE: 504 742 km²
EINWOHNERZAHL: 39 404 000
HAUPTSTADT: Madrid
WÄHRUNG: 100 Centimos = 1 Peseta (Pta)
AMTSSPRACHE: kastilisches Spanisch
SONSTIGE SPRACHEN: Katalanisch, Galizisch, Baskisch
HAUPTRELIGION: Christentum 99%
EXPORTE: Fahrzeuge, Fertigerzeugnisse, Nahrungsmittel, Maschinen

ANDORRA
FLÄCHE: 482 km²
EINWOHNERZAHL: 65 800
HAUPTSTADT: Andorra la Vella
WÄHRUNG: 100 Centimes = 1 französischer Franc (F), 100 Centimos = 1 Peseta (Pta)
AMTSSPRACHE: Katalanisch
SONSTIGE SPRACHEN: Französisch, Spanisch
HAUPTRELIGION: Christentum 95%
EXPORTE: Elektrizität, Tabakwaren, Möbel

FRANKREICH
FLÄCHE: 551 458 km²
EINWOHNERZAHL: 58 109 000
HAUPTSTADT: Paris
WÄHRUNG: 100 Centimes = 1 französischer Franc (F)
AMTSSPRACHE: Französisch
SONSTIGE SPRACHEN: Okzitanisch, Deutsch, Bretonisch, Katalanisch, Arabisch
HAUPTRELIGIONEN: Christentum 92%, Judentum 1%, Islam 1%
EXPORTE: Maschinen- und Transportsysteme, Chemikalien, Nahrungsmittel, Agrarprodukte, Eisen- und Stahlprodukte, Textilien, Bekleidung

MONACO
FLÄCHE: 1,5 km²
EINWOHNERZAHL: 31 500
HAUPTSTADT: Monaco
WÄHRUNG: 100 Centimes = 1 französischer Franc (F)
AMTSSPRACHE: Französisch
SONSTIGE SPRACHEN: Englisch, Italienisch, Monegasisch
HAUPTRELIGION: Christentum 95%
EXPORTE: Pharmaprodukte, Parfums, Bekleidung

NIEDERLANDE
FLÄCHE: 41 525 km²
EINWOHNERZAHL: 15 453 000
HAUPTSTADT: Amsterdam, Den Haag (Regierungssitz)
WÄHRUNG: 100 Cents = 1 niederländischer Gulden (Gld)
AMTSSPRACHE: Holländisch
HAUPTRELIGIONEN: Christentum 59%, Islam 3%
EXPORTE: Metallprodukte, Chemikalien, Konserven, Tabak, Agrarprodukte

BELGIEN
FLÄCHE: 30 513 km²
EINWOHNERZAHL: 10 082 000
HAUPTSTADT: Brüssel
WÄHRUNG: 100 Centimes = 1 belgischer Franc (BF)
AMTSSPRACHEN: Holländisch (Flämisch), Französisch
SONSTIGE SPRACHEN: Deutsch
HAUPTRELIGION: Christentum 100%
EXPORTE: Eisen und Stahl, Transportsysteme, Traktoren, Diamanten, Erdölprodukte

LUXEMBURG
FLÄCHE: 2 587 km²
EINWOHNERZAHL: 404 700
HAUPTSTADT: Luxemburg
WÄHRUNG: 100 Centimes = 1 luxemburgischer Franc (FLux)
AMTSSPRACHEN: Letzeburgisch, Deutsch, Französisch
SONSTIGE SPRACHEN: Englisch
HAUPTRELIGIONEN: Christentum 99%, Judentum 1%
EXPORTE: Stahlerzeugnisse, Chemikalien, Gummierzeugnisse, Glas, Aluminium

DEUTSCHLAND
FLÄCHE: 356 734 km²
EINWOHNERZAHL: 81 338 000
HAUPTSTADT: Berlin
WÄHRUNG: 100 Pfennige = 1 Deutsche Mark (DM)
AMTSSPRACHE: Deutsch
HAUPTRELIGION: Christentum 82%
EXPORTE: Maschinen und Werkzeugmaschinen, Chemikalien, Fahrzeuge, Eisen- und Stahlerzeugnisse, Agrarprodukte, Rohstoffe, Treibstoffe

SCHWEIZ
FLÄCHE: 41 287 km²
EINWOHNERZAHL: 7 085 000
HAUPTSTADT: Bern
WÄHRUNG: 100 Centimes = 1 Schweizer Franken (F)
AMTSSPRACHEN: Deutsch, Französisch, Italienisch, Rätoromanisch
HAUPTRELIGION: Christentum 92%
EXPORTE: Maschinen, Präzisionsinstrumente, Metallprodukte, Nahrungsmittel, Textilien

LIECHTENSTEIN
FLÄCHE: 161 km²
EINWOHNERZAHL: 30 700
HAUPTSTADT: Vaduz
WÄHRUNG: 100 Centimes = 1 Schweizer Franken (F)
AMTSSPRACHE: Deutsch
HAUPTRELIGION: Christentum 95%
EXPORTE: Maschinen, zahntechnische Produkte, Briefmarken, Hardware, Töpferwaren

Der grosse illustrierte Weltatlas

ÖSTERREICH
Fläche: 83 851 km²
Einwohnerzahl: 7 987 000
Hauptstadt: Wien
Währung: 100 Groschen = 1 Österreichischer Schilling (S)
Amtssprache: Deutsch
Hauptreligion: Christentum 91 %
Exporte: Maschinen, Elektrogeräte, Eisen und Stahl, Bauholz, Textilien, Papiererzeugnisse, Chemikalien

ITALIEN
Fläche: 301 251 km²
Einwohnerzahl: 58 262 000
Hauptstadt: Rom
Währung: Italienische Lira (L)
Amtssprache: Italienisch
Sonstige Sprachen: Deutsch, Französisch, Slowenisch
Hauptreligion: Christentum 98 %
Exporte: Metalle, Textilien, Bekleidung, Maschinen, Fahrzeuge, Transportsysteme, Chemikalien

SAN MARINO
Fläche: 62 km²
Einwohnerzahl: 24 300
Hauptstadt: San Marino
Währung: Italienische Lira (L)
Amtssprache: Italienisch
Hauptreligion: Christentum 95 %
Exporte: Baustoffe, Nutzholz, Kastanien, Weizen, Wein, Backwaren, Häute und Felle, Keramik

VATIKANSTADT
Fläche: 0,44 km²
Einwohnerzahl: 830
Hauptstadt: Vatikanstadt
Währung: Vatikanische Lira (VLit)
Amtssprachen: Italienisch, Latein
Hauptreligion: Christentum 100 %
Exporte: keine

MALTA
Fläche: 316 km²
Einwohnerzahl: 369 600
Hauptstadt: Valletta
Währung: 100 Cents = 1 Maltesische Lira (Lm)
Amtssprachen: Maltesisch, Englisch
Hauptreligion: Christentum 98 %
Exporte: Maschinen- und Transportsysteme, Bekleidung, Schuhe, Druckerzeugnisse

SLOWENIEN
Fläche: 20 251 km²
Einwohnerzahl: 2 052 000
Hauptstadt: Laibach (Ljubljana)
Währung: 100 Stotins = 1 Tolar (SlT)
Amtssprache: Slowenisch
Sonstige Sprachen: Serbo-Kroatisch
Hauptreligionen: Christentum 96 %, Islam 1 %
Exporte: Fahrzeuge, Möbel, Maschinen, Fertigerzeugnisse, Chemikalien, Textilien, Nahrungsmittel, Rohstoffe

KROATIEN
Fläche: 56 537 km²
Einwohnerzahl: 4 666 000
Hauptstadt: Zagreb
Währung: 100 Lipa = 1 Kuna (HK)
Amtssprache: Serbo-Kroatisch
Hauptreligionen: Christentum 88 %, Islam 1 %
Exporte: Maschinen- und Transportsysteme, sonstige Fertigerzeugnisse, Chemikalien, Nahrungsmittel, Tiere, Rohstoffe, Treibstoffe und Schmiermittel

BOSNIEN-HERZEGOWINA
Fläche: 51 750 km²
Einwohnerzahl: 3 202 000
Hauptstadt: Sarajevo
Währung: 100 Paras = 1 Bosnisch-herzegowinischer Dinar (D)
Amtssprache: Serbo-Kroatisch
Hauptreligionen: Christentum 50 %, Islam 40 %
Exporte: Nutzholz, Möbel

JUGOSLAWIEN
Fläche: 102 173 km²
Einwohnerzahl: 11 102 000
Hauptstadt: Belgrad
Währung: 100 Paras = 1 Jugoslawischer Dinar (YD)
Amtssprache: Serbo-Kroatisch
Sonstige Sprachen: Albanisch, Ungarisch
Hauptreligionen: Christentum 70 %, Islam 19 %
Exporte: Textilien, Lederwaren, Maschinen

RUMÄNIEN
Fläche: 237 500 km²
Einwohnerzahl: 23 198 000
Hauptstadt: Bukarest
Währung: 100 Bani = 1 Leu (L)
Amtssprache: Rumänisch
Sonstige Sprachen: Ungarisch, Deutsch
Hauptreligion: Christentum 82 %
Exporte: Metalle und Metallprodukte, Mineralienprodukte, Textilien, Elektronik, Transportsysteme

BULGARIEN
Fläche: 110 912 km²
Einwohnerzahl: 8 775 000
Hauptstadt: Sofia
Währung: 100 Stotinki = 1 Lew (Lw)
Amtssprache: Bulgarisch
Hauptreligionen: Christentum 85 %, Islam 13 %, Judentum 1 %
Exporte: Maschinen, Agrarprodukte, Fertigerzeugnisse, Treibstoffe, Mineralien, Rohstoffe, Metalle

ALBANIEN
Fläche: 28 749 km²
Einwohnerzahl: 3 414 000
Hauptstadt: Tirana
Währung: 100 Quindarka = 1 Lek (L)
Amtssprache: Albanisch
Sonstige Sprachen: Griechisch
Hauptreligionen: Islam 70 %, Christentum 30 %
Exporte: Asphalt, Metalle und Metallerze, Elektrizität, Rohöl, Obst und Gemüse, Tabak

MAKEDONIEN
Fläche: 25 714 km²
Einwohnerzahl: 2 160 000
Hauptstadt: Skopje
Währung: 100 Paras = 1 Dinar
Amtssprache: Makedonisch
Sonstige Sprachen: Albanisch, Türkisch, Serbo-Kroatisch
Hauptreligionen: Christentum 67 %, Islam 30 %
Exporte: Fertigerzeugnisse, Maschinen- und Transportsysteme, Rohstoffe, Nahrungsmittel, Tiere, Getränke, Tabak, Chemikalien

GRIECHENLAND
Fläche: 131 945 km²
Einwohnerzahl: 10 648 000
Hauptstadt: Athen
Währung: 100 Lepta = 1 Drachme (Dr)
Amtssprache: Griechisch
Sonstige Sprachen: Englisch, Französisch
Hauptreligion: Christentum 98 %
Exporte: Fertigerzeugnisse, Nahrungsmittel, Treibstoffe

ESTLAND
Fläche: 45 100 km²
Einwohnerzahl: 1 625 000
Hauptstadt: Reval (Tallinn)
Währung: 100 Cents = 1 Estonische Krone (EEK)
Amtssprache: Estnisch
Sonstige Sprachen: Lettisch, Litauisch, Russisch
Hauptreligion: Christentum 100 %
Exporte: Textilien, Nahrungsmittel, Fahrzeuge, Metalle

Länder-Lexikon

LETTLAND
FLÄCHE: 63 701 km²
EINWOHNERZAHL: 2 763 000
HAUPTSTADT: Riga
WÄHRUNG: 100 Cents = 1 Lat (Ls)
AMTSSPRACHE: Lettisch
SONSTIGE SPRACHEN: Litauisch, Russisch
HAUPTRELIGION: Christentum 100 %
EXPORTE: Ölprodukte, Nutzholz, Metalle, Molkereiprodukte, Möbel, Textilien

LITAUEN
FLÄCHE: 65 201 km²
EINWOHNERZAHL: 3 876 000
HAUPTSTADT: Wilna
WÄHRUNG: 100 Centas = 1 Litas (Lt)
AMTSSPRACHE: Litauisch
SONSTIGE SPRACHEN: Polnisch, Russisch
HAUPTRELIGION: Christentum 100 %
EXPORTE: Elektronik, Erdölprodukte, Nahrungsmittel, Chemikalien

WEISSRUSSLAND
FLÄCHE: 207 599 km²
EINWOHNERZAHL: 10 437 000
HAUPTSTADT: Minsk
WÄHRUNG: weißrussischer Rubel (BR)
AMTSSPRACHE: Weißrussisch
SONSTIGE SPRACHEN: Russisch
HAUPTRELIGION: Christentum 68 %
EXPORTE: Maschinen- und Transportsysteme, Chemikalien, Nahrungsmittel

POLEN
FLÄCHE: 312 758 km²
EINWOHNERZAHL: 38 792 000
HAUPTSTADT: Warschau
WÄHRUNG: 100 Groszy = 1 Zloty (Zl)
AMTSSPRACHE: Polnisch
HAUPTRELIGION: Christentum 95 %
EXPORTE: Maschinen- und Transportsysteme, Fertigerzeugnisse, Nahrungsmittel, Treibstoffe

TSCHECHISCHE REPUBLIK
FLÄCHE: 78 866 km²
EINWOHNERZAHL: 10 433 000
HAUPTSTADT: Prag
WÄHRUNG: 100 Haleru = 1 Korona (Kc)
AMTSSPRACHE: Tschechisch
SONSTIGE SPRACHEN: Slowakisch
HAUPTRELIGION: Christentum 47 %
EXPORTE: Fertigerzeugnisse, Maschinen- und Transportsysteme, Chemikalien, Treibstoffe, Mineralien, Metalle, Agrarprodukte

SLOWAKEI
FLÄCHE: 49 011 km²
EINWOHNERZAHL: 5 432 000
HAUPTSTADT: Preßburg (Bratislava)
WÄHRUNG: 100 Halierov = 1 Korona (Kc)
AMTSSPRACHE: Slowakisch
SONSTIGE SPRACHEN: Ungarisch
HAUPTRELIGION: Christentum 72 %
EXPORTE: Maschinen- und Transportsysteme, Chemikalien, Treibstoffe, Mineralien und Metalle, Agrarprodukte

UKRAINE
FLÄCHE: 603 701 km²
EINWOHNERZAHL: 51 868 000
HAUPTSTADT: Kiew
WÄHRUNG: Griwna
AMTSSPRACHE: Ukrainisch
SONSTIGE SPRACHEN: Russisch, Rumänisch, Polnisch, Ungarisch
HAUPTRELIGIONEN: Christentum 90 %, Judentum 2 %
EXPORTE: Kohle, Elektrizität, Metalle, Chemikalien, Maschinen- und Transportsysteme, Getreide, Fleisch

UNGARN
FLÄCHE: 93 030 km²
EINWOHNERZAHL: 10 319 000
HAUPTSTADT: Budapest
WÄHRUNG: 100 Filler = 1 Forint (Ft)
AMTSSPRACHE: Ungarisch
HAUPTRELIGION: Christentum 92 %
EXPORTE: Rohstoffe, Maschinen- und Transportsysteme, Fertigerzeugnisse, Nahrungsmittel, Agrarprodukte, Treibstoffe, Energie

MOLDAWIEN
FLÄCHE: 33 701 km²
EINWOHNERZAHL: 4 490 000
HAUPTSTADT: Kischinau
WÄHRUNG: Leu (L)
AMTSSPRACHE: Moldawisch
SONSTIGE SPRACHEN: Russisch, Ukrainisch
HAUPTRELIGIONEN: Christentum 99 %, Judentum 1 %
EXPORTE: Nahrungsmittel, Wein, Tabak, Textilien, Schuhe, Maschinen, Chemikalien

ISLAND
FLÄCHE: 102 828 km²
EINWOHNERZAHL: 266 000
HAUPTSTADT: Reykjavik
WÄHRUNG: 100 Aurar = 1 Isländische Krone (IKr)
AMTSSPRACHE: Isländisch
HAUPTRELIGION: Christentum 99 %
EXPORTE: Fisch und Fischprodukte, Tierprodukte, Mineralien

NORWEGEN
FLÄCHE: 400 906 km²
EINWOHNERZAHL: 4 331 000
HAUPTSTADT: Oslo
WÄHRUNG: 100 Öre = 1 Norwegische Krone (NKr)
AMTSSPRACHE: Norwegisch
SONSTIGE SPRACHEN: Lappisch, Finnisch
HAUPTRELIGION: Christentum 91 %
EXPORTE: Eröl und Erdölprodukte, Metalle und Metallprodukte, Fisch und Fischprodukte, Chemikalien, Erdgas, Schiffe

SCHWEDEN
FLÄCHE: 449 792 km²
EINWOHNERZAHL: 8 822 000
HAUPTSTADT: Stockholm
WÄHRUNG: 100 Öre = 1 Schwedische Krone (SKr)
AMTSSPRACHE: Schwedisch
SONSTIGE SPRACHEN: Lappisch, Finnisch
HAUPTRELIGION: Christentum 96 %
EXPORTE: Maschinen, Fahrzeuge, Papiererzeugnisse, Zellstoff und Holz, Eisen- und Stahlprodukte, Chemikalien, Erdöl und Erdölprodukte

FINNLAND
FLÄCHE: 337 032 km²
EINWOHNERZAHL: 5 085 000
HAUPTSTADT: Helsinki
WÄHRUNG: 100 Penniä = 1 Finnmark (FmK)
AMTSSPRACHEN: Finnisch, Schwedisch
SONSTIGE SPRACHEN: Lappisch, Russisch
HAUPTRELIGION: Christentum 90 %
EXPORTE: Papier und Zellstoff, Maschinen, Chemikalien, Metalle, Nutzholz

DÄNEMARK
FLÄCHE: 43 069 km²
EINWOHNERZAHL: 5 199 000
HAUPTSTADT: Kopenhagen
WÄHRUNG: 100 Öre = 1 Dänische Krone (DKr)
AMTSSPRACHE: Dänisch
SONSTIGE SPRACHEN: Grönländisch, Deutsch, Faröisch
HAUPTRELIGION: Christentum 93 %
EXPORTE: Fleisch und Fleischprodukte, Molkereiprodukte, Transportsysteme, Schiffe, Fisch, Chemikalien, Industrieanlagen

DER GROSSE ILLUSTRIERTE WELTATLAS

ASIEN

RUSSLAND
FLÄCHE: 17 075 383 km²
EINWOHNERZAHL: 149 909 000
HAUPTSTADT: Moskau
WÄHRUNG: 100 Kopeken = 1 Rubel (R)
AMTSSPRACHE: Russisch
HAUPTRELIGIONEN: Christentum 75 %, Islam, Buddhismus
EXPORTE: Erdöl und Erdölprodukte, Erdgas, Holz und Holzprodukte, Metalle, Chemikalien, Fertigerzeugnisse

TÜRKEI
FLÄCHE: 780 574 km²
EINWOHNERZAHL: 63 406 000
HAUPTSTADT: Ankara
WÄHRUNG: 100 Kurus = 1 Türkische Lira (TL)
AMTSSPRACHE: Türkisch
SONSTIGE SPRACHEN: Kurdisch, Arabisch
HAUPTRELIGION: Islam 99 %
EXPORTE: Fertigerzeugnisse, Nahrungsmittel, Bergbauprodukte

ZYPERN
FLÄCHE: 9 251 km²
EINWOHNERZAHL: 736 600
HAUPTSTADT: Nikosia
WÄHRUNG: 100 Cents = 1 Zypern-Pfund (C£); 100 Kurus = 1 Türkische Lira (R)
AMTSSPRACHEN: Griechisch, Türkisch
SONSTIGE SPRACHEN: Englisch
HAUPTRELIGIONEN: Christentum 78 %, Islam 18 %
EXPORTE: Zitrusfrüchte, Kartoffeln, Trauben, Wein, Zement, Bekleidung, Schuhe

GEORGIEN
FLÄCHE: 69 699 km²
EINWOHNERZAHL: 5 726 000
HAUPTSTADT: Tiflis
WÄHRUNG: Lari
AMTSSPRACHE: Georgisch
SONSTIGE SPRACHEN: Russisch, Armenisch, Azeri
HAUPTRELIGIONEN: Christentum 83 %, Islam 11 %
EXPORTE: Zitrusfrüchte, Tee, Wein, Maschinen, Metalle, Textilien, Chemikalien, Treibstoff-Reexporte

ARMENIEN
FLÄCHE: 29 800 km²
EINWOHNERZAHL: 3 557 000
HAUPTSTADT: Jerewan
WÄHRUNG: Dram
AMTSSPRACHE: Armenisch
SONSTIGE SPRACHEN: Russisch
HAUPTRELIGION: Christentum 94 %
EXPORTE: Gold und Schmuck, Aluminium, Transportsysteme, Elektrogeräte

ASERBAIDSCHAN
FLÄCHE: 86 599 km²
EINWOHNERZAHL: 7 790 000
HAUPTSTADT: Baku
WÄHRUNG: 100 Gobik = 1 Manat
AMTSSPRACHE: Aserbaidschanisch
SONSTIGE SPRACHEN: Russisch, Armenisch
HAUPTRELIGIONEN: Islam 94 %, Christentum 5 %
EXPORTE: Öl, Gas, Chemikalien, Ausrüstung für Ölfelder, Textilien, Baumwolle

KASACHSTAN
FLÄCHE: 2 715 097 km²
EINWOHNERZAHL: 17 377 000
HAUPTSTADT: Almaty
WÄHRUNG: Tenge
AMTSSPRACHE: Kasachisch
SONSTIGE SPRACHEN: Russisch
HAUPTRELIGIONEN: Islam 47 %, Christentum 46 %
EXPORTE: Öl, Metalle, Chemikalien, Getreide, Wolle, Fleisch, Kohle

USBEKISTAN
FLÄCHE: 449 601 km²
EINWOHNERZAHL: 23 087 000
HAUPTSTADT: Taschkent
WÄHRUNG: Som
AMTSSPRACHE: Usbekisch
SONSTIGE SPRACHEN: Russisch, Tadschikisch
HAUPTRELIGIONEN: Islam 88 %, Christentum 9 %
EXPORTE: Baumwolle, Gold, Erdgas, Mineraldünger, Metalle, Textilien, Nahrungsmittel

TURKMENISTAN
FLÄCHE: 488 098 km²
EINWOHNERZAHL: 4 075 000
HAUPTSTADT: Aschchabad
WÄHRUNG: Manat
AMTSSPRACHE: Turkmenisch
SONSTIGE SPRACHEN: Russisch, Usbekisch
HAUPTRELIGIONEN: Islam 87 %, Christentum 11 %
EXPORTE: Erdgas, Baumwolle, Erdölprodukte, Elektrizität, Textilien, Teppiche

KIRGISTAN
FLÄCHE: 198 500 km²
EINWOHNERZAHL: 4 770 000
HAUPTSTADT: Bischkek (früher: Frunse)
WÄHRUNG: Som
AMTSSPRACHE: Kirgisisch
SONSTIGE SPRACHEN: Russisch
HAUPTRELIGION: Islam 70 %
EXPORTE: Wolle, Chemikalien, Baumwolle, Metalle, Schuhe, Maschinen, Tabak

TADSCHIKISTAN
FLÄCHE: 143 100 km²
EINWOHNERZAHL: 6 155 000
HAUPTSTADT: Duschanbe
WÄHRUNG: 100 Kopeken = 1 Tadschikischer Rubel (TR)
AMTSSPRACHE: Tadschikisch
SONSTIGE SPRACHEN: Russisch
HAUPTRELIGION: Islam 85 %
EXPORTE: Baumwolle, Aluminium, Obst und Gemüse, Textilien

SYRIEN
FLÄCHE: 185 180 km²
EINWOHNERZAHL: 15 452 000
HAUPTSTADT: Damaskus
WÄHRUNG: 100 Piaster = 1 Syrisches Pfund (£S)
AMTSSPRACHE: Arabisch
SONSTIGE SPRACHEN: Kurdisch, Armenisch, Aramäisch, Kirkassisch, Französisch
HAUPTRELIGIONEN: Islam 90 %, Christentum 10 %
EXPORTE: Erdöl, Textilien, Baumwolle, Obst und Gemüse, Weizen, Gerste, Hühner

Länder-Lexikon

IRAK
FLÄCHE: 437 521 km²
EINWOHNERZAHL: 20 644 000
HAUPTSTADT: Bagdad
WÄHRUNG: 1 000 Fils = 1 Irakischer Dinar (ID)
AMTSSPRACHEN: Arabisch, Kurdisch (in kurdischen Gebieten)
SONSTIGE SPRACHEN: Assyrisch, Armenisch
HAUPTRELIGIONEN: Islam 97 %, Christentum 3 %
EXPORTE: Rohöl und Raffinerieprodukte, Dünger, Schwefel

IRAN
FLÄCHE: 1 647 064 km²
EINWOHNERZAHL: 64 625 000
HAUPTSTADT: Teheran
WÄHRUNG: 100 Dinare = 1 Rial (R)
AMTSSPRACHE: Persisch
SONSTIGE SPRACHEN: Türkmenisch, Kurdisch
HAUPTRELIGION: Islam 99 %
EXPORTE: Erdöl, Teppiche, Obst, Nüsse, Häute und Felle

LIBANON
FLÄCHE: 10 228 km²
EINWOHNERZAHL: 3 696 000
HAUPTSTADT: Beirut
WÄHRUNG: 100 Piaster = 1 Libanesisches Pfund (£L)
AMTSSPRACHEN: Arabisch, Französisch
SONSTIGE SPRACHEN: Armenisch, Englisch
HAUPTRELIGIONEN: Islam 70 %, Christentum 30 %
EXPORTE: Agrarprodukte, Chemikalien, Textilien, Metalle, Schmuck

ISRAEL
FLÄCHE: 20 699 km²
EINWOHNERZAHL: 5 433 000
HAUPTSTADT: Jerusalem
WÄHRUNG: 100 neue Agorot = 1 Israelischer Schekel (IS)
AMTSSPRACHEN: Hebräisch, Arabisch
SONSTIGE SPRACHEN: Englisch
HAUPTRELIGIONEN: Judentum 82 %, Islam 14 %, Christentum 2 %
EXPORTE: Maschinen, geschliffene Diamanten, Chemikalien, Textilien, Agrarprodukte, Metalle

JORDANIEN
FLÄCHE: 89 549 km²
EINWOHNERZAHL: 4 101 000
HAUPTSTADT: Amman
WÄHRUNG: 1 000 Fils = 1 Jordanischer Dinar (JD)
AMTSSPRACHE: Arabisch
SONSTIGE SPRACHEN: Englisch
HAUPTRELIGIONEN: Islam 92 %, Christentum 8 %
EXPORTE: Phosphate, Dünger, Kali, Agrarprodukte, Fertigerzeugnisse

SAUDI-ARABIEN
FLÄCHE: 2 240 350 km²
EINWOHNERZAHL: 18 730 000
HAUPTSTADT: Riad
WÄHRUNG: 100 Halalas = 1 Saudi-Rial (SR)
AMTSSPRACHE: Arabisch
HAUPTRELIGION: Islam 100 %
EXPORTE: Erdöl und Erdölprodukte

KUWAIT
FLÄCHE: 17 819 km²
EINWOHNERZAHL: 1 817 000
HAUPTSTADT: Kuwait
WÄHRUNG: 1 000 Fils = 1 Kuwait-Dinar (KD)
AMTSSPRACHE: Arabisch
SONSTIGE SPRACHEN: Englisch
HAUPTRELIGIONEN: Islam 85 %, Christentum 8 %, Hinduismus und Parsi 2 %
EXPORTE: Erdöl

BAHRAIN
FLÄCHE: 661 km²
EINWOHNERZAHL: 575 900
HAUPTSTADT: Manama
WÄHRUNG: 1 000 Fils = 1 Bahrain-Dinar (BD)
AMTSSPRACHE: Arabisch
SONSTIGE SPRACHEN: Englisch, Urdu
HAUPTRELIGION: Islam 100 %
EXPORTE: Erdöl und Erdölprodukte, Aluminium

KATAR
FLÄCHE: 11 395 km²
EINWOHNERZAHL: 533 900
HAUPTSTADT: Doha
WÄHRUNG: 100 Dirhams = 1 Katar-Rial (QR)
AMTSSPRACHE: Arabisch
SONSTIGE SPRACHEN: Englisch
HAUPTRELIGION: Islam 95 %
EXPORTE: Erdölprodukte, Stahl, Dünger

VEREINIGTE ARABISCHE EMIRATE
FLÄCHE: 77 701 km²
EINWOHNERZAHL: 2 925 000
HAUPTSTADT: Abu Dhabi
WÄHRUNG: 100 Fils = 1 Emirat-Dirham (Dh)
AMTSSPRACHE: Arabisch
SONSTIGE SPRACHEN: Persisch, Englisch, Hindi, Urdu
HAUPTRELIGION: Islam 96 %
EXPORTE: Rohöl, Erdgas, Dörrfisch, Datteln

OMAN
FLÄCHE: 212 380 km²
EINWOHNERZAHL: 2 125 000
HAUPTSTADT: Maskat
WÄHRUNG: 1 000 Baizas = 1 Rial Omani (RO)
AMTSSPRACHE: Arabisch
SONSTIGE SPRACHEN: Englisch, Belutschi, Urdu, indische Dialekte
HAUPTRELIGIONEN: Islam 86 %, Hinduismus 13 %
EXPORTE: Erdöl, Fisch, Kupfer, Textilien

JEMEN
FLÄCHE: 527 969 km²
EINWOHNERZAHL: 14 728 000
HAUPTSTADT: Sanaa
WÄHRUNG: 100 Fils = 1 Rial
AMTSSPRACHE: Arabisch
HAUPTRELIGION: Islam 99 %
EXPORTE: Rohöl, Baumwolle, Kaffee, Häute und Felle, Gemüse, Dörr- und Pökelfisch

AFGHANISTAN
FLÄCHE: 649 507 km²
EINWOHNERZAHL: 21 252 000
HAUPTSTADT: Kabul
WÄHRUNG: 100 Puls = 1 Afghani (AF)
AMTSSPRACHEN: Afghanisch, Persisch, Paschto
SONSTIGE SPRACHEN: Usbekisch, Turkmenisch
HAUPTRELIGIONEN: Islam 99 %, Hinduismus und Judentum 1 %
EXPORTE: Obst, Nüsse, handgewebte Teppiche, Wolle, Baumwolle, Häute und Felle, Edel- und Halbedelsteine

PAKISTAN
FLÄCHE: 803 944 km²
EINWOHNERZAHL: 131 542 000
HAUPTSTADT: Islamabad
WÄHRUNG: 100 Paisa = 1 Pakistanische Rupie (PRe)
AMTSSPRACHEN: Urdu, Englisch
SONSTIGE SPRACHEN: Pandschabi, Sindhi, Paschto, Belutschi
HAUPTRELIGION: Islam 97 %
EXPORTE: Baumwolle, Textilien, Bekleidung, Reis, Leder, Teppiche

INDIEN
FLÄCHE: 3 095 472 km²
EINWOHNERZAHL: 936 546 000
HAUPTSTADT: Neu Dehli
WÄHRUNG: 100 Paise = 1 Indische Rupie (Re)
AMTSSPRACHEN: Hindi, Englisch
SONSTIGE SPRACHEN: Hindustani, Bengali, Telugu, Marathi, Tamil, Urdu, Gujarati, Malayalam, Kanada, Oriya, Pandschabi, Assami, Kaschmiri, Rajastani, Sindhi, Sanskrit
HAUPTRELIGIONEN: Hinduismus 80 %, Islam 14 %, Christentum 3 %
EXPORTE: Bekleidung, Edelsteine und Schmuck, Maschinen- und Gerätebau, Chemikalien, Lederwaren, Baumwollgarn, Stoffe

NEPAL
FLÄCHE: 140 798 km²
EINWOHNERZAHL: 21 561 000
HAUPTSTADT: Katmandu
WÄHRUNG: 100 Paisa = 1 Nepalesische Rupie (NR)
AMTSSPRACHE: Nepalesisch
HAUPTRELIGIONEN: Hinduismus 90 %, Buddhismus 5 %, Islam 3 %
EXPORTE: Teppiche, Bekleidung, Lederwaren, Juteprodukte, Getreide

BHUTAN
FLÄCHE: 41 440 km²
EINWOHNERZAHL: 1 781 000
HAUPTSTADT: Thimbu
WÄHRUNG: 100 Chetrum = 1 Ngultrum (Nu) Die indische Währung ist ebenfalls gesetzliches Zahlungsmittel.
AMTSSPRACHE: Dzonka
SONSTIGE SPRACHEN: Tibetisch, Nepalesisch
HAUPTRELIGIONEN: Buddhismus 75 %, Hinduismus 25 %
EXPORTE: Bauholz, Kunsthandwerk, Zement, Obst, Elektrizität, Edelsteine, Gewürze

BANGLADESCH
FLÄCHE: 142 776 km²
EINWOHNERZAHL: 128 095 000
HAUPTSTADT: Dhaka
WÄHRUNG: 100 Paisa = 1 Taka (Tk)
AMTSSPRACHE: Bengali
SONSTIGE SPRACHEN: Englisch
HAUPTRELIGIONEN: Islam 83 %, Hinduismus 16 %, Buddhismus und Christentum 1 %
EXPORTE: Bekleidung, Jute und Juteprodukte, Leder, Garnelen

MALEDIVEN
FLÄCHE: 298 km²
EINWOHNERZAHL: 261 300
HAUPTSTADT: Male
WÄHRUNG: 100 Laris = 1 Malediven-Rupie (Re)
AMTSSPRACHE: Divehi (Maledivisch)
SONSTIGE SPRACHEN: Englisch
HAUPTRELIGION: Islam 100 %
EXPORTE: Fisch, Bekleidung

SRI LANKA
FLÄCHE: 65 610 km²
EINWOHNERZAHL: 18 343 000
HAUPTSTADT: Colombo
WÄHRUNG: 100 Cents = 1 Sri-Lanka-Rupie (SLRe)
AMTSSPRACHEN: Singhalesisch, Tamil
SONSTIGE SPRACHEN: Englisch
HAUPTRELIGIONEN: Buddhismus 69 %, Hinduismus 15 %, Christentum 8 %, Islam 8 %
EXPORTE: Textilien, Tee, Diamanten und sonstige Edelsteine, Erdölprodukte, Gummiprodukte, Agrarprodukte, Meereserzeugnisse

MYANMAR (BURMA)
FLÄCHE: 678 034 km²
EINWOHNERZAHL: 45 104 000
HAUPTSTADT: Rangun
WÄHRUNG: 100 Pyas = 1 Kyat (K)
AMTSSPRACHE: Birmanisch
HAUPTRELIGIONEN: Buddhismus 89 %, Islam 4 %, Christentum 4 %
EXPORTE: Hülsenfrüchte und Bohnen, Reis, Nutzholz

LAOS
FLÄCHE: 236 799 km²
EINWOHNERZAHL: 4 837 000
HAUPTSTADT: Vientiane
WÄHRUNG: 100 At = 1 Kip (K)
AMTSSPRACHE: Laotisch
SONSTIGE SPRACHEN: Französisch, Englisch
HAUPTRELIGIONEN: Buddhismus 60 %, Animismus 34 %, Christentum 2 %
EXPORTE: Elektrizität, Holzprodukte, Kaffee, Zinn, Textilien

VIETNAM
FLÄCHE: 337 912 km²
EINWOHNERZAHL: 74 393 000
HAUPTSTADT: Hanoi
WÄHRUNG: 100 Xu = 1 Dong (D)
AMTSSPRACHE: Vietnamesisch
SONSTIGE SPRACHEN: Französisch, Chinesisch, Englisch, Khmer, Stammessprachen
HAUPTRELIGIONEN: Buddhismus 55 %, Christentum 7 %, Taoismus, Naturreligionen, Islam
EXPORTE: Erdöl, Reis, Agrarprodukte, Meereserzeugnisse, Kaffee

THAILAND
FLÄCHE: 513 998 km²
EINWOHNERZAHL: 60 271 000
HAUPTSTADT: Bangkok
WÄHRUNG: 100 Satangs = 1 Baht (D)
AMTSSPRACHE: Thai
SONSTIGE SPRACHEN: Englisch, Chinesisch, Malaiisch
HAUPTRELIGIONEN: Buddhismus 95 %, Islam 4 %
EXPORTE: Maschinen, Fertigerzeugnisse, Agrarprodukte, Fisch

Länder-Lexikon

KAMBODSCHA

FLÄCHE: 181 036 km²
EINWOHNERZAHL: 10 561 000
HAUPTSTADT: Phnom Penh
WÄHRUNG: 100 Sen = 1 Riel (CR)
AMTSSPRACHE: Khmer
SONSTIGE SPRACHEN: Französisch
HAUPTRELIGIONEN: Buddhismus 95 %, Islam 2 %
EXPORTE: Nutzholz, Gummi, Sojabohnen, Sesam

MALAYSIA
FLÄCHE: 333 403 km²
EINWOHNERZAHL: 19 724 000
HAUPTSTADT: Kuala Lumpur
WÄHRUNG: 100 Sen = 1 Ringgit (M$)
AMTSSPRACHE: Malaiisch
SONSTIGE SPRACHEN: Englisch, Mandarin, Tamil, Hakka, Eingeborenen-Dialekte
HAUPTRELIGIONEN: Islam 53%, Buddhismus 17%, Konfuzianismus 12%, Christentum 9%, Hinduismus 7%
EXPORTE: Elektronik, Erdöl und Erdölprodukte, Palmöl, Holz und Holzprodukte, Gummi, Textilien

PHILIPPINEN
FLÄCHE: 299 536 km²
EINWOHNERZAHL: 73 266 000
HAUPTSTADT: Manila
WÄHRUNG: 100 Centavos = 1 Philippinischer Peso (P)
AMTSSPRACHEN: Pilipino (Tagalog), Englisch
SONSTIGE SPRACHEN: Eingeborenen-Dialekte
HAUPTRELIGIONEN: Christentum 92 %, Islam 5 %, Buddhismus 3 %
EXPORTE: Elektronik, Textilien, Kokosnuss-produkte, Kupfer, Fisch

SINGAPUR
FLÄCHE: 583 km²
EINWOHNERZAHL: 2 890 000
HAUPTSTADT: Singapur
WÄHRUNG: 100 Cents = 1 Singapur-Dollar (S$)
AMTSSPRACHEN: Chinesisch, Malaiisch, Tamil, Englisch
HAUPTRELIGIONEN: Buddhismus 28 %, Islam 15 %, Christentum 13 %, Taoismus 13 %, Hinduismus 5 %
EXPORTE: Computertechnik, Gummi und Gummi-produkte, Erdölprodukte, Telekommunikations-technik

BRUNEI

FLÄCHE: 5 765 km²
EINWOHNERZAHL: 292 300
HAUPTSTADT: Bandar Seri Begawan
WÄHRUNG: 100 Cents = 1 Brunei-Dollar (B$)
AMTSSPRACHE: Malaiisch
SONSTIGE SPRACHEN: Englisch, Chinesisch
HAUPTRELIGIONEN: Islam 63 %, Buddhismus 14 %, Christentum 8 %, Naturreligionen
EXPORTE: Rohöl, flüssiges Erdgas, Erdölprodukte

INDONESIEN
FLÄCHE: 2 019 358 km²
EINWOHNERZAHL: 203 584 000
HAUPTSTADT: Jakarta
WÄHRUNG: 100 Sen = 1 Indonesische Rupie (Rp)
AMTSSPRACHE: Bahasa Indonesia
SONSTIGE SPRACHEN: Englisch, Holländisch, Javanesisch, Eingeborenen-Dialekte
HAUPTRELIGIONEN: Islam 87 %, Christentum 9 %, Hinduismus 2 %, Buddhismus 1 %
EXPORTE: Fertigerzeugnisse, Treibstoffe, Nahrungsmittel, Rohstoffe

CHINA
FLÄCHE: 9 583 000 km²
EINWOHNERZAHL: 1 203 097 000
HAUPTSTADT: Peking (Beijing)
WÄHRUNG: 10 Jiao = 1 Yuan (Y)
AMTSSPRACHE: Mandarin-Chinesisch
SONSTIGE SPRACHEN: Kantonesisch, Schanghai-Chinesisch, Fuzhou, Hokkien-Taiwanesisch
HAUPTRELIGIONEN: Taoismus 20 %, Buddhismus 6 %
EXPORTE: Textilien, Bekleidung, Schuhe, Spielzeug, Maschinen, Waffen

MONGOLEI
FLÄCHE: 1 565 000 km²
EINWOHNERZAHL: 2 494 000
HAUPTSTADT: Ulan Bator
WÄHRUNG: 100 Mongo = 1 Tugrik (Tug)
AMTSSPRACHE: Chalcha-Mongolisch
SONSTIGE SPRACHEN: Turkmenisch, Russisch, Chinesisch
HAUPTRELIGIONEN: Buddhismus 95 %, Islam 4 %
EXPORTE: Kupfer, Tiere, Tierprodukte, Kaschmir, Wolle, Häute und Felle, Metalle

NORDKOREA

FLÄCHE: 120 717 km²
EINWOHNERZAHL: 23 487 000
HAUPTSTADT: Pjöngjang
WÄHRUNG: 100 Tschon = 1 Nordkoreanischer Won (NKW)
AMTSSPRACHE: Koreanisch
HAUPTRELIGIONEN: Chundo Kyo 14 %, Buddhismus 2 %, Islam 1 %
EXPORTE: Mineralien, Metallerzeugnisse, Agrar- und Fischereiprodukte, Fertigerzeugnisse

SÜDKOREA
FLÄCHE: 98 477 km²
EINWOHNERZAHL: 45 554 000
HAUPTSTADT: Seoul
WÄHRUNG: 100 Tschon = 1 Südkoreanischer Won (W)
AMTSSPRACHE: Koreanisch
SONSTIGE SPRACHEN: Englisch
HAUPTRELIGIONEN: Christentum 49 %, Buddhismus 47 %, Konfuzianismus 3 %
EXPORTE: Elektronik und Elektrogeräte, Maschinen, Stahl, Fahrzeuge, Schiffe, Textilien, Bekleidung, Schuhe, Fisch

TAIWAN
FLÄCHE: 35 967 km²
EINWOHNERZAHL: 21 501 000
HAUPTSTADT: Taipeh
WÄHRUNG: 100 Cents = 1 neuer Taiwan-Dollar (NT$)
AMTSSPRACHE: Mandarin
SONSTIGE SPRACHEN: Fukien, Hakka
HAUPTRELIGIONEN: Buddhismus 43 %, Taoismus 21 %, Christentum 7 %, Konfuzianismus
EXPORTE: elektrische Anlagen, Elektronik, Textilien, Schuhe, Nahrungsmittel, Holzprodukte

JAPAN
FLÄCHE: 371 973 km²
EINWOHNERZAHL: 125 506 000
HAUPTSTADT: Tokio
WÄHRUNG: 100 Sen = 1 Yen (¥)
AMTSSPRACHE: Japanisch
HAUPTRELIGIONEN: Schintoismus und Buddhismus 84 %
EXPORTE: Maschinen, Fahrzeuge, Unterhaltungselektronik

AFRIKA

MAROKKO
FLÄCHE: 446 550 km²
EINWOHNERZAHL: 29 169 000
HAUPTSTADT: Rabat
WÄHRUNG: 100 Centimes = 1 Marokkanischer Dirham (DH)
AMTSSPRACHE: Arabisch
SONSTIGE SPRACHEN: Berber-Sprachen, Französisch
HAUPTRELIGIONEN: Islam 99 %, Christentum 1 %
EXPORTE: Nahrungsmittel, Getränke, Konsumgüter, Phosphate

ALGERIEN
FLÄCHE: 2 378 907 km²
EINWOHNERZAHL: 28 539 000
HAUPTSTADT: Algier
WÄHRUNG: 100 Centimes = 1 Algerischer Dinar (DA)
AMTSSPRACHE: Arabisch
SONSTIGE SPRACHEN: Französisch, Berber-Sprachen
HAUPTRELIGIONEN: Islam 99 %, Christentum und Judentum 1 %
EXPORTE: Erdöl, Erdgas

TUNESIEN
FLÄCHE: 164 149 km²
EINWOHNERZAHL: 8 880 000
HAUPTSTADT: Tunis
WÄHRUNG: 1000 Millimes = 1 Tunesischer Dinar (TD)
AMTSSPRACHE: Arabisch
SONSTIGE SPRACHEN: Französisch, Berber-Sprachen
HAUPTRELIGIONEN: Islam 98 %, Christentum 1 %, Judentum 1 %
EXPORTE: Agrarprodukte, Chemikalien

LIBYEN
FLÄCHE: 1 759 540 km²
EINWOHNERZAHL: 5 248 000
HAUPTSTADT: Tripolis
WÄHRUNG: 1 000 Dirham = 1 Libyscher Dinar (LD)
AMTSSPRACHE: Arabisch
SONSTIGE SPRACHEN: Italienisch, Englisch
HAUPTRELIGION: Islam 97 %
EXPORTE: Rohöl, Raffinerieprodukte, Erdgas

KAP VERDE
FLÄCHE: 4 033 km²
EINWOHNERZAHL: 435 900
HAUPTSTADT: Praia
WÄHRUNG: 100 Centavos = 1 Kapverdischer Escudo (CVEsc)
AMTSSPRACHE: Portugiesisch
SONSTIGE SPRACHEN: Kap-Verdisch-Kreolisch
HAUPTRELIGION: Christentum 97 %
EXPORTE: Fisch, Bananen, Häute und Felle

ÄGYPTEN
FLÄCHE: 1 002 071 km²
EINWOHNERZAHL: 62 360 000
HAUPTSTADT: Kairo
WÄHRUNG: 100 Piaster = 1 Ägyptisches Pfund (£E)
AMTSSPRACHE: Arabisch
SONSTIGE SPRACHEN: Englisch, Französisch
HAUPTRELIGIONEN: Islam 96 %, Christentum 6 %
EXPORTE: Rohöl und Erdölprodukte, Baumwolle, Textilien, Metallerzeugnisse, Chemikalien

MAURETANIEN
FLÄCHE: 1 030 807 km²
EINWOHNERZAHL: 2 263 000
HAUPTSTADT: Nouakchott
WÄHRUNG: 5 Khoums = 1 Ouguiya (UM)
AMTSSPRACHEN: Arabisch, Wolof
SONSTIGE SPRACHEN: Französisch, Pular, Soninke
HAUPTRELIGION: Islam 100 %
EXPORTE: Eisenerz, Fisch, Fischprodukte

MALI
FLÄCHE: 1 239 709 km²
EINWOHNERZAHL: 9 375 000
HAUPTSTADT: Bamako
WÄHRUNG: 100 Centimes = 1 CFA-Franc (CFAF)
AMTSSPRACHE: Französisch
SONSTIGE SPRACHEN: Eingeborenen-Dialekte
HAUPTRELIGIONEN: Islam 90 %, Naturreligionen 9 %, Christentum 1 %
EXPORTE: Baumwolle, Tiere, Gold

BURKINA FASO
FLÄCHE: 274 201 km²
EINWOHNERZAHL: 10 423 000
HAUPTSTADT: Ouagadougou
WÄHRUNG: 100 Centimes = 1 CFA-Franc (CFAF)
AMTSSPRACHE: Französisch
SONSTIGE SPRACHEN: Stammessprachen
HAUPTRELIGIONEN: Islam 50 %, Naturreligionen 40 %, Christentum 10 %
EXPORTE: Baumwolle, Gold, Tierprodukte

NIGER
FLÄCHE: 1 188 999 km²
EINWOHNERZAHL: 9 280 000
HAUPTSTADT: Niamey
WÄHRUNG: 100 Centimes = 1 CFA-Franc (CFAF)
AMTSSPRACHE: Französisch
SONSTIGE SPRACHEN: Haussa, Djerba
HAUPTRELIGIONEN: Islam 80 %, Naturreligionen 14 %, Christentum 1 %
EXPORTE: Uranerze, Tiere

TSCHAD
FLÄCHE: 1 283 998 km²
EINWOHNERZAHL: 5 587 000
HAUPTSTADT: N'Djamena
WÄHRUNG: 100 Centimes = 1 CFA-Franc (CFAF)
AMTSSPRACHEN: Französisch, Arabisch
SONSTIGE SPRACHEN: Sara, Sango
HAUPTRELIGIONEN: Islam 50 %, Christentum 25 %, Naturreligionen und Animismus 25 %
EXPORTE: Baumwolle, Rinder, Textilien, Fisch

SUDAN
FLÄCHE: 2 505 825 km²
EINWOHNERZAHL: 30 120 000
HAUPTSTADT: Khartum
WÄHRUNG: 100 Piastres = 1 Sudanesisches Pfund (£S)
AMTSSPRACHE: Arabisch
SONSTIGE SPRACHEN: Nubisch, Ta Bedawie, Nilotisch, Nilo-Hamitisch, Eingeborenen-Dialekte, Englisch
HAUPTRELIGIONEN: Islam 70 %, Naturreligionen 25 %, Christentum 5 %
EXPORTE: Gummi, Tiere, Baumwolle, Sesam, Erdnüsse

ERITREA
FLÄCHE: 117 599 km²
EINWOHNERZAHL: 3 579 000
HAUPTSTADT: Asmara
WÄHRUNG: 100 Cents = 1 Birr (Br)
AMTSSPRACHEN: Arabisch, Tigrinya, Tigre
SONSTIGE SPRACHEN: afrikanische Sprachen
HAUPTRELIGIONEN: Islam 50 %, Christentum 50 %
EXPORTE: Salz, Häute und Felle, Ölsamen

Länder-Lexikon

ÄTHIOPIEN
Fläche: 1 221 897 km²
Einwohnerzahl: 55 979 000
Hauptstadt: Addis Abeba
Währung: 100 Cents = 1 Birr (Br)
Amtssprache: Amharisch
Sonstige Sprachen: afrikanische Sprachen, Arabisch, Englisch
Hauptreligionen: Islam 50 %, Christentum 40 %, Animismus 10 %
Exporte: Kaffee, Lederwaren, Gold

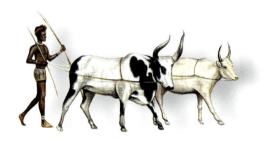

DSCHIBUTI
Fläche: 22 999 km²
Einwohnerzahl: 421 300
Hauptstadt: Dschibuti
Währung: 100 Centimes = 1 Dschibuti-Franc (DF)
Amtssprachen: Französisch, Arabisch
Sonstige Sprachen: Somali, Afar
Hauptreligionen: Islam 94 %, Christentum 6 %
Exporte: Häute und Felle, Kaffee

SOMALIA
Fläche: 637 539 km²
Einwohnerzahl: 7 348 000
Hauptstadt: Mogadischu
Währung: 100 Cents = 1 Somali-Schilling (So.Sh.)
Amtssprache: Somali
Sonstige Sprachen: Arabisch, Italienisch, Englisch
Hauptreligion: Islam 99 %
Exporte: Bananen, Tiere, Fisch, Häute und Felle

SENEGAL
Fläche: 197 161 km²
Einwohnerzahl: 9 007 000
Hauptstadt: Dakar
Währung: 100 Centimes = 1 CFA-Franc (CFAF)
Amtssprache: Französisch
Sonstige Sprachen: Eingeborenensprachen
Hauptreligionen: Islam 92 %, Naturreligionen 6 %, Christentum 2 %
Exporte: Fisch, Erdnüsse, Erdölprodukte, Phosphate, Baumwolle

GAMBIA
Fläche: 10 368 km²
Einwohnerzahl: 989 300
Hauptstadt: Banjul
Währung: 100 Bututs = 1 Dalasi (D)
Amtssprache: Englisch
Sonstige Sprachen: afrikanische Sprachen
Hauptreligionen: Islam 90 %, Christentum 9 %, Naturreligionen 1 %
Exporte: Erdnüsse, Fisch, Palmkerne

GUINEA-BISSAU
Fläche: 36 125 km²
Einwohnerzahl: 1 125 000
Hauptstadt: Bissau
Währung: 100 Centavos = 1 Guinea-Bissau-Peso (PG)
Amtssprache: Portugiesisch
Sonstige Sprachen: Kreolisch, afrikanische Sprachen
Hauptreligionen: Naturreligionen 65 %, Islam 30 %, Christentum 5 %
Exporte: Cashewnüsse, Fisch, Erdnüsse, Palmkerne

GUINEA
Fläche: 245 856 km²
Einwohnerzahl: 6 549 000
Hauptstadt: Conakry
Währung: 100 Centimes = 1 Guinea-Franc (FG)
Amtssprache: Französisch
Sonstige Sprachen: Stammessprachen
Hauptreligionen: Islam 85 %, Christentum 8 %, Naturreligionen 7 %
Exporte: Bauxit, Aluminium, Diamanten, Gold, Kaffee, Ananas, Bananen, Palmkerne

SIERRA LEONE
Fläche: 71 740 km²
Einwohnerzahl: 4 753 000
Hauptstadt: Freetown
Währung: 100 Cents = 1 Leone (Le)
Amtssprache: Englisch
Sonstige Sprachen: Mende, Temne, Krio
Hauptreligionen: Islam 60 %, Naturreligionen 30 %, Christentum 10 %
Exporte: Diamanten und sonstige Mineralien, Kaffee, Kakao, Fisch

LIBERIA
Fläche: 111 370 km²
Einwohnerzahl: 3 073 000
Hauptstadt: Monrovia
Währung: 100 Cents = 1 Liberia-Dollar (L$)
Amtssprache: Englisch
Sonstige Sprachen: Niger-Kongo-Sprachen
Hauptreligionen: Naturreligionen 70 %, Islam 20 %, Christentum 10 %
Exporte: Eisenerz, Gummi, Nutzholz, Kaffee

CÔTE D'IVOIRE (ELFENBEINKÜSTE)
Fläche: 322 463 km²
Einwohnerzahl: 14 791 000
Hauptstadt: Yamoussoukro (seit 1983), vorher: Abidjan
Währung: 100 Centimes = 1 CFA-Franc (CFAF)
Amtssprache: Französisch
Sonstige Sprachen: Eingeborenen-Dialekte
Hauptreligionen: Islam 60 %, Naturreligionen 25 %, Christentum 12 %
Exporte: Kakao, Kaffee, Bauholz, Erdöl, Baumwolle, Bananen, Ananas, Palmöl

GHANA
Fläche: 238 539 km²
Einwohnerzahl: 17 763 000
Hauptstadt: Accra
Währung: 100 Pesewas = 1 Cedi (C)
Amtssprache: Englisch
Sonstige Sprachen: afrikanische Sprachen
Hauptreligionen: Naturreligionen 38 %, Islam 30 %, Christentum 24 %
Exporte: Kakao, Gold, Nutzholz, Thunfisch, Bauxit, Aluminium

TOGO
Fläche: 56 599 km²
Einwohnerzahl: 4 410 000
Hauptstadt: Lomé
Währung: 100 Centimes = 1 CFA-Franc (CFAF)
Amtssprache: Französisch
Sonstige Sprachen: Eingeborenen-Dialekte
Hauptreligionen: Naturreligionen 70 %, Christentum 20 %, Islam 10 %
Exporte: Phosphate, Baumwolle, Kakao, Kaffee

BENIN
Fläche: 112 621 km²
Einwohnerzahl: 5 523 000
Hauptstadt: Cotonou (de facto), Porto-Novo (offiziell)
Währung: 100 Centimes = 1 CFA-Franc (CFAF)
Amtssprache: Französisch
Sonstige Sprachen: Fon, Yoruba, Eingeborenen-Dialekte
Hauptreligionen: Naturreligionen 70 %, Islam 15 %, Christentum 15 %
Exporte: Baumwolle, Rohöl, Palmprodukte, Kakao

NIGERIA
Fläche: 923 773 km²
Einwohnerzahl: 101 232 000
Hauptstadt: Abuja
Währung: 100 Kobo = 1 Naira (N)
Amtssprache: Englisch
Sonstige Sprachen: Eingeborenen-Dialekte
Hauptreligionen: Islam 50 %, Christentum 40 %, Naturreligionen 10 %
Exporte: Öl, Kakao, Gummi

KAMERUN
Fläche: 475 501 km²
Einwohnerzahl: 13 521 000
Hauptstadt: Jaunde
Währung: 100 Centimes = 1 CFA-Franc (CFAF)
Amtssprachen: Englisch, Französisch
Sonstige Sprachen: afrikanische Sprachen
Hauptreligionen: Naturreligionen 51 %, Christentum 33 %, Islam 16 %
Exporte: Erdölprodukte, Nutzholz, Kakaobohnen, Aluminium, Kaffee, Baumwolle

ÄQUATORIAL-GUINEA
Fläche: 28 037 km²
Einwohnerzahl: 420 300
Hauptstadt: Malabo
Währung: 100 Centimes = 1 CFA-Franc (CFAF)
Amtssprache: Spanisch
Sonstige Sprachen: Pidgin-Englisch, Eingeborenen-Dialekte
Hauptreligion: Christentum 85 %
Exporte: Kaffee, Nutzholz, Kakao

ZENTRALAFRIKANISCHE REPUBLIK
Fläche: 622 374 km²
Einwohnerzahl: 3 210 000
Hauptstadt: Bangui
Währung: 100 Centimes = 1 CFA-Franc (CFAF)
Amtssprache: Französisch
Sonstige Sprachen: Sango, Arabisch, Hunsa, Suaheli
Hauptreligionen: Christentum 50 %, Naturreligionen 24 %, Islam 15 %
Exporte: Diamanten, Nutzholz, Baumwolle, Kaffee, Tabak

SÃO TOMÉ UND PRINCIPE
Fläche: 963 km²
Einwohnerzahl: 140 400
Hauptstadt: São Tomé
Währung: 100 Centimos = 1 Dobra (Db)
Amtssprache: Portugiesisch
Hauptreligion: Christentum 100 %
Exporte: Kakao, Kopra, Kaffee, Palmöl

GABUN
Fläche: 265 001 km²
Einwohnerzahl: 1 156 000
Hauptstadt: Libreville
Währung: 100 Centimes = 1 CFA-Franc (CFAF)
Amtssprache: Französisch
Sonstige Sprachen: afrikanische Sprachen
Hauptreligionen: Christentum 60 %, Animismus 40 %, Islam 1 %
Exporte: Rohöl, Nutzholz, Mangan, Uran

KONGO
Fläche: 342 002 km²
Einwohnerzahl: 2 505 000
Hauptstadt: Brazzaville
Währung: 100 Centimes = 1 CFA-Franc (CFAF)
Amtssprache: Französisch
Sonstige Sprachen: afrikanische Sprachen
Hauptreligionen: Christentum 50 %, Animismus 48 %, Islam 2 %
Exporte: Rohöl, Nutzholz, Zucker, Kakao, Kaffee, Diamanten

DEMOKRATISCHE REPUBLIK DES KONGO (ZAIRE)
Fläche: 2 344 872 km²
Einwohnerzahl: 44 061 000
Hauptstadt: Kinshasa
Währung: 100 Makuta = 1 Neuer Zaire (NZ)
Amtssprache: Französisch
Sonstige Sprachen: Lingala, Suaheli, Kingwana, Kikongo, Tschiluba

Hauptreligionen: Christentum 70 %, Kingbanguismus (EJCSK) 10 %, Islam 10 %
Exporte: Kupfer, Kaffee, Diamanten, Rohöl

UGANDA
Fläche: 236 037 km²
Einwohnerzahl: 19 573 000
Hauptstadt: Kampala
Währung: 100 Cents = 1 Uganda-Schilling (USh)
Amtssprache: Englisch
Sonstige Sprachen: Luganda, Suaheli, Bantu und andere Eingeborenen-Dialekte
Hauptreligionen: Christentum 66 %, Naturreligionen 18 %, Islam 16 %
Exporte: Kaffee, Baumwolle, Tee

KENIA
Fläche: 582 646 km²
Einwohnerzahl: 28 817 000
Hauptstadt: Nairobi
Währung: 100 Cents = 1 Kenia-Schilling (KSh)
Amtssprachen: Englisch, Suaheli
Sonstige Sprachen: Eingeborenen-Dialekte
Hauptreligionen: Christentum 66 %, Naturreligionen 26 %
Exporte: Tee, Kaffee, Erdölprodukte

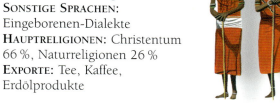

RUANDA
Fläche: 26 338 km²
Einwohnerzahl: 8 605 000
Hauptstadt: Kigali
Währung: 100 Centimes = 1 Ruanda-Franc (RF)
Amtssprachen: Kinyaruanda, Französisch
Sonstige Sprachen: Kiswaheli
Hauptreligionen: Christentum 74 %, Naturreligionen 25 %, Islam 1 %
Exporte: Kaffee, Tee, Mineralien

BURUNDI
Fläche: 27 866 km²
Einwohnerzahl: 6 262 000
Hauptstadt: Bujumbura
Währung: 100 Centimes = 1 Burundi-Franc (BF)
Amtssprachen: Kirundi, Französisch
Sonstige Sprachen: Suaheli
Hauptreligionen: Christentum 67 %, Naturreligionen 32 %, Islam 1 %
Exporte: Kaffee, Tee, Baumwolle, Häute und Felle

TANSANIA
Fläche: 945 091 km²
Einwohnerzahl: 28 701 000
Hauptstadt: Daressalam (Regierungssitz) Dodoma (offiziell)
Währung: 100 Cents = 1 Tansania-Schilling (TSh)

Länder-Lexikon

AMTSSPRACHEN: Suaheli, Englisch
HAUPTRELIGIONEN: Christentum 45 %, Islam 35 %, Naturreligionen 20 %
EXPORTE: Kaffee, Baumwolle, Tabak, Tee, Cashewnüsse, Sisal

ANGOLA
FLÄCHE: 1 246 699 km²
EINWOHNERZAHL: 10 070 000
HAUPTSTADT: Luanda
WÄHRUNG: 100 Lwei = 1 Kwanza (Kz)
AMTSSPRACHE: Portugiesisch
SONSTIGE SPRACHEN: Bantu und sonstige afrikanische Sprachen
HAUPTRELIGIONEN: Christentum 53 %, Naturreligionen 47 %
EXPORTE: Öl, Diamanten, Erdölprodukte, Gas, Kaffee, Sisal, Fisch und Fischprodukte, Nutzholz, Baumwolle

SAMBIA
FLÄCHE: 752 615 km²
EINWOHNERZAHL: 9 446 000
HAUPTSTADT: Lusaka
WÄHRUNG: 100 Ngwee = 1 Sambischer Kwacha (ZK)
AMTSSPRACHE: Englisch
SONSTIGE SPRACHEN: Eingeborenen-Dialekte
HAUPTRELIGIONEN: Christentum 75 %, Naturreligionen 23 %, Islam und Hinduismus 1 %
EXPORTE: Kupfer, Zink, Kobalt, Blei, Tabak

SIMBABWE
FLÄCHE: 390 624 km²
EINWOHNERZAHL: 11 140 000
HAUPTSTADT: Harare
WÄHRUNG: 100 Cents = 1 Simbabwe-Dollar (Z$)
AMTSSPRACHE: Englisch
SONSTIGE SPRACHEN: Eingeborenen-Dialekte
HAUPTRELIGIONEN: Synkretismus (teils Christentum, teils Naturreligionen) 50 %, Christentum 25 %, Naturreligionen 24 %
EXPORTE: Tabak, Fertigerzeugnisse, Gold, Textilien

MALAWI
FLÄCHE: 118 485 km²
EINWOHNERZAHL: 9 808 000
HAUPTSTADT: Lilongwe
WÄHRUNG: 100 Tambala = 1 Malawi-Kwacha (MK)
AMTSSPRACHEN: Englisch, Chichewa
SONSTIGE SPRACHEN: regionale Dialekte
HAUPTRELIGIONEN: Christentum 75 %, Islam 20 %, Naturreligionen 5 %
EXPORTE: Tabak, Tee, Zucker, Kaffee, Erdnüsse, Holzprodukte

MOSAMBIK
FLÄCHE: 771 421 km²
EINWOHNERZAHL: 18 115 000
HAUPTSTADT: Maputo
WÄHRUNG: 100 Centavos = 1 Metical (Mt)
AMTSSPRACHE: Portugiesisch
SONSTIGE SPRACHEN: Eingeborenen-Dialekte
HAUPTRELIGIONEN: Naturreligionen 60 %, Christentum 30 %, Islam 10 %
EXPORTE: Garnelen, Cashewnüsse, Baumwolle, Zucker, Kopra, Zitrusfrüchte

NAMIBIA
FLÄCHE: 824 451 km²
EINWOHNERZAHL: 1 652 000
HAUPTSTADT: Windhuk
WÄHRUNG: 100 Cents = 1 südafrikanischer Rand (R)
AMTSSPRACHE: Englisch
SONSTIGE SPRACHEN: Afrikaans, Deutsch, Eingeborenen-Dialekte
HAUPTRELIGION: Christentum 90 %
EXPORTE: Diamanten, Kupfer, Gold, Zink, Blei, Uran, Rinder, Fischkonserven

BOTSUANA
FLÄCHE: 569 582 km²
EINWOHNERZAHL: 1 392 000
HAUPTSTADT: Gaborone
WÄHRUNG: 100 Thebe = 1 Pula (P)
AMTSSPRACHE: Englisch
SONSTIGE SPRACHEN: Setsuana
HAUPTRELIGIONEN: Naturreligionen 50 %, Christentum 50 %
EXPORTE: Diamanten, Kupfer und Nickel, Fleisch

SÜDAFRIKA
FLÄCHE: 1 221 043 km²
EINWOHNERZAHL: 45 095 000
HAUPTSTADT: Bloemfontain (Gerichtsbarkeit), Kapstadt (Legislative), Pretoria (Verwaltung)
WÄHRUNG: 100 Cents = 1 Rand (R)
AMTSSPRACHEN: Afrikaans, Englisch, Xhosa, Zulu und sonstige Eingeborenen-Dialekte
HAUPTRELIGIONEN: Christentum 67 %, Hinduismus 1,3 %, Islam 1,1 %
EXPORTE: Gold, Diamanten und andere Mineralien und Metalle, Nahrungsmittel, Chemikalien

SWASILAND
FLÄCHE: 17 366 km²
EINWOHNERZAHL: 967 000
HAUPTSTADT: Mbabane
WÄHRUNG: 100 Cents = 1 Lilangeni (E)
AMTSSPRACHEN: Englisch, Swasi
HAUPTRELIGIONEN: Christentum 60 %, Naturreligionen 40 %
EXPORTE: Zucker, Zellstoff, Baumwolle, Asbest

LESOTHO
FLÄCHE: 30 344 km²
EINWOHNERZAHL: 1 993 000
HAUPTSTADT: Maseru
WÄHRUNG: 100 Licente = 1 Loti (L)
AMTSSPRACHEN: Englisch, Sesotho
SONSTIGE SPRACHEN: Zulu, Xhosa
HAUPTRELIGIONEN: Christentum 80 %, Naturreligionen 20 %
EXPORTE: Wolle, Mohair, Weizen, Rinder, Erbsen, Bohnen, Mais, Häute und Felle, Körbe

KOMOREN
FLÄCHE: 1 862 km²
EINWOHNERZAHL: 549 300
HAUPTSTADT: Moroni
WÄHRUNG: 100 Centimes = 1 Komoren-Franc (CF)
AMTSSPRACHEN: Arabisch, Französisch
SONSTIGE SPRACHEN: Komorisch
HAUPTRELIGIONEN: Islam 86 %, Christentum 14 %
EXPORTE: Vanille, Gewürznelken, Duftöle, Kopra

MADAGASKAR
FLÄCHE: 587 042 km²
EINWOHNERZAHL: 13 862 000
HAUPTSTADT: Antananarivo
WÄHRUNG: 100 Centimes = 1 Madagaskar-Franc (FMG)
AMTSSPRACHEN: Französisch, Malagasy
HAUPTRELIGIONEN: Naturreligionen 52 %, Christentum 41 %, Islam 7 %
EXPORTE: Kaffee, Vanille, Gewürznelken, Schalentiere, Zucker, Erdölprodukte

SEYCHELLEN
FLÄCHE: 277 km²
EINWOHNERZAHL: 72 700
HAUPTSTADT: Victoria
WÄHRUNG: 100 Cents = 1 Seychellen-Rupie (SR)
AMTSSPRACHEN: Englisch, Französisch
SONSTIGE SPRACHEN: Seychellen-Kreolisch
HAUPTRELIGION: Christentum 98 %
EXPORTE: Fisch, Zimt, Kopra, Erdölprodukte

MAURITIUS
FLÄCHE: 1 865 km²
EINWOHNERZAHL: 1 127 000
HAUPTSTADT: Port Louis
WÄHRUNG: 100 Cents = 1 Mauritius-Rupie (MauR)
AMTSSPRACHE: Englisch
SONSTIGE SPRACHEN: Mauretanisch-Kreolisch, Französisch, Hindi, Urdu, Hakka
HAUPTRELIGIONEN: Hinduismus 52 %, Christentum 26 %, Islam 17 %
EXPORTE: Textilien, Zucker, Fertigerzeugnisse

AUSTRALIEN UND OZEANIEN

AUSTRALIEN
FLÄCHE: 7 686 884 km²
EINWOHNERZAHL: 18 322 000
HAUPTSTADT: Canberra
WÄHRUNG: 100 Cents = 1 Australischer Dollar ($A)
AMTSSPRACHE: Englisch
SONSTIGE SPRACHEN: Aborigine-Sprachen
HAUPTRELIGION: Christentum 76 %
EXPORTE: Kohle, Gold, Fleisch, Wolle, Weizen, Maschinen- und Transportsysteme

PAPUA-NEUGUINEA
FLÄCHE: 461 693 km²
EINWOHNERZAHL: 4 295 000
HAUPTSTADT: Port Moresby
WÄHRUNG: 100 Toea = 1 Kina (K)
AMTSSPRACHEN: Englisch, Pidgin-Englisch, Hiri Motu
SONSTIGE SPRACHEN: Eingeborenen-Dialekte
HAUPTRELIGIONEN: Christentum 66 %, Naturreligionen 34 %
EXPORTE: Gold, Kupfererz, Öl, Bauholz, Palmöl, Kaffee, Kakao, Hummer

NEUSEELAND
FLÄCHE: 268 676 km²
EINWOHNERZAHL: 3 407 000
HAUPTSTADT: Wellington
WÄHRUNG: 100 Cents = 1 Neuseeländischer Dollar (NZ$)
AMTSSPRACHE: Englisch
SONSTIGE SPRACHEN: Maori
HAUPTRELIGION: Christentum 67 %
EXPORTE: Wolle, Schafprodukte, Rindfleisch, Fisch, Käse, Chemikalien, forstwirtschaftliche Produkte, Obst und Gemüse, Fertigerzeugnisse

SALOMONEN
FLÄCHE: 29 785 km²
EINWOHNERZAHL: 399 200
HAUPTSTADT: Honiara
WÄHRUNG: 100 Cents = 1 Salomonischer Dollar (SI$)
AMTSSPRACHE: Englisch
SONSTIGE SPRACHEN: melanesisches Pidgin
HAUPTRELIGIONEN: Christentum 96 %, Naturreligionen 4 %
EXPORTE: Fisch, Nutzholz, Palmöl, Kakao, Kopra

WESTSAMOA
FLÄCHE: 2 850 km²
EINWOHNERZAHL: 209 400
HAUPTSTADT: Apia
WÄHRUNG: 100 Sene = 1 Tala (WS$)
AMTSSPRACHEN: Samoa-Polynesisch, Englisch
HAUPTRELIGION: Christentum 99 %
EXPORTE: Kokosöl und -creme, Taro, Kopra, Kakao

VANUATU
FLÄCHE: 14 763 km²
EINWOHNERZAHL: 173 600
HAUPTSTADT: Port Vila
WÄHRUNG: 100 Centimes = 1 Vatu (VT)
AMTSSPRACHEN: Englisch, Französisch
SONSTIGE SPRACHEN: Bislama
HAUPTRELIGIONEN: Christentum 77 %, Naturreligionen 8 %
EXPORTE: Kopra, Rindfleisch, Kakao, Nutzholz, Kaffee

FIDSCHI
FLÄCHE: 18 272 km²
EINWOHNERZAHL: 772 900
HAUPTSTADT: Suva
WÄHRUNG: 100 Cents = 1 Fidschi-Dollar (F$)
AMTSSPRACHE: Englisch
SONSTIGE SPRACHEN: Fidschi, Hindustani
HAUPTRELIGIONEN: Christentum 52 %, Hinduismus 38 %, Islam 8 %
EXPORTE: Zucker, Bekleidung, Gold, Fischkonserven, Nutzholz

TONGA
FLÄCHE: 699 km²
EINWOHNERZAHL: 105 600
HAUPTSTADT: Nuku'alofa
WÄHRUNG: 100 Seniti = 1 Pa'anga (T$)
AMTSSPRACHEN: Tonga, Englisch
HAUPTRELIGION: Christentum 70 %
EXPORTE: Gemüsekürbis, Vanille, Fisch, Feldfrüchte, Kokosöl

KIRIBATI
FLÄCHE: 717 km²
EINWOHNERZAHL: 79 400
HAUPTSTADT: Bairiki (auf Tarawa)
WÄHRUNG: 100 Cents = 1 Australischer Dollar ($A)
AMTSSPRACHE: Englisch
SONSTIGE SPRACHEN: Sprache der Gilbert-Inseln
HAUPTRELIGION: Christentum 94 %
EXPORTE: Kopra, Seetang, Fisch

MARSHALL-INSELN
FLÄCHE: 181 km²
EINWOHNERZAHL: 56 200
HAUPTSTADT: Dalap-Uliga-Darrit (auf Majuro)
WÄHRUNG: 100 Cents = 1 US-Dollar (US$)
AMTSSPRACHE: Englisch
SONSTIGE SPRACHEN: Sprache der Marshall-Inseln, Japanisch
HAUPTRELIGION: Christentum 98 %
EXPORTE: Kokosöl, Fisch, Tiere, Kaffee

MIKRONESIEN
FLÄCHE: 689 km²
EINWOHNERZAHL: 123 000
HAUPTSTADT: Palikir
WÄHRUNG: 100 Cents = 1 US-Dollar (US$)
AMTSSPRACHE: Englisch
SONSTIGE SPRACHEN: Eingeborenen-Dialekte
HAUPTRELIGION: Christentum 97 %
EXPORTE: Fisch, Kopra, Bananen, schwarzer Pfeffer

NAURU
FLÄCHE: 22 km²
EINWOHNERZAHL: 10 150
HAUPTSTADT: Keine. Landesverwaltung im Yarendistrikt
WÄHRUNG: 100 Cents = 1 australischer Dollar ($A)
AMTSSPRACHE: Nauruanisch
SONSTIGE SPRACHEN: Englisch
HAUPTRELIGION: Christentum 100 %
EXPORTE: Phosphate

PALAU (BELAU)
FLÄCHE: 495 km²
EINWOHNERZAHL: 16 700
HAUPTSTADT: Koror
WÄHRUNG: 100 Cents = 1 US-Dollar (US$)
AMTSSPRACHE: Englisch
SONSTIGE SPRACHEN: Inselsprachen, Japanisch
HAUPTRELIGIONEN: Christentum 67 %, Modeknge-Religion 33 %
EXPORTE: Schalentiere, Thunfisch, Kopra, Kunsthandwerk

TUVALU
FLÄCHE: 23 km²
EINWOHNERZAHL: 10 000
HAUPTSTADT: Vaiaku (auf Funafuti)
WÄHRUNG: 100 Cents = 1 Tuvalu-Dollar ($T) oder 1 australischer Dollar ($A)
AMTSSPRACHEN: Tuvalu-Sprachen, Englisch
HAUPTRELIGION: Christentum 97 %
EXPORTE: Kopra

Abhängige Territorien

Die unten aufgeführten Nationen verwalten Gebiete, die außerhalb ihrer Landesgrenzen liegen. Solche Territorien bezeichnet man als Kolonien, Protektorate oder Schutzzonen. Während manche dem Mutterland direkt unterstehen, haben andere ihre eigenen Gesetze und Regierungen und erhalten lediglich militärischen Schutz und Finanzhilfen.

Vereinigte Staaten von Amerika (USA)

Amerikanisch-Samoa: Südpazifik; 197 km^2; Einwohnerzahl: 57 400
Guam: Westpazifik; 541 km^2; Einwohnerzahl: 153 400
Midway-Inseln: Zentralpazifik; 5 km^2; keine permanente Besiedlung
Nördliche Marianen: Nordpazifik; 477 km^2; Einwohnerzahl: 51 000
Puerto Rico: Karibik; 113 km^2; Einwohnerzahl: 3 813 000
Jungfern-Inseln (USA-Territorium): Karibik; 345 km^2; Einwohnerzahl: 97 250
Wake Island: Nordpazifik; 7,7 km^2; Einwohnerzahl: 300

Grossbritannien (Vereinigtes Königreich)

Anguilla: Karibik; 91 km^2; Einwohnerzahl: 7 100
Bermuda: Nordatlantik; 52 km^2; Einwohnerzahl: 61 700
British Indian Ocean Territory: Indischer Ozean; 60 km^2; keine permanente Besiedlung
Britische Jungferninseln: Karibik; 153 km^2; Einwohnerzahl: 13 000
Cayman-Inseln: Karibik; 306 km^2; Einwohnerzahl: 33 200
Falkland Islands and Dependencies (Süd-Georgien und die Süd-Sandwich-Inseln): Südatlantik; 16 240 km^2; Einwohnerzahl: 2 350
Gibraltar: Südspanien; 6 km^2; Einwohnerzahl: 31 900
Guernsey: Ärmelkanal; 78 km^2; Einwohnerzahl: 64 400
Isle of Man: Irische See; 572 km^2; Einwohnerzahl: 72 800
Jersey: Ärmelkanal; 116 km^2; Einwohnerzahl: 86 700
Montserrat: Karibik; 104 km^2; Einwohnerzahl: 12 700
Pitcairn-Inseln: Südpazifik; 47 km^2; Einwohnerzahl: 60
St. Helena and Dependencies (Ascension und Tristan de Cunha): Südatlantik; 308 km^2; Einwohnerzahl: 6 770
Turks- und Caicos-Inseln: Karibik; 430 km^2; Einwohnerzahl: 13 900

Portugal

Macau: chinesische Südküste; 16 km^2; Einwohnerzahl: 490 900

Frankreich

Französisch-Guayana: nördliches Südamerika; 90 976 km^2; Einwohnerzahl: 145 300
Französisch-Polynesien: Südpazifik; 3 266 km^2; Einwohnerzahl: 220 000
Guadeloupe: Karibik; 1 507 km^2; Einwohnerzahl: 408 800
Martinique: Karibik; 1 101 km^2; Einwohnerzahl: 394 800
Mayotte: Straße von Mosambik, Afrika; 373 km^2; Einwohnerzahl: 97 100
Neukaledonien: Südpazifik; 19 081 km^2; Einwohnerzahl: 184 600
Réunion: Indischer Ozean; 2 510 km^2; Einwohnerzahl: 666 000
St-Pierre und Miquelon: Nordatlantik; 241 km^2; Einwohnerzahl: 6 760
Wallis und Futuna-Inseln: Südpazifik; 275 km^2; Einwohnerzahl: 14 500

Niederlande

Aruba: Karibik; 179 km^2; Einwohnerzahl: 66 000
Niederländische Antillen: Karibik; 961 km^2; Einwohnerzahl: 203 500

Norwegen

Jan-Mayen-Insel: Nordatlantik; 373 km^2; keine permante Besiedlung
Svalbard: Arktisches Meer; 62 052 km^2; Einwohnerzahl: 2 910

Dänemark

Färöer-Inseln: Nordatlantik; 1 399 km^2; Einwohnerzahl: 48 500
Grönland: Nordatlantik; 2 175 000 km^2; Einwohnerzahl: 57 700

Australien

Christmas-Insel: Indischer Ozean; 135 km^2; Einwohnerzahl: 890
Kokos-(Keeling)Inseln: Indischer Ozean; 23 km^2; Einwohnerzahl: 600
Heard- und McDonald-Inseln: Indischer Ozean; 293 km^2; keine permante Besiedlung
Norfolk-Insel: Südpazifik; 34 km^2; Einwohnerzahl: 2 760

Neuseeland

Cook-Inseln: Südpazifik; 238 km^2; Einwohnerzahl: 19 300
Niue: Südpazifik; 259 km^2; Einwohnerzahl: 1 840
Tokelau: Südpazifik; 10 km^2; Einwohnerzahl: 1 500

Umstrittene Besitzverhältnisse

Gazastreifen (Palästina): Naher Osten; 378 km^2; von Israel und Palästina beansprucht, derzeit palästinensische Selbstverwaltung; Einwohnerzahl: 813 300
Kaschmir: Südasien; 138 992 km^2; von Indien und Pakistan beansprucht; Einwohnerzahl: 7 718 700
Türkische Republik Nordzypern: Mittelmeer; von Türkei und Griechenland beansprucht; 3 424 km^2; Einwohnerzahl: 135 400
West-Bank (Westjordanland): Naher Osten; von Israel und Palästina beansprucht, derzeit palästinensische Selbstverwaltung; 5 640 km^2; Einwohnerzahl: 1 320 000
Westsahara: Nordwestafrika; von Marokko und einer Separatistenbewegung beansprucht; 266 001 km^2; Einwohnerzahl: 217 250

Glossar

Abholzung ~ auch Abforstung oder Entwaldung genanntes Fällen von Nutzholz oder Roden von Waldgebieten zur Gewinnung von Ackerflächen oder Siedlungsraum.

Adaptation, Adaption ~ Anpassung von Organen oder Organismen an bestimmte Umweltbedingungen.

Agrarland ~ Gebiet, in dem die Landwirtschaft – d. h. Ackerbau und Viehhaltung – überwiegt.

Äquator ~ eine gedachte Linie, die den Erdball genau in der Mitte zwischen Nord- und Südpol umläuft und in eine Nord- und Südhalbkugel teilt. Siehe auch Hemisphäre

Archipel ~ größere Inselgruppe.

arides Klima ~ Trockenklima, bei dem die Verdunstung größer ist als der Niederschlag.

Atoll ~ eine ringförmige Insel, die sich nur wenige Meter über den Meeresspiegel erhebt und eine seichte Lagune einschließt. Ein Atoll entsteht in der Regel durch Korallen, die sich auf dem Gipfel eines untermeerischen Bergs ansiedeln und zu einem Riff heranwachsen.

■

Bai ~ im Deutschen meist als Bucht bezeichnete flache Einbiegung der Meeresküste.

Becken ~ größere Vertiefung der Erdoberfläche; runde Becken nennt man auch Kessel, längliche Wanne oder Graben.

bedrohte Arten ~ Tiere oder Pflanzen, die in nächster Zeit aussterben könnten.

Bewässerung ~ die künstliche Wasserzufuhr durch Gräben, Röhrensysteme, Pumpen oder Berieselungsanlagen. Auf diese Weise können ansonsten trockene Landstriche in Ackerland verwandelt werden.

Breitengrad ~ die in Graden gemessene Entfernung nördlich oder südlich des Äquators.

Busch ~ tropische und subtropische Dorn- und Trockensavanne mit dichtem Gewirr dorniger Sträucher und kleiner Bäume; auch Dorn- oder Trockenbusch genannt.

■

Canyon ~ tiefes, von einem Fluss in die Felswände eingegrabenes Engtal, besonders häufig in den Trockengebieten des westlichen Nordamerika.

■

Damm ~ hügel- oder wallähnliche Barriere zum Schutz gegen Über-
flutung oder zum Stauen eines Gewässers (wobei ein künstlicher Stausee als Wasserreservoir entsteht).

Delta ~ fächerförmige Strommündung aus abgelagertem Schlick und Sand, die sich immer weiter ins Meer hinausschiebt.

■

Ebene ~ Teil der Erdoberfläche mit geringen Höhenunterschieden. Je nach Lage oder Entstehung unterscheidet man Tief- und Hochebenen, Binnen- und Küstenebenen, Flussebenen, Abtragungs- und Aufschüttungsebenen.

Eingeborene ~ die Urbevölkerung einer Region oder eines Landes.

Einwanderer ~ Menschen, die ihre Heimat verlassen und sich auf Dauer in einem anderen Land ansiedeln; auch Immigranten genannt.

Eisberg ~ große, im Meer schwimmende Eismasse. Eisberge entstehen durch Abbrechen (Kalben) von Talgletschern oder Inlandeiskanten, die sich ins Meer vorschieben. Der unter Wasser liegende Teil des Eisbergs ist meist achtmal so groß wie der sichtbare Rest.

Eiskappe ~ eine Eis- und Schneedecke, die ein Gebiet ganzjährig bedeckt. Eiskappen gibt es in den Polargebieten und auf einigen hohen Berggipfeln.

Erdachse ~ eine gedachte Linie zwischen den beiden geografischen Polen der Erde, um die der Planet ständig rotiert.

Erdbeben ~ Erschütterungen des Untergrunds, ausgelöst durch plötzliche Bewegungen in der Erdkruste, häufig mit erheblichen Sachschäden und Menschenverlusten verbunden.

Erdkruste ~ die harte äußere Gesteinsschale der Erde, die unter den Kontinenten 60 bis 70 km, unter dem Meeresboden oft nur bis 6 km dick ist. Die Erdkruste besteht aus einzelnen Platten, die sich gegeneinander verschieben.

ethnische Gruppe ~ eine Gruppe von Menschen gleicher Herkunft, Kultur und Sprache, die nicht unbedingt politisch geeint, aber durch ein Gefühl der Zusammengehörigkeit verbunden ist; in der Regel eine kleinere Einheit als das Volk.

Evolution ~ ein Prozess der allmählichen Veränderung oder Weiterentwicklung, vor allem in Bezug auf Lebewesen.

Export ~ der Verkauf von Waren in andere Länder.

■

Feldfrüchte ~ auf dem Feld angebaute Kulturpflanzen. Es gibt Hackfrüchte, Getreide, Hülsenfrüchte, Futter-
pflanzen und Sonderkulturen wie Öl- und Faserpflanzen; Tabak, Baumwolle, Kakao und Kaffee werden ebenfalls zu den Feldfrüchten gezählt.

Fjord ~ durch Gletscher ausgeschürfte schmale und meist tiefe Bucht an felsigen Steilküsten, in die später das Meer eindrang.

Flussbecken ~ ein Gebiet, das von einem Fluss und seinen Nebenarmen entwässert wird.

Föderation ~ freiwilliger Zusammenschluss von Staaten oder Ländern.

Forstwirtschaft ~ die Nutzung und Bewirtschaftung der Wälder nach neuesten Erkenntnissen der Forstwissenschaft.

Fossil ~ Überrest von prähistorischen Tieren und Pflanzen, auch Petrefakt oder Versteinerung genannt. Fossilien findet man meist zwischen Gesteinsschichten.

fossile Brennstoffe ~ gasförmige, flüssige oder feste Brennstoffe tief unter der Erde, die sich aus den Überresten prähistorischer Pflanzen und Tiere gebildet haben. Die häufigsten fossilen Brennstoffe sind Kohle, Erdöl und Erdgas.

Fürstentum ~ ein Staat mit einem Fürsten oder einer Fürstin als Herrscher/in oder höchstem/r Repräsentanten/in.

■

gemäßigt ~ Bezeichnung für Klimazonen, in denen es keine extremen Hitze- oder Kälteperioden gibt. Auf der Erde liegen die meisten Gebiete mit gemäßigtem Klima zwischen den Tropen und den Polargebieten.

Geysir, Geiser ~ heiße Quelle, die Wasser- oder Dampffontänen ausstößt.

Gletscher ~ eine große Eismasse, die langsam an Hängen oder Tälern abwärts fließt und ständig durch Schneefälle in höheren Lagen ergänzt wird.

Golf ~ größere Meeresbucht.

Grasländer ~ weite, grasbewachsene Flächen, je nach Zusammensetzung und Lage als Savanne, Prärie oder Steppe bezeichnet.

Greenwich-Nullmeridian ~ eine gedachte Linie vom Nord- zum Südpol, die durch den englischen Ort Greenwich verläuft und den Längengrad Null (0°) markiert.

Grenze – Trennlinie zwischen zwei Staatsgebieten.

■

Halbinsel ~ ein ins Meer oder in einen See vorspringender Teil des Festlands, der größtenteils von Wasser umgeben ist.

Handel ~ der Kauf und Verkauf von Waren.

Hauptstadt ~ die Stadt, in der sich der Regierungssitz eines Landes
befindet. Manchmal hat ein Staat mehr als eine Hauptstadt, weil sich die Landesverwaltung auf verschiedene Städte verteilt.

Hemisphäre ~ eine Erdhalbkugel. Die Erde wird durch den Äquator in eine Süd- und eine Nordhemisphäre, durch den Greenwich-Nullmeridion und den 180°-Längenkreis in eine Ost- und eine Westhemisphäre geteilt.

High-Tech-Industrie ~ Industriezweige, in denen hochmoderne Elektronikgeräte wie Computer gefertigt werden.

Hydroelektrizität ~ durch Wasserkraft erzeugte Elektrizität.

■

immergrüne Gewächse ~ Laubgehölze, die im Winter ihre Blätter nicht abwerfen.

Insel ~ ein von Wasser umgebenes Stück Land, das kleiner als ein Kontinent ist.

■

Kanal ~ künstlicher, meist durch Ausheben eines Grabens oder einer tiefen Fahrrinne entstandener Wasserweg, der zur Be- und Entwässerung oder zur Verbindung von zwei Schifffahrtstraßen dient.

Kap ~ Landspitze, die in einen See oder ein Meer hinausragt.

Kartograf ~ Kartenhersteller.

Kartografie ~ die Wissenschaft von der Herstellung geografischer Karten.

Klima ~ das typische Wetter eines bestimmten Gebietes, das anhand von Durchschnittswerten über einen langen Zeitraum hinweg ermittelt wird. Die Erde lässt sich in eine Reihe von Klimazonen unterteilen.

Kompass ~ Instrument zum Ermitteln der Himmelsrichtungen, beim Magnetkompass mit Hilfe einer beweglichen Nadel, die sich auf das erdmagnetische Feld einstellt und deshalb stets nach Nord weist.

Koniferen ~ immergrüne Nadelhölzer, die ihre Samen in Zapfen bilden (Nacktsamer) und in der Regel dünne nadelförmige oder schuppige Blätter haben.

Königreich ~ ein Staat mit einem König oder einer Königin als Herrscher/in oder höchstem/r Repräsentanten/in.

Kontinent ~ eine der sieben großen Landmassen auf der Erde: Europa, Asien, Afrika, Nordamerika, Südamerika, Australien und Antarktis.

Korallen ~ die harten, kalkhaltigen Skelette von winzigen Korallenpolypen, die im Meer sogenannte Korallenbänke oder Atolls bilden.

Glossar

Kultur ~ die gemeinsame Tradition und Lebensweise einer größeren Volksgruppe.

Lagune ~ 1. durch einen Landstreifen (Nehrung) vom offenen Meer abgeschnittener, meist langgestreckter Brackwasserbereich; 2. die von Korallenriffen umgebene Wasserfläche im Innern eines Atolls.

ländlich ~ das Gegenteil von städtisch oder urban.

Landmasse ~ eine große, nicht von Wasser bedeckte Landfläche. Siehe auch Kontinent

Längengrad ~ die in Graden gemessene Entfernung östlich oder westlich des Greenwich-Nullmeridians; auch Meridian genannt.

Laubhölzer ~ Bäume und Sträucher, die im Gegensatz zu den Nadelhölzern jedes Jahr (meist im Herbst) ihr Laub abwerfen. Sie bleiben den Winter über kahl und bilden im Frühjahr neue Blätter.

Maßstab ~ auf Karten die Verhältnisangabe zwischen gezeichneter und tatsächlicher Entfernung.

Meerenge ~ schmale Wasserstraße zwischen zwei Landmassen; auch Meeresstraße, Enge oder Kanal genannt.

Meereshöhe ~ die Durchschnittshöhe des Meeresspiegels, die als Basis für die Höhenmessung verwendet wird.

Migration ~ Wanderbewegung von Menschen oder Tieren in einen neuen Lebensraum. Viele Tiere verlagern ihren Standort auf der Suche nach Futter oder auf der Flucht vor der Winterkälte.

Minerale, Mineralien ~ natürliche Bestandteile der Erdkruste, in der Regel feste, kristallisierte chemische Verbindungen nicht organischer Herkunft. Zu den bekanntesten Mineralen gehören Kreide, Ton sowie viele Metalle.

Nomaden ~ Familiengruppen oder Stämme, die keinen festen Wohnort haben, sondern ständig umherziehen, häufig auf der Suche nach Nahrung und Wasser für sich und ihre Tiere.

Nördlicher Polarkreis ~ Breitenkreis bei 66°33′ Nord, der die Grenze zur Nordpolarzone markiert. Nördlich dieser Linie herrscht im Mittsommer durchgehend Tag und im Mittwinter durchgehend Nacht.

Nordpol ~ siehe Pole.

Oase ~ eine Art Insel mit reichem Pflanzenwuchs in einer kargen Wüsten- oder Steppenlandschaft, meist an Stellen mit nahem Grundwasser, einer Quelle oder einem Flusslauf gelegen.

Ökosystem ~ eine Gemeinschaft von Pflanzen und Tieren, die in einer bestimmten Umgebung leben. Wird die Umgebung verändert, kann das Ökosystem gestört werden.

Plantage ~ Großbetrieb, der sich auf die Produkte bestimmter Bäume und Sträucher spezialisiert hat, z. B. Kautschuk, Pfirsiche, Orangen oder Kokosnüsse.

Plateau ~ jede Fläche auf Gebirgen oder Bergen, die nach allen Seiten hin abfällt; auch Hochebene oder Tafelland genannt.

Platten ~ riesige, starre Tafeln der Erdkruste, die auf dem flüssigen Erdmantel schwimmen.

Pole ~ die Endpunkte der Achse, um die sich ein Körper dreht. Bei der Erde unterscheiden wir Nordpol und Südpol. Die Region in unmittelbarer Nähe der beiden Pole bezeichnen wir als Polargebiete.

---

radioaktiv ~ Radioaktive Stoffe senden hochenergetische Teilchen in Form von unsichtbarer Strahlung aus. In der Natur kommen einige radioaktive Substanzen vor, z. B. Uran.

Regenwald ~ eine Form von dichter, meist niedriger Vegetation in Gebieten mit viel Niederschlag und besonders hoher Luftfeuchtigkeit.

Republik ~ ein Staat mit einem gewählten Vertreter, z. B. einem Präsidenten, an der Spitze.

Reservoir ~ künstlicher, meist durch einen Damm aufgestauter See.

Ressourcen ~ Rohstoffe und Energieträger, die sich in bestimmten Gebieten der Erde befinden und für die dortigen Bewohner einen Wirtschaftsfaktor darstellen. Es gibt Ressourcen, die nachwachsen oder sich erneuern, z. B. Bäume, Wasser, Wellen, und andere, die eines Tages verbraucht sein werden, z. B. Kohle und andere Mineralien.

Riff ~ eine Felsen-, Sand- oder Korallenerhebung, die nur selten (als Klippe) aus dem Wasser ragt.

Rohstoffe ~ Stoffe im Naturzustand pflanzlichen, tierischen oder mineralischen Ursprungs, die sich zu nützlichen Produkten verarbeiten lassen, z. B. Holz, Kohle oder Kaffeebohnen. Rohstoffe bezeichnet man auch als Ressourcen.

Saurer Regen ~ Regen, der sich mit den Schadenstoffen in der Atmosphäre zu einer Säure verbindet. Er kann zu einem Pflanzensterben führen und Gebäudeschäden verursachen.

Savanne ~ von einzelnen Bäumen und Sträuchern durchsetztes Grasland. Die meisten Savannen gibt es in Tropengebieten mit starken Sommerregen.

Schlucht ~ ein enges, tiefes Felsental.

Spezies ~ Tiere oder Pflanzen der gleichen Art.

Steppe ~ Grasland mit Sommertrockenheit und Winterkälte, das weite Teile Osteuropas und Zentralasiens bedeckt.

Straße ~ schmaler Wasserstreifen, der zwei größere Gewässer miteinander verbindet. Siehe auch Meerenge.

Südlicher Polarkreis ~ Breitenkreis bei 66°33′ Süd, der die Grenze zur Südpolarzone markiert. Südlich dieser Linie herrscht im Mittsommer durchgehend Tag und im Mittwinter durchgehend Nacht.

Südpol ~ siehe Pole.

Sumpfland, Marschland ~ Feuchtgebiet mit Vegetation, die der Nässe angepasst ist.

Tal ~ langgestreckte, nach einer Seite geöffnete Vertiefung im Gelände, fast immer von Wasserläufen ausgewaschen.

Technologie ~ der Einsatz von Wissenschaft und Technik zur Durchführung bestimmter Aufgaben oder Lösung bestimmter Probleme. Der Begriff wird zunehmend in der gleichen Bedeutung wie Technik benutzt.

Territorium ~ 1. allgemein größeres Gebiet; 2. Staatsgebiet; 3. in manchen Ländern dünn besiedeltes und schwach entwickeltes Teilgebiet.

Textilien ~ Sammelbegriff für gesponnene, gewirkte, gewebte oder gestrickte Faden- und Faserstoffe.

Tropen ~ die heißen, niederschlagsreichen Gebiete der Erde, die sich in Äquatornähe befinden. Sie liegen zwischen den Breitengraden 23°27′ Nord und Süd, die man als Wendekreise (des Krebses bzw. des Steinbocks) bezeichnet, weil hier die Sonne ihre scheinbare Bewegungsrichtung umkehrt.

Tundra ~ baumlose Zone mit niedrigen Temperaturen, geringem Niederschlag und Dauerfrostböden, deren Vegetation aus Moosen, Flechten und Zwergstrauchheide besteht. Die meisten Tundragebiete finden wir in der Nähe des Polarkreises sowie in großen Höhen.

Umwelt ~ die natürliche Umgebung einer Pflanzen- und Tiergemeinschaft, insbesondere hinsichtlich geografischer Lage, Klima und Bodenbeschaffenheit.

urban ~ städtisch, auf Stadtbesiedlung bezogen.

Vegetation ~ die für eine bestimmte Region typische Pflanzengemeinschaft.

Viehhaltung ~ Zucht und/oder Haltung von Tieren wie Rindern oder Schafen zur Gewinnung von Milchprodukten, Fleisch, Wolle, Häuten usw.

Vulkan ~ eine Stelle der Erdkruste, an der Magma und Gase aus dem Erdinnern austreten; im engeren Sinn ein Berg, der sich bei diesem Prozess bildet.

Währung ~ das in einem Land benutzte Zahlungsmittel.

Wald ~ vorwiegend von Bäumen und Sträuchern bedeckte Fläche; man unterscheidet zwischen Naturwald und Wirtschaftswald; außerdem je nach Klima- und Vegetationszone zwischen tropischen und subtropischen Regenwäldern, Mangrovenwäldern, Hochwäldern, Trockenwäldern, Hartlaubwäldern, sommergrünen Laubwäldern, Nadelwäldern und Mischwäldern.

Wendekreise (Tropici) ~ siehe Tropen.

Wüste ~ trockene Region mit geringen Niederschlägen und spärlicher, langen Dürreperioden angepasster Vegetation.

Zeitzonen ~ Gebiete, die entlang von 24 Längengraden (ausgehend vom Nullmeridian) die gleiche Zonenzeit haben. Allgemein kann man sagen, dass die Zeitzonen von West nach Ost jeweils um eine Stunde nach vorn verschoben sind.

Der grosse illustrierte Weltatlas

Register und Ortsverzeichnis

A

Abadan Iran 81 K5
Aberdeen Schottland, G.-B. 56 H7
Abidjan Elfenbeinküste 92 G9
Abu Dhabi Vereinigte Arabische Emirate 81 M7
Abuja Nigeria 92 I9
Acapulco Mexiko 46 F9
Accra Ghana 92 G9
Aconcagua (Berg) Argentinien 49 M7, 53 E10
Ad Dammam Saudi-Arabien 81 K6
Adamaoua-Hochland Kamerun 91 L5
Adana Türkei 78 C7
Adare, Kap, Antarktis 102 B8
Addis Abeba Äthiopien 93 O9
Adelaide South Australia, Australien 99 K9
Aden Jemen 81 J11
Aden, Golf von, Arabien/Ostafrika 75 J7, 81 K11, 91 Q5, 93 Q8
Adriatisches Meer Südeuropa 55 M7, 67 I10, 69 C9
Afghanistan 31 L5, 74 B9, 82, 112
Afrika (Kontinent) 29, 90–95, 114–117
Ägäisches Meer Griechenland/Türkei 55 N7, 69 H12
Agra Indien 82 E8
Ägypten 31 K5, 90 D8, 93, 114
Ahaggar (Hoggar) Algerien 91 L3, 92 H6
Ahmedabad Indien 83 D9
Ajaccio Korsika, Frankreich 61 O11
Akita Japan 88 H6
Aktjubinsk Kasachstan 79 I5
Akureyri Island 72 B5
Alabama (Fluss) Alabama USA 41 L6
Alabama (Staat) USA 41
Åland-Inseln Finnland 73 G12
Alaska (Staat) USA 30 E3, 32 B8, 34
Alaska, Golf von, Alaska, USA 28 E4, 33 J4, 34 E7
Alaskakette Alaska, USA 34 E6
Albanien 31 K5, 54 D10, 69, 108
Albany (Fluss) Ontario, Kanada 36 G5
Albany Georgia, USA 41 M6
Albany New York, USA 39 K5
Albany Western Australia, Australien 98 F8
Alberta (Provinz) Kanada 35
Ålborg Dänemark 73 C14
Albuquerque New Mexico, USA 45 L8
Alcántara-Stausee Spanien 58 I5
Aleppo Syrien 80 G2
Alëuten Alaska, USA 28 D4, 29 Q4, 33 J3, 34 A6
Alëutengraben Pazifischer Ozean 29 P4
Alexandria Ägypten 93 M5
Alexandroupolis Griechenland 69 I11
Algarve Portugal 58 G8
Algeciras Spanien 59 I9
Algerien 31 J5, 90 B8, 92–93, 114
Algier Algerien 92 I3
Alicante Spanien 59 M7
Alice Springs Northern Territory, Australien 99 J5
Alkmaar Niederlande 62 F7
Almaty (Alma Ata) Kasachstan 79 M9
Almeria Spanien 59 L8
Alpen (Gebirge) Zentraleuropa 29 J4, 61 M7, 65 E14, 66 C6
Altai (Gebirge) Asien 75 M4, 87 I2
Altun Shan (Gebirge) China 86 H5
Amami-Inseln Japan 88 B6
Amarillo Texas, USA 40 F4
Amazonas (Fluss) Brasilien 28 H7, 49 N4, 51 L4
Amazonasbecken Brasilien 28 H7, 49 N4, 51 L4
Amazonasdelta Brasilien 49 O4, 51 M4
Ambartschik Russland 103 N3
Ambon Indonesien 85 N9
Ambrim (Insel) Vanuatu 101 J6
Amerika, Vereinigte Staaten von *siehe* Vereinigte Staaten von Amerika
Ameland (Insel) Niederlande 62 I4
Amerikanisch-Samoa (Inselgruppe) Polynesien 31 Q7, 96 E9, 119
Amiens Frankreich 61 J2
Amman Jordanien 80 G4
Amritsar Indien 82 E7
Amsterdam Niederlande 62 G7
Amsterdam-Insel Indischer Ozean 29 M8, 31 M8
Amu Dar'ya Zentralasien 79 J10
Amundsensee Pazifischer Ozean, Antarktis 102 C6
Amur (Fluss) China/Russland 29 O4, 75 O4, 77 M9, 87 N1
Anchorage Alaska, USA 34 E6
Ancona Italien 66 G9
Andamanen Indien 29 M6, 31 M6, 75 L7, 83 J13
Andamanisches Meer Indischer Ozean 84 F5
Anden (Gebirge) Südamerika 28 G7, 28 H8, 49 L4, 50 G3, 50 G6, 52 F7, 53 E12
Andorra 31 J5, 54 C10, 59, 107
Andorra la Vella Andorra 59 O7
Andros (Insel) Griechenland 69 H13
Aneto, Pico de (Berg) Spanien 59 N2
Angara (Fluss) Russland 29 N4, 75 M4 77 I8
Anglesey (Insel) Wales, G.-B. 57 F12
Angola 31 K7, 90 C10, 94 I17
Anguilla (Insel) Karibisches Meer 30 H6, 32 G10, 47 O6, 119
Ankara Türkei 78 C6
Annapolis Maryland, USA 39 I8
Annapurna (Berg) Nepal 75 L6, 82 G7
Antalya Türkei 78 B6
Antananarivo Madagaskar 95 O7
Antarktis (Kontinent) 28–29, 102
Antarktische Halbinsel Antarktis 28 H11, 102 F5
Anticosti Quebec, Kanada 37 M8
Antigua und Barbuda 30 H6, 32 G10, 47 I05
Antillen (Inselgruppe) Karibisches Meer 28 G6, 33 O8
Antillen, Niederländische *siehe* Niederländische Antillen
Antofagasta Chile 52 D7
Antwerpen Belgien 63 F11
Aoba (Insel) Vanuatu 101 K5
Aomori Japan 88 H5
Apeldoorn Niederlande 62 I8
Apenninen (Gebirge) Italien 55 M7, 66 F8
Apia West-Samoa 101 N2
Appalachen (Gebirge) USA 28 G5, 33 O7, 38 H9, 41 M4
Appleton Wisconsin USA 43 L5
Aqtau Kasachstan 78 G7
Äquator 9
Äquatorial-Guinea 31 K6, 90 C9, 93, 116
Arabische Halbinsel Südwestasien 29 L6, 75 I6
Arabisches Meer Arabien/Indien 29 L6, 75 J7, 81 N9, 83 A9
Arad Rumänien 68 F6
Arafurasee Australien/Indonesien 85 P10, 97 J8, 99 J1
Araks (Fluss) Asien 81 J1
Aralsee Kasachstan/Usbekistan 29 L5, 75 K4, 79 I7
Ararat (Berg) Türkei 75 J4, 78 E7
Archangelsk Russland 76 E6
Ardennen Belgien 63 G13
Arequipa Peru 50 H7
Arezzo Italien 66 F8
Argentinien 30 H8, 48 C10, 52–53, 106
Argentinisches Becken Atlantischer Ozean 28 H9
Århus Dänemark 73 C15
Arica Chile 52 D5
Arizona (Staat) USA 45
Arkansas (Fluss) USA 41 I5, 42 H9, 45 M7
Arkansas (Staat) USA 41
Armenien 31 L5, 74 B9, 78, 110
Arnhemland Northern Territory, Australien 99 J2
Arnhem Niederlande 62 I8
Arno (Fluss) Italien 66 E8
Aru (Inselgruppe) Indonesien 85 O10
Aruba (Insel) Karibisches Meer 47 N9, 119
Asahikawa Japan 88 I3
Ascension (Insel) Atlantischer Ozean 29 J7, 31 J7, 90 B10, 91 K7, 119
Aschchabad Turkmenistan 78 H10
Aserbaidschan 31 L5, 74 B9, 78, 110
Asien (Kontinent) 29, 74–89, 110–113
Asir (Provinz) Saudi-Arabien 80 I9
Asmara Eritrea 93 O8
Asowsches Meer Russland/Ukraine 71 O10
Assalsee Dschibuti 91 O5
Assuan Ägypten 93 N6
Astrachan Russland 76 C10
Asunción Paraguay 52 H7
Atacama (Wüste) Chile 49 M6, 52 E7
Athabascasee Alberta/Saskatchewan, Kanada 35 K8
Athen Griechenland 69 G13
Äthiopien, Hochland von 91 O5, 93 O8
Äthiopien 31 L6, 90 D9, 93, 115
Atlanta Georgia, USA 41 M5
Atlantic City New Jersey, USA 39 J8
Atlantischer Ozean 24, 30–31, 33, 37, 41, 47, 49, 51, 53, 58, 60, 72, 91, 92, 94, 102
Atlantisch-Indischer Rücken Indischer Ozean 29 L9
Atlantische Küstenebene USA 41 N6
Atlasgebirge Marokko 29 J5, 91 K3
Ätna (Vulkan) Sizilien, Italien 55 M8, 67 G16
Atyrau Kasachstan 78 H6
Auckland Neuseeland 100 G3
Auckland-Inseln Neuseeland 29 P9, 31 P9
Augsburg Deutschland 65 F13
Augusta Maine, USA 39 M4
Austin Texas, USA 40 G7
Australian Capital Territory Australien 99 N9
Australien 29 O8, 31 O8, 96 B10, 96–99, 97 J9, 118
Avignon Frankreich 61 L9
Azoren (Inselgruppe) Atlantischer Ozean 29 I5, 31 I5, 58

B

Baarle-Hertog (belgische Enklave) Niederlande 63 H10
Bacolod Philippinen 85 L5
Badajoz Spanien 58 H6
Baffin-Insel Northwest Territories, Kanada 28 G2, 33 N3, 35 O5, 103 K6
Baffinbai Kanada/Grönland 28 H2, 33 N2, 35 O4, 103 K7
Bagdad Irak 81 I3
Baguio Philippinen 85 L4
Bahamas 28 H5, 30 H5, 32 E10, 33 P8, 47, 105
Bahia Blanca Argentinien 49 M8, 53 G12
Bahrain 31 L5, 74 B10, 81, 111
Baikalsee Russland 29 N4, 75 N4, 77 J10
Baku Aserbaidschan 78 F8
Balbi (Berg) Papua-Neuguinea 97 L8
Balchaschsee Kasachstan 29 M4, 75 L4, 79 M8
Balearen Spanien 55 L7, 59 O5
Bali Indonesien 85 J10
Balikpapan Indonesien 85 K8
Balkan (Halbinsel) Südosteuropa 55 N7, 68 H9, 68–69
Balkan (Gebirge) Südosteuropa 68 H9
Ballarat Victoria, Australien 99 L9
Balleny-Inseln Pazifischer Ozean, Antarktis 102 A8
Baltimore Maryland, USA 39 I8
Bamako Mali 92 F8
Banda Seri Begawan Brunei 85 J7
Bandasee Südwestasien 85 M10
Bangalore Indien 83 E13
Bangkok Thailand 84 G5
Bangladesch 31 M5, 74 C10, 83, 112
Bangor Irland 57 E10
Bangui Zentralafrikanische Republik 93 K10
Banja Luka Bosnien-Herzegowina 68 C7
Banjarmasin Indonesien 85 J9
Banjul Gambia 92 D8
Banks-Insel Northwest Territories, Kanada 33 M2, 35 J4, 103 K4
Banks-Inseln Vanuatu 101 K5
Bantry Irland 57 B13
Baotou China 87 L5
Barbados 30 H6, 32 G11, 47, 105
Barbuda *siehe* Antigua und Barbuda
Barcelona Spanien 59 O3
Barentssee Nordpolarmeer 29 K3, 55 N4, 72 I4, 75 L2, 76 F5, 103 O8
Bari Italien 67 J12
Barranquilla Kolumbien 50 G1
Barrow Alaska, USA 103 L3
Basel Schweiz 65 C14
Basra Irak 81 K4
Bass-Straße Australien 99 M10
Bath England, G.-B. 57 H14
Baton Rouge Louisiana, USA 41 J7
Bay City Michigan, USA 43 N5
Bayerischer Wald Deutschland 65 G12
Beaufortsee Nordpolarmeer 33 L2, 34 H4, 103 K4
Beijing China 87 M5
Beira Mosambik 95 L7
Beirut Libanon 80 G3
Belcher-Inseln Kanada 36 I4
Belém Brasilien 51 M4
Belfast Irland 57 E10
Belgien 31 J4, 54 C10, 63, 107
Belgrad Jugoslawien 68 E7
Belgrano II (Forschungsstation) Antarktis 102 F6
Belize 30 G6, 32 D11, 46, 104
Belize City Belize 46 I8
Bellingshausensee Pazifischer Ozean, Antarktis 102 D5
Belmopan Belize 46 I9
Belo Horizonte Brasilien 51 N8
Ben Nevis (Berg) Schottland, G.-B. 56 E7
Bengalen, Golf von Indien/Südostasien 29 M6, 75 L7, 83 H11, 84 E3
Bengasi Libyen 93 H6
Benguela Angola 94 G6
Benin 31 J6, 90 B9, 92, 116
Benue (Fluss) Kamerun/Nigeria 91 M5
Berbera Somalia 93 P9
Bergen Norwegen 73 A11
Beringmeer Pazifischer Ozean 29 P4, 33 J3, 75 P2, 77 O4
Beringstraße Nordpolarmeer/Pazifischer Ozean 29 Q3, 34 D4, 77 N2, 103 L2
Berlin Deutschland 64 H8
Bermuda (Inseln) Atlantischer Ozean 28 H5, 30 H5, 32 E10, 33 Q7, 119
Bern Schweiz 65 C14
Besançon Frankreich 61 M5
Bevölkerung 22–23
Bhopal Indien 83 E10
Bhubaneshwar Indien 83 H11
Bhutan 31 M5, 74 C10, 82, 112
Biarritz Frankreich 60 G9
Bilbao Spanien 59 K2
Billings Montana, USA 45 K3
Bioko (Insel) Äquatorial-Guinea 91 L6, 93 I10
Birmingham England, G.-B. 57 H12
Birmingham Tennessee, USA 41 L5
Biscaya, Golf von, Spanien 55 L6, 59 J1, 60 F8
Bischkek Kirgistan 79 M9
Bismarck North Dakota, USA 42 F3
Bismarck-Archipel (Inselgruppe) Papua-Neuguinea 98 B8
Bismarcksee Papua-Neuguinea 98 B8
Bissau Guinea-Bissau 92 E8
Bitola Makedonien 69 F5
Blackpool England, G.-B. 57 G11
Blauer Nil (Fluss) Äthiopien/Sudan 91 O5, 93 N8
Bloemfontein Südafrika 95 J10
Bodø Norwegen 72 E7
Bogotá Kolumbien 50 G3
Böhmerwald Tschechische Republik 70 E8
Boise Idaho, USA 44 H4
Bolivien 30 H7, 48 C9, 52, 106
Bologna Italien 66 F7
Bombay Indien 83 D11
Bonete (Berg) Argentinien 49 M7
Bonn Deutschland 65 C10
Bora-Bora (Insel) Französisch-Polynesien 101 M9
Borås Schweden 73 D13
Bordeaux Frankreich 60 H8
Borneo (Insel) Südostasien 29 N7, 75 O8, 85 J8
Bornholm (Insel) Dänemark 73 E15
Bosna (Fluss) Bosnien-Herzegowina 68 D7
Bosnien-Herzegowina 31 K4, 54 D10, 68, 108
Bosporus (Meerenge) Türkei 78 B4
Boston Massachusetts, USA 39 L5
Botsuana 31 K8, 90 C11, 94–95, 117
Bottnischer Meerbusen Finnland/Schweden 55 N5, 73 F10
Bougainville (Insel) Papua-Neuguinea 98 D9
Boulder Colorado, USA 45 L6
Boulogne Frankreich 61 J1
Bourges Frankreich 61 J5
Bouvet-Insel Atlantischer Ozean 29 J9, 31 J9
Bozen Italien 66 G5
Brahmaputra (Fluss) China/Indien 82 I8
Brasília Brasilien 51 M7
Brasilianisches Bergland (Gebirge) Brasilien 28 H7, 49 O5, 51 M6
Branco (Fluss) Brasilien 49 M6
Brasilien 30 H7, 48 D8, 51, 106
Brasov Rumänien 68 I7
Bratislava Slowakei 70 G9
Bratsk Russland 77 J9
Braunschweig Deutschland 64 F8
Brazos (Fluss) Texas, USA 40 G6
Brazzaville Kongo 94 G3
Breda Niederlande 63 F10
Breitengrad 9
Bremen Deutschland 64 D7
Brenner Österreich/Italien 65 F15
Brescia Italien 66 E6
Breslau Polen 70 G7
Brest Frankreich 60 E4
Brighton England, G.-B. 57 I14
Brindisi Italien 67 J13
Brisbane Queensland, Australien 99 O7
Bristol England, G.-B. 57 G14
Britische Inseln Westeuropa 29 J4, 55 L6, 56–57
Britische Jungferninseln Karibisches Meer 32 F10, 47 O7, 119
British Columbia (Provinz) Kanada 34
British Indian Ocean Territory Indischer Ozean 31 M7, 119
Broken Hill New South Wales, Australien 99 L8
Bromberg Polen 70 G5
Brookskette (Gebirge) Alaska, USA 28 E2, 33 K2, 34 F4
Broome Western Australia, Australien 98 G4
Brownsville Texas, USA 40 G10
Brügge Belgien 63 C11
Brunei 31 N6, 74 D11, 85, 113
Brünn (Brno) Tschechische Republik 70 F8
Brüssel Belgien 63 F12
Bucaramanga Kolumbien 50 G2
Buchara Usbekistan 79 J10
Budapest Ungarn 70 G9
Buenos Aires Argentinien 53 H10
Buffalo New York, USA 38 H5
Bujumbura Burundi 95 K3
Bukarest Rumänien 68 I8
Bulawayo Simbabwe 95 J7
Bulgarien 31 K5, 54 D10, 68–69, 108
Bunbury Western Australia, Australien 98 F9
Burgas Bulgarien 69 J9
Burkina Faso 31 J6, 90 B9, 92, 114
Burma *siehe* Myanmar (Birma)
Bursa Türkei 78 B5
Buru (Insel) Indonesien 85 M9
Burundi 31 K7, 90 D10, 95, 116
Byrd (Forschungszentrum) Antarktis 102 D7
Bydgoszcz *siehe* Bromberg

C

Cabina Angola 94 G4
Cádiz Spanien 58 I9
Cádiz, Golf von, Spanien 58 H9
Cagliari Sardinien, Italien 67 B12
Caicos-Inseln *siehe* Turks- und Caicos-Inseln
Cairo Illinois, USA 43 L9
Calais Frankreich 61 J1
Calgary Alberta, Kanada 35 J10
Cali Kolumbien 50 G3
Cambridge England, G.-B. 57 J13
Campbell-Insel Neuseeland 31 P9
Campeche, Bucht von, Mexiko 33 N9, 46 G8
Canberra Australian Capital Territory, Australien 99 N9
Canea Kreta, Griechenland 69 H15
Cannes Frankreich 61 N9
Capri (Insel) Italien 67 G12
Caracas Venezuela 50 I1
Cardiff Wales, G.-B. 57 G14
Carlisle England, G.-B. 57 G9
Carlow Irland 57 D12
Carolina, North (Staat) USA *siehe* North Carolina
Carolina, South (Staat) USA *siehe* South Carolina
Carpentariagolf Northern Territory/Queensland, Australien 99 K
Carrantuohill (Berg) Irland 57 A13
Carson City Nevada, USA 44 G6
Cartagena Kolumbien 50 G2
Cartagena Spanien 59 M8
Casablanca Marokko 92 G4
Casey (Forschungszenrum) Antarktis 10 D10
Casper Wyoming, USA 45 L4
Cayenne Französisch-Guyana 51 L3
Cayman-Inseln Karibisches Meer 47 J8, 119
Cebu Philippinen 85 L5
Cedar City Utah, USA 45 I7

AKTUELL-AKTUELL-AKTUELL-AKTUELL-AKTUELL
Der große illustrierte Weltatlas

Jahr für Jahr bewirken Neuerungen und Bevölkerungswachstum, dass sich für alle Staaten der Erde bestimmte Zahlen und Fakten ändern. Damit ihr auf dem neuesten Stand seid, sind auf diesem Beiblatt die aktuellen Einwohnerzahlen aller Staaten der Erde aufgeführt. Auch Änderungen der Währung und der Landesflaggen wurden berücksichtigt. Anschließend findet ihr zusätzlich aktualisierte Fakten zu einzelnen Seiten im Weltatlas.

AFGHANISTAN
Einwohnerzahl: 27 755 775
Aktuelle Flagge:

ÄGYPTEN
Einwohnerzahl: 70 712 345

ALBANIEN
Einwohnerzahl: 3 544 841

ALGERIEN
Einwohnerzahl: 32 277 942

ANDORRA
Einwohnerzahl: 68 403
Aktuelle Währung: 100 Cent = 1 Euro (€)

ANGOLA
Einwohnerzahl: 10 593 171

ANTIGUA UND BARBUDA
Einwohnerzahl: 67 448

ÄQUATORIAL-GUINEA
Einwohnerzahl: 498 144

ARGENTINIEN
Einwohnerzahl: 37 812 817

ARMENIEN
Einwohnerzahl: 3 330 099

ASERBAIDSCHAN
Einwohnerzahl: 7 798 497

ÄTHIOPIEN
Einwohnerzahl: 67 673 031

AUSTRALIEN
Einwohnerzahl: 19 546 792

BAHAMAS
Einwohnerzahl: 300 529

BAHRAIN
Einwohnerzahl: 656 397

BANGLADESCH
Einwohnerzahl: 133 376 684

BARBADOS
Einwohnerzahl: 276 607

BELGIEN
Einwohnerzahl: 10 274 595
Aktuelle Währung: 100 Cent = 1 Euro (€)

BELIZE
Einwohnerzahl: 262 999

BENIN
Einwohnerzahl: 6 787 625

BHUTAN
Einwohnerzahl: 2 094 176

BOLIVIEN
Einwohnerzahl: 8 445 134

BOSNIEN UND HERZEGOWINA
Einwohnerzahl: 3 964 388
Aktuelle Flagge:

BOTSUANA
Einwohnerzahl: 1 591 232

BRASILIEN
Einwohnerzahl: 176 029 560

BRUNEI
Einwohnerzahl: 350 898

BULGARIEN
Einwohnerzahl: 7 621 337

BURKINA FASO
Einwohnerzahl: 12 603 185

BURUNDI
Einwohnerzahl: 6 373 002

CHILE
Einwohnerzahl: 15 498 930

CHINA
Einwohnerzahl: 1 284 303 705

COSTA RICA
Einwohnerzahl: 3 834 934

CÔTE D'IVOIRE (ELFENBEINKÜSTE)
Einwohnerzahl: 16 804 784

DÄNEMARK
Einwohnerzahl: 5 368 854

DEMOKRATISCHE REPUBLIK DES KONGO (ZAIRE)
Einwohnerzahl: 55 225 478

DEUTSCHLAND
Einwohnerzahl: 83 251 851
Aktuelle Währung: 100 Cent = 1 Euro (€)

DOMINICA
Einwohnerzahl: 70 158

DOMINIKANISCHE REPUBLIK
Einwohnerzahl: 8 721 594

DSCHIBUTI
Einwohnerzahl: 472 810

ECUADOR
Einwohnerzahl: 13 447 494

EL SALVADOR
Einwohnerzahl: 6 353 681

ERITREA
Einwohnerzahl: 4 465 651

ESTLAND
Einwohnerzahl: 1 415 681

FIDSCHI
Einwohnerzahl: 856 346

FINNLAND
Einwohnerzahl: 5 183 545
Aktuelle Währung: 100 Cent = 1 Euro (€)

FRANKREICH
Einwohnerzahl: 59 765 983
Aktuelle Währung: 100 Cent = 1 Euro (€)

GABUN
Einwohnerzahl: 1 233 353

GAMBIA
Einwohnerzahl: 1 455 842

GEORGIEN
Einwohnerzahl: 4 960 951

GHANA
Einwohnerzahl: 20 244 154

GRENADA
Einwohnerzahl: 89 211

GRIECHENLAND
Einwohnerzahl: 10 645 343
Aktuelle Währung: 100 Cent = 1 Euro (€)

GROSSBRITANNIEN
Einwohnerzahl: 58 836 700

GUATEMALA
Einwohnerzahl: 13 314 079

GUINEA
Einwohnerzahl: 7 775 065

GUINEA-BISSAU
Einwohnerzahl: 1 345 479

GUYANA
Einwohnerzahl: 698 209

HAITI
Einwohnerzahl: 7 063 722

HONDURAS
Einwohnerzahl: 6 560 608

INDIEN
Einwohnerzahl: 1 045 845 226

INDONESIEN
Einwohnerzahl: 216 109 000

IRAK
Einwohnerzahl: 24 001 816

IRAN
Einwohnerzahl: 66 622 704

IRLAND
Einwohnerzahl: 3 883 159
Aktuelle Währung: 100 Cent = 1 Euro (€)

ISLAND
Einwohnerzahl: 279 384

ISRAEL
Einwohnerzahl: 6 029 529

ITALIEN
Einwohnerzahl: 57 715 625
Aktuelle Währung: 100 Cent = 1 Euro (€)

JAMAIKA
Einwohnerzahl: 2 680 029

JAPAN
Einwohnerzahl: 126 974 628

JEMEN
Einwohnerzahl: 18 701 257

JORDANIEN
Einwohnerzahl: 5 307 470

KAMBODSCHA
Einwohnerzahl: 12 775 324

KAMERUN
Einwohnerzahl: 16 184 748

KANADA
Einwohnerzahl: 31 902 268

ALBERTA
Einwohnerzahl: 3 064 200

BRITISH COLUMBIA
Einwohnerzahl: 4 095 900

MANITOBA
Einwohnerzahl: 1 150 000

NEW BRUNSWICK
Einwohnerzahl: 757 100

NEWFOUNDLAND
Einwohnerzahl: 533 800

NORTHWEST TERRITORIES
Einwohnerzahl: 40 900

NOVA SCOTIA
Einwohnerzahl: 942 700

NUNAVUT TERRITORY
Einwohnerzahl: 28 200

ONTARIO
Einwohnerzahl: 11 874 400

PRINCE EDWARD ISLAND
Einwohnerzahl: 138 500

QUEBEC
Einwohnerzahl: 7 410 500

SASKATCHEWAN
Einwohnerzahl: 1 015 800

YUKON TERRITORY
Einwohnerzahl: 29 900

KAP VERDE
Einwohnerzahl: 408 760

KASACHSTAN
Einwohnerzahl: 16 741 519

KATAR
Einwohnerzahl: 793 341

KENIA
Einwohnerzahl: 31 138 735

KIRGISTAN
Einwohnerzahl: 4 822 166

KIRIBATI
Einwohnerzahl: 96 335

KOLUMBIEN
Einwohnerzahl: 41 008 227

KOMOREN
Einwohnerzahl: 614 382
Aktuelle Flagge:

KONGO
Einwohnerzahl: 2 958 448

KROATIEN
Einwohnerzahl: 4 390 751

KUBA
Einwohnerzahl: 11 224 321

KUWAIT
Einwohnerzahl: 2 111 561

LAOS
Einwohnerzahl: 5 777 180

LESOTHO
Einwohnerzahl: 2 207 954

LETTLAND
Einwohnerzahl: 2 366 515

LIBANON
Einwohnerzahl: 3 677 780

LIBERIA
Einwohnerzahl: 3 288 198

LIBYEN
Einwohnerzahl: 5 368 585

LIECHTENSTEIN
Einwohnerzahl: 32 842

LITAUEN
Einwohnerzahl: 3 601 138

LUXEMBURG
Einwohnerzahl: 429 100
Aktuelle Währung: 100 Cent = 1 Euro (€)

MADAGASKAR
Einwohnerzahl: 16 473 477

MAKEDONIEN
Einwohnerzahl: 2 054 800

MALAWI
Einwohnerzahl: 10 701 824

MALAYSIA
Einwohnerzahl: 22 662 365

MALEDIVEN
Einwohnerzahl: 320 165

MALI
Einwohnerzahl: 11 340 480

MALTA
Einwohnerzahl: 397 499

MAROKKO
Einwohnerzahl: 31 167 783

MARSHALL-INSELN
Einwohnerzahl: 73 630

MAURETANIEN
Einwohnerzahl: 2 828 858

MAURITIUS
Einwohnerzahl: 1 200 206

MEXIKO
Einwohnerzahl: 103 400 165

MIKRONESIEN
Einwohnerzahl: 135 869

MOLDAWIEN
Einwohnerzahl: 4 434 547

MONACO
Einwohnerzahl: 31 987
Aktuelle Währung: 100 Cent = 1 Euro (€)

MONGOLEI
Einwohnerzahl: 2 694 432

MOSAMBIK
Einwohnerzahl: 19 607 519

MYANMAR (BIRMA)
Einwohnerzahl: 42 238 224

NAMIBIA
Einwohnerzahl: 1 820 916

NAURU
Einwohnerzahl: 12 329

NEPAL
Einwohnerzahl: 25 873 917

NEUSEELAND
Einwohnerzahl: 3 908 037

NICARAGUA
Einwohnerzahl: 5 023 818

NIEDERLANDE
Einwohnerzahl: 16 067 754
Aktuelle Währung: 100 Cent = 1 Euro (€)

NIGER
Einwohnerzahl: 10 639 744

NIGERIA
Einwohnerzahl: 129 934 911

NORDKOREA
Einwohnerzahl: 22 224 195

NORWEGEN
Einwohnerzahl: 4 525 116

OMAN
Einwohnerzahl: 2 713 462

ÖSTERREICH
Einwohnerzahl: 8 169 929
Aktuelle Währung: 100 Cent = 1 Euro (€)

OST-TIMOR
Einwohnerzahl: 952 618
weitere Zahlen siehe unten, S. 84
Aktuelle Flagge:

PAKISTAN
Einwohnerzahl: 147 663 429

PALAU (BELAU)
Einwohnerzahl: 19 409

PANAMA
Einwohnerzahl: 2 882 329

PAPUA-NEUGUINEA
Einwohnerzahl: 5 172 033

PARAGUAY
Einwohnerzahl: 5 884 491

PERU
Einwohnerzahl: 27 949 639

PHILIPPINEN
Einwohnerzahl: 84 525 639

POLEN
Einwohnerzahl: 38 625 478

PORTUGAL
Einwohnerzahl: 10 084 245
Aktuelle Währung: 100 Cent = 1 Euro (€)

RUANDA
Einwohnerzahl: 7 398 074
Aktuelle Flagge:

RUMÄNIEN
Einwohnerzahl: 22 317 730

RUSSLAND
Einwohnerzahl: 144 978 573

SALOMONEN
Einwohnerzahl: 494 786

SAMBIA
Einwohnerzahl: 9 959 037

SAN MARINO
Einwohnerzahl: 27 730
Aktuelle Währung: 100 Cent = 1 Euro (€)

SÃO TOMÉ UND PRINCIPE
Einwohnerzahl: 170 372

SAUDI-ARABIEN
Einwohnerzahl: 23 513 330

SCHWEDEN
Einwohnerzahl: 8 912 000

SCHWEIZ
Einwohnerzahl: 7 301 994

SENEGAL
Einwohnerzahl: 10 589 571

SERBIEN UND MONTENEGRO
Einwohnerzahl: 10 656 929

SEYCHELLEN
Einwohnerzahl: 80 098

SIERRA LEONE
Einwohnerzahl: 5 614 743

SIMBABWE
Einwohnerzahl: 11 376 676

SINGAPUR
Einwohnerzahl: 4 452 732

SLOWAKEI
Einwohnerzahl: 5 422 366

SLOWENIEN
Einwohnerzahl: 1 932 917

SOMALIA
Einwohnerzahl: 7 753 310

SPANIEN
Einwohnerzahl: 40 077 100
Aktuelle Währung: 100 Cent = 1 Euro (€)

SRI LANKA
Einwohnerzahl: 19 576 783

ST. KITTS UND NEVIS
Einwohnerzahl: 38 736

ST. LUCIA
Einwohnerzahl: 160 145

ST. VINCENT U. D. GRENADINEN
Einwohnerzahl: 116 394

SÜDAFRIKA
Einwohnerzahl: 43 427 000

SUDAN
Einwohnerzahl: 37 090 298

SÜDKOREA
Einwohnerzahl: 48 324 000

SURINAM
Einwohnerzahl: 436 494

SWASILAND
Einwohnerzahl: 1 123 605

SYRIEN
Einwohnerzahl: 17 155 814

TADSCHIKISTAN
Einwohnerzahl: 6 719 567

TAIWAN
Einwohnerzahl: 22 548 009

TANSANIA
Einwohnerzahl: 37 187 939

THAILAND
Einwohnerzahl: 62 354 402

TOGO
Einwohnerzahl: 5 285 501

TONGA
Einwohnerzahl: 106 137

TRINIDAD UND TOBAGO
Einwohnerzahl: 1 163 724

TSCHAD
Einwohnerzahl: 8 997 237

TSCHECHISCHE REPUBLIK
Einwohnerzahl: 10 256 760

TUNESIEN
Einwohnerzahl: 9 815 644

TÜRKEI
Einwohnerzahl: 67 308 928

TURKMENISTAN
Einwohnerzahl: 4 688 963

TUVALU
Einwohnerzahl: 11 146

UGANDA
Einwohnerzahl: 24 699 073

UKRAINE
Einwohnerzahl: 48 396 470

UNGARN
Einwohnerzahl: 10 075 034

URUGUAY
Einwohnerzahl: 3 386 575

USBEKISTAN
Einwohnerzahl: 25 563 441

VANUATU
Einwohnerzahl: 196 178

VATIKANSTADT
Einwohnerzahl: 900
Aktuelle Währung: 100 Cent = 1 Euro (€)

VENEZUELA
Einwohnerzahl: 24 287 670

VEREINIGTE ARABISCHE EMIRATE
Einwohnerzahl: 2 445 989

VEREINIGTE STAATEN VON AMERIKA (USA)
Einwohnerzahl: 280 562 489

ALABAMA
Einwohnerzahl: 4 464 400

ALASKA
Einwohnerzahl: 634 900

ARIZONA
Einwohnerzahl: 5 307 300

ARKANSAS
Einwohnerzahl: 2 692 100

COLORADO
Einwohnerzahl: 4 417 700

CONNECTICUT
Einwohnerzahl: 3 425 000

DELAWARE
Einwohnerzahl: 796 200

DISTRICT OF COLUMBIA
Einwohnerzahl: 571 800

FLORIDA
Einwohnerzahl: 16 396 500

GEORGIA
Einwohnerzahl: 8 383 900

HAWAII
Einwohnerzahl: 1 224 400

IDAHO
Einwohnerzahl: 1 321 000

ILLINOIS
Einwohnerzahl: 12 482 300

INDIANA
EINWOHNERZAHL: 6 114 700
IOWA
EINWOHNERZAHL: 2 923 200
KALIFORNIEN
EINWOHNERZAHL: 34 501 100
KANSAS
EINWOHNERZAHL: 2 694 600
KENTUCKY
EINWOHNERZAHL: 4 065 600
LOUISIANA
EINWOHNERZAHL: 4 465 400
MAINE
EINWOHNERZAHL: 1 286 700
MARYLAND
EINWOHNERZAHL: 5 375 200
MASSACHUSETTS
EINWOHNERZAHL: 6 379 300
MICHIGAN
EINWOHNERZAHL: 9 990 800
MINNESOTA
EINWOHNERZAHL: 4 972 300
MISSISSIPPI
EINWOHNERZAHL: 2 858 000
MISSOURI
EINWOHNERZAHL: 5 629 700
MONTANA
EINWOHNERZAHL: 904 400
NEBRASKA
EINWOHNERZAHL: 1 713 200
NEVADA
EINWOHNERZAHL: 2 106 100
NEW HAMPSHIRE
EINWOHNERZAHL: 1 259 200
NEW JERSEY
EINWOHNERZAHL: 8 484 400
NEW MEXICO
EINWOHNERZAHL: 1 829 100
NEW YORK
EINWOHNERZAHL: 19 011 400
NORTH CAROLINA
EINWOHNERZAHL: 8 186 300
NORTH DAKOTA
EINWOHNERZAHL: 634 400
OHIO
EINWOHNERZAHL: 11 373 500
OKLAHOMA
EINWOHNERZAHL: 3 460 100
OREGON
EINWOHNERZAHL: 3 472 900
PENNSYLVANIA
EINWOHNERZAHL: 12 287 200
RHODE ISLAND
EINWOHNERZAHL: 1 058 900
SOUTH CAROLINA
EINWOHNERZAHL: 4 063 000
SOUTH DAKOTA
EINWOHNERZAHL: 756 600
TENNESSEE
EINWOHNERZAHL: 5 740 000

TEXAS
EINWOHNERZAHL: 21 325 000
UTAH
EINWOHNERZAHL: 2 269 800
VERMONT
EINWOHNERZAHL: 613 100
VIRGINIA
EINWOHNERZAHL: 7 187 700
WASHINGTON
EINWOHNERZAHL: 5 988 000
WEST VIRGINIA
EINWOHNERZAHL: 1 801 900
WISCONSIN
EINWOHNERZAHL: 5 401 900
WYOMING
EINWOHNERZAHL: 494 400

VIETNAM
EINWOHNERZAHL: 81 098 416
WEISSRUSSLAND
EINWOHNERZAHL: 10 335 382
WESTSAMOA
EINWOHNERZAHL: 178 631
ZENTRALAFRIKANISCHE REPUBLIK
EINWOHNERZAHL: 3 642 739
ZYPERN
EINWOHNERZAHL: 767 314

ABHÄNGIGE TERRITORIEN
(SEITE 119):
AMERIKANISCH-SAMOA
EINWOHNERZAHL: 68 688
GUAM
EINWOHNERZAHL: 160 796
NÖRDLICHE MARIANEN
EINWOHNERZAHL: 77 311
PUERTO RICO
EINWOHNERZAHL: 3 888 000
JUNGFERN-INSELN
(USA-TERRITORIUM)
EINWOHNERZAHL: 123 498
WAKE ISLAND
EINWOHNERZAHL: 124
ANGUILLA
EINWOHNERZAHL: 12 446
BERMUDA
EINWOHNERZAHL: 63 960
BRITISCHE JUNGFERNINSELN
EINWOHNERZAHL: 21 272
CAYMAN-INSELN
EINWOHNERZAHL: 36 273
FALKLAND ISLANDS AND DEPENDENCIES
EINWOHNERZAHL: 2 967
GIBRALTAR
EINWOHNERZAHL: 27 714
GUERNSEY
EINWOHNERZAHL: 64 587
ISLE OF MAN
EINWOHNERZAHL: 73 873

JERSEY
EINWOHNERZAHL: 89 775
MONTSERRAT
EINWOHNERZAHL: 8 437
PITCAIRN-INSELN
EINWOHNERZAHL: 47
ST. HELENA AND DEPENDENCIES
EINWOHNERZAHL: 7 317
TURKS- UND CAICOS-INSELN
EINWOHNERZAHL: 18 738
FRANZÖSISCH-GUAYANA
EINWOHNERZAHL: 182 333
FRANZÖSISCH-POLYNESIEN
EINWOHNERZAHL: 257 847
GUADELOUPE
EINWOHNERZAHL: 435 739
MARTINIQUE
EINWOHNERZAHL: 422 277
MAYOTTE
EINWOHNERZAHL: 170 879
NEUKALEDONIEN
EINWOHNERZAHL: 207 858
RÉUNION
EINWOHNERZAHL: 743 981
ST-PIERRE UND MIQUELON
EINWOHNERZAHL: 6 954
WALLIS UND FUTUNA-INSELN
EINWOHNERZAHL: 15 585
ARUBA
EINWOHNERZAHL: 70 441
NIEDERLÄNDISCHE ANTILLEN
EINWOHNERZAHL: 214 258
SVALBARD
EINWOHNERZAHL: 2 868
FÄRÖER-INSELN
EINWOHNERZAHL: 46 011
GRÖNLAND
EINWOHNERZAHL: 59 900
CHRISTMAS-INSEL
EINWOHNERZAHL: 474
KOKOS-(KEELING)INSELN
EINWOHNERZAHL: 632
NORFOLK-INSEL
EINWOHNERZAHL: 1 866
COOK-INSELN
EINWOHNERZAHL: 20 811
NIUE
EINWOHNERZAHL: 2 134
TOKELAU
EINWOHNERZAHL: 1 431
GAZASTREIFEN (PALÄSTINA)
EINWOHNERZAHL: 1 225 911
KASCHMIR
EINWOHNERZAHL: 7 718 700
TÜRKISCHE REPUBLIK NORDZYPERN
EINWOHNERZAHL: 177 120
WEST-BANK (WESTJORDANLAND)
EINWOHNERZAHL: 1 612 000
WESTSAHARA
EINWOHNERZAHL: 256 177

ZUSÄTZLICHE AKTUALISIERTE FAKTEN:

S. 22: DER MENSCH UND DIE ERDE:

DIE ZEHN NATIONEN MIT DEN HÖCHSTEN EINWOHNERZAHLEN:

1.	China:	1,28 Milliarden
2.	Indien:	1,05 Milliarden
3.	USA:	281 Millionen
4.	Indonesien:	231 Millionen
5.	Brasilien:	176 Millionen
6.	Pakistan:	148 Millionen
7.	Russland:	145 Millionen
8.	Bangladesch:	133 Millionen
9.	Nigeria:	130 Millionen
10.	Japan:	127 Millionen

S. 28: DIE OBERFLÄCHE DER ERDE:

DATEN ZUR ERDE:
Meeresfläche: 361 132 000 km²
Landfläche über dem Meeresspiegel: 148 940 000 km²
Größtes Meer: Pazifischer Ozean, 155 557 000 km²
Größte Meerestiefe: Marianengraben im Pazifischen Ozean, 10 924 m

S. 30: DIE STAATEN DER ERDE:

POLITISCHE FAKTEN:
Anzahl der unabhängigen Staaten: 193
Größte Staaten: China, 9 596 960 km²

WELTKARTE:
Nummerierte Länder: Nr. 16, Jugoslawien, wurde am 4.2.03 in Serbien und Montenegro umbenannt.

S. 32: Nordamerika

KONTINENT-FAKTEN:
Gesamtbevölkerung: 486 069 988

KONTINENT-REKORDE:
Land mit der höchsten Einwohnerzahl: USA, 280 562 489 Einwohner
Stadt mit der höchsten Einwohnerzahl: Mexiko-Stadt, 18 330 000 Einwohner

HÖCHSTE BERGE – LÄNGSTE FLÜSSE:
Missouri: 3 780 km

S. 48: Südamerika

KONTINENT-FAKTEN:
Gesamtbevölkerung: 354 885 240

KONTINENT-REKORDE:
Land mit der größten Fläche: Brasilien, 8 511 965 km²
Land mit der höchsten Einwohnerzahl: Brasilien, 176 029 560 Einwohner
Stadt mit der höchsten Einwohnerzahl: São Paulo, 18 119 000 Einwohner

HÖCHSTE BERGE – LÄNGSTE FLÜSSE:
Ecuador: Chimorazo, 6 310 m

S. 54: Europa

KONTINENT-FAKTEN:
Gesamtbevölkerung: 695 812 202
Unabhängige Länder: Jugoslawien wurde am 4.2.2003 in Serbien und Montenegro umbenannt.

KONTINENT-REKORDE:
Land mit der höchsten Einwohnerzahl: Russland (Europäischer Teil), 113 083 287 Einwohner
Stadt mit der höchsten Einwohnerzahl: Paris, Frankreich, 11 174 743 Einwohner

S. 68: Südosteuropa

STAATEN:
Der Staat Jugoslawien wurde am 4.2.2003 in Serbien und Montenegro umbenannt.

S. 74: Asien

KONTINENT-FAKTEN:
Gesamtbevölkerung: 3 806 418 195
Unabhängige Länder: Am 20.5.2002 wurde die ehemalige indonesische Provinz Ost-Timor in die Unabhängigkeit entlassen.

WELT-REKORDE:
Höchster Berg der Welt: Mount Everest, China-Nepal, 8 850 m
Tiefster Punkt der Welt: Totes Meer, Israel-Jordanien, 411 m unter dem Meeresspiegel
Land mit der höchsten Einwohnerzahl der Welt: China, 1 284 303 705 Einwohner
Stadt mit der höchsten Einwohnerzahl der Welt: Tokio, Japan, 33 418 366 Einwohner

HÖCHSTE BERGE – LÄNGSTE FLÜSSE:
Mount Everest, China-Nepal, 8 850 m

S. 84: Südostasien

STAATEN:
Am 20.5.2002 wurde die ehemalige indonesische Provinz Ost-Timor in die Unabhängigkeit entlassen.

FAKTEN UND ZAHLEN:
Fläche: 15 470 km²
Hauptstadt: Dili
Währung: 1 US-Dollar = 100 Cents
Amtssprachen: Tetum, Portugiesisch
Hauptreligion: Christentum 86%
Exporte: Kaffee

S. 90: Afrika

KONTINENT-FAKTEN:
Gesamtbevölkerung: 840 449 396

KONTINENT-REKORDE:
Land mit der höchsten Einwohnerzahl: Nigeria, 129 934 911 Einwohner
Stadt mit der höchsten Einwohnerzahl: Kairo, Ägypten, 12 399 000 Einwohner

S. 96: Australien und Ozeanien

KONTINENT-FAKTEN:
Gesamtbevölkerung: 30 885 204

KONTINENT-REKORDE:
Land mit der höchsten Einwohnerzahl: Australien, 19 546 792 Einwohner
Stadt mit der höchsten Einwohnerzahl: Sydney, Australien, 4 175 000 Einwohner

S. 119: Abhängige Territorien

PORTUGAL:
Macau ging am 20.12.1999 in den chinesischen Besitz über.

Berichtigung:

S. 7: ZEICHENERKLÄRUNGEN:
Im 4. Bild von oben sind die Kanalinseln Jersey und Guernsey (England) abgebildet, nicht Martinique (Frankreich).

S. 34: PROVINZEN UND TERRITORIEN:
Nicht aufgeführt war hier: NUNAVUT TERRITORY:
Einwohnerzahl: 28 200, Hauptstadt: Iqaluit
Fließtext: Die Northwest Territories machen gemeinsam mit dem Nunavut Territory ein Drittel von ganz Kanada aus. Die 69 100 Einwohner der beiden Territorien könnte man aber in einem großen Fußballstadion versammeln.

S. 54: KONTINENT-REKORDE:
Es ist umstritten, ob der Elbrus der höchste Berg Europas ist. Ordnet man den im Kaukasus liegenden Berg nicht Europa, sondern Asien zu, rückt der Montblanc an die Stelle des höchsten europäischen Berges.

Stand: Januar 2004

REGISTER UND ORTSVERZEICHNIS

Celébessee Südostasien 85 L7
Chabarowsk Russland 77 N9
Chania Kreta, Griechenland 69 H15
Chari (Fluss) Tschad 93 K9
Charkiw Ukraine 71 N7
Charleston Louisiana, USA 41 I7
Chişinău *siehe* Kischinau
Chövsgöl Nuur (See) Mongolei 87 J2
Clipperton-Insel Pazifischer Ozean 28 F6, 30 F6
Connecticut (Fluss) USA 39 L5
Connecticut (Staat) USA 39
Córdoba Argentinien 53 G9
Córdoba Spanien 59 J7
Cork Irland 57 B13
Corpus Christi Texas, USA 40 G9
Corrientes Argentinien 52 H8
Corvo (Insel) Azoren 58 A7
Cosenza Italien 67 I14
Costa Brava Spanien 59 P3
Costa del Sol Spanien 59 J9
Costa Rica 30 G6, 32 D11, 47, 104
Côte d'Ivoire (Elfenbeinküste) 31 J6, 90 B9, 92, 115
Cotonou Benin 92 H9
Cotopaxi (Vulkan) Ecuador 49 L3, 50 F4
Council Bluffs Iowa, USA 42 I7
Coventry England, G.-B. 57 H13
Craiova Rumänien 68 H8
Crozet-Inseln Indischer Ozean 29 L9, 31 L9
Cuanza (Fluss) Angola 94 G5
Culiacán Mexiko 46 D6
Cunene (Fluss) Angola/Namibia 94 G6
Cuzco Peru 50 H7

D
Da Nang Vietnam 84 I4
Dakar Senegal 92 D7
Dakota, North *siehe* North Dakota
Dakota, South *siehe* South Dakota
Dakshin Gangotri (Forschungszentrum) Antarktis 102 G8
Dalian China 87 O5
Dallas Texas, USA 40 H6
Dalmatien Kroatien 68 B8
Damaskus Syrien 80 G3
Dänemark 31 K4, 54 C9, 73, 109
Danmarkstraße Grönland/Island 103 L9
Danzig Polen 70 G4
Darchan Mongolei 87 K2
Dardanellen (Meerenge) Türkei 78 B4
Daressalam Tansania 95 M4
Darjeeling Indien 82 H8
Darling (Fluss) New South Wales, Australien 29 O8, 97 K10, 99 M8
Darlingkette Western Australia, Australien 99 F8
Darwin Northern Territory, Australien 99 I2
Daschhowuz Turkmenistan 78 I9
Dascht e Kavir (Wüste) *siehe* Große Salzwüste
Dascht e Lut (Wüste) Iran 81 N4
Daugava *siehe* Düna
Davao Philippinen 85 M6
Davenport Iowa, USA 43 K6
Davisstraße Grönland/Kanada 28 H2, 35 P4, 103 J8
Dawson Creek British Columbia, Kanada 34 I9
Dawson Yukon Territory, Kanada 34 G6
Death Valley Kalifornien, USA 44 H8
Debrecen Ungarn 70 H9
Dee (Fluss) Schottland, G.-B. 56 G7
Dekkan (Hochland) Indien 29 M6, 75 L7, 83 E11
Delaware (Staat) USA 39
Delhi Indien 82 E8
Demokratische Republik des Kongo 31 K7, 90 C9, 94–95, 116
Den Haag Niederlande 62 E8
Denver Colorado, USA 45 L6
Derby Western Australia, Australien 98 G4
Des Moines Iowa, USA 43 J7
Detroit Michigan, USA 43 O5
Deutschland 31 K4, 54 C9, 64–65, 107
Dhaka Bangladesch 83 I9
Dieppe Frankreich 61 I2
Dijon Frankreich 61 L5
Dinarisches Gebirge Bosnien-Herzegowina/Kroatien 68 C8
Dire Dawa Äthiopien 93 O9
District of Columbia USA 38
Dnipropetrowsk Ukraine 71 N8
Dnister (Fluss) Moldawien/Ukraine 71 K9
Dnjepr (Fluss) Osteuropa 29 K4, 55 N6, 71 L4, 71 M8
Dodekanes (Inselgruppe) Griechenland 69 J14
Dodge City Kansas, USA 42 G9
Dodoma Tansania 95 L4
Doha Katar 81 L6
Dolomiten (Gebirge) Italien 66 F5
Dominica 30 H6, 32 G11, 47, 105
Dominikanische Republik 30 H6, 32 E10, 47, 105
Don (Fluss) Russland 55 O6, 76 C8
Donau (Fluss) Europa 29 K4, 55 N7, 65 E13, 65 J13, 68 E7, 68 H8, 70 G10
onezk Ukraine 71 O8
ongting Hu (See) China 87 M8
onostia-San Sebastian Spanien 59 L2

Dordrecht Niederlande 63 F9
Dortmund Deutschland 65 C9
Doubs (Fluss) Frankreich 61 L5
Douro (Fluss) Portugal 58 H4, 59 K3
Dover Delaware, USA 39 J8
Drake-Straße (Meerenge) Atlantischer Ozean/Pazifischer Ozean 49 M10
Drakensberge (Gebirge) Lesotho/Südafrika 91 N9, 95 J10
Drammen Norwegen 73 C12
Drau *siehe* Drava
Drava (Fluss) Osteuropa 68 C6
Dresden Deutschland 65 I10
Dschibuti 31 L6, 90 D9, 93, 115
Dschibuti Dschibuti 93 P8
Dubai Vereinigte Arabische Emirate 81 M6
Dublin Irland 57 D11
Dubrovnik Kroatien 68 D9
Dubuque Iowa, USA 43 K6
Dudinka Russland 103 P6
Duisburg Deutschland 65 C9
Duluth Minnesota, USA 43 J3
Dumont d'Urville (Forschungszentrum) Antarktis 102 B9
Dunkerque *siehe* Dünkirchen
Düna (Fluss) Osteuropa 71 J3
Dundalk Irland 57 D11
Dundee Schottland, G.-B. 56 G7
Dunedin Neuseeland 100 D9
Dünkirchen Frankreich 61 J1
Durance (Fluss) Frankreich 61 M8
Durban Südafrika 95 K10
Durrës Albanien 69 E10
Duschanbe Tadschikistan 79 K11
Düsseldorf Deutschland 65 C9
Dwina (Fluss) Europa 29 L3

E
East London Südafrika 95 J10
East St. Louis Illinois, USA 43 L8
Ebro (Fluss) Spanien 59 L3
Ecuador 30 G7, 48 B8, 50, 106
Edinburgh Schottland, G.-B. 56 G8
Edmonton Alberta, Kanada 35 J10
Efate (Insel) Vanuatu 101 J6
Eindhoven Niederlande 63 H10
El Aaiún Sahara 92 F5
El Obeid Sudan 93 M8
El Paso Texas, USA 40 D6
El Salvador 30 G6, 32 D11, 46, 104
Elba (Insel) Italien 66 D9
Elbe (Fluss) Deutschland 55 M6, 64 F7, 65 H9
Elbrus (Berg) Russland 55 O7, 75 J4, 76 B10
Elfenbeinküste *siehe* Côte d'Ivoire
Ellesmere-Insel Northwest Territories, Kanada 28 G2, 33 N2, 35 L1, 103 K6
Ellsworth-Berge Antarktis 102 E6
Ellsworthland Antarktis 102 E5
Ems (Fluss) Deutschland 64 C8
Energieversorgung 20–21
Energievorräte 20–21
England G.-B. 57
Entwicklungsländer 23
Epi (Insel) Vanuatu 101 J6
Erdbeben 14–15
Erde 12–15
Erdöl 20
Erebus (Vulkan) Antarktis 102 C8
Erfurt Deutschland 65 F10
Eriesee Kanada/USA 33 O6, 36 G10, 38 G5, 43 P5
Eritrea 31 L6, 90 D8, 93, 114
Erromango (Insel) Vanuatu 101 K7
Erwärmung der Erde 27
Esbjerg Dänemark 73 B15
Escanaba Michigan, USA 43 M4
Esch Luxemburg 63 I16
Española (Insel) Galápagos-Inseln, Ecuador 50 D10
Esperanza (Forschungszentrum) Antarktis 102 G4
Espiritu Santo (Insel) Vanuatu 101 K5
Essen Deutschland 65 C9
Estland 31 K4, 54 D9, 71, 108
Eua (Insel) Tonga 101 K11
Euböa (Insel) Griechenland 69 G12
Eugene Oregon, USA 44 E4
Euphrat (Fluss) Südwestasien 29 L5, 78 C7, 80 H2
Eureka Kalifornien, USA 44 E5
Europa (Kontinent) 107–109, 29, 54–73
Europäisches Nordmeer Atlantischer Ozean 29 J2, 55 M4, 72 C8, 103 M9
Europäisches Tiefland Europa 29 K4, 55 M6
Evansville Indiana, USA 43 M9
Évora Portugal, 58 H7
Exeter England G.-B. 57 G15
Eyresee South Australia, Australien 29 O8, 97 K9, 99 K7

F
Faial (Insel) Azoren 58 B8
Fairbanks Alaska, USA 34 F6
Falkland-Inseln Atlantischer Ozean 28 H9, 30 H9, 48 C11, 49 N9, 53 H16, 119

Faraday (Forschungszentrum) Antarktis 102 F4
Fargo North Dakota, USA 42 H3
Faro Portugal 58 G8
Faröer-Inseln Atlantischer Ozean 29 J4, 31 J3, 54 B8, 55 M4, 119
Farvel, Kap Grönland 103 J9
Fernandina (Insel) Galápagos-Inseln, Ecuador 50 B9
Ferrara Italien 66 F7
Fès Marokko 92 G4
Feuerland *siehe* Tierra del Fuego
Feuilles (Fluss) Quebec, Kanada 37 J3
Fidschi 29 P8, 31 P7, 96 E9, 97 N9, 101, 118
Finnischer Meerbusen Ostsee 71 I1, 73 H12
Finnland 31 K3, 54 D8, 72–73, 109
Fitzroy (Fluss) Western Australia, Australien 98 G4
Flagstaff Arizona, USA 45 J8
Flandern (Landesteil) Belgien 63 C12
Flinders-Insel Tasmania, Australien 99 N10
Florenz Italien 66 F8
Flores (Insel) Azoren, 58 A7
Flores (Insel) Indonesien, 85 L10
Floressee Indonesien 85 K10
Florida (Staat) USA 41
Florida Keys (Inselgruppe) Florida, USA 41 N10
Floridastraße Kuba/USA 41 O10
Flughäfen 24
Föderierte Staaten von Mikronesien 31 O6, 96 C8, 118
Foggia Italien 67 I11
Formosastraße China/Taiwan 87 O9
Fort Kent Maine, USA 39 M1
Fort Wayne Indiana, USA 43 N6
Fort Worth Texas, USA 40 H6
Fort-de-France Martinique 47 P7
Fortaleza Brasilien 51 O5
Forth (Fluss) Schottland, G.-B. 56 F8
Fossile Brennstoffe 20, 27
Foveaux-Straße Neuseeland 100 C10
Francistown Botsuana 95 I8
Frankfort Kentucky, USA 38 D9
Frankfurt Deutschland 65 D11
Frankreich 31 J4, 54 C10, 60–61, 107
Franz-Josef-Land (Inselgruppe) Russland 28 K2, 76 G4, 103 N7
Französisch-Guayana Südamerika 30 H6, 48 D7, 51 L3, 119
Französisch-Polynesien Polynesien 30 E7, 96 G9, 101 O9, 119
Fraser (Fluss) British Columbia, Kanada 34 H10
Fraser-Insel Queensland, Australien 97 L9, 99 O6
Fredericton New Brunswick, Kanada 37 L9
Frederikstad Norwegen 73 C12
Freetown Sierra Leone 92 E9
Fresno Kalifornien, USA 44 G8
Fuamotu Tonga 101 J19
Fuerteventura (Insel) Kanarische Inseln 58 D10
Fujisan (Berg) Japan 89 H10
Fukuoka Japan 89 B13
Fukushima Japan 88 I8
Funchal Madeira 58 D8
Fundybai Kanada 37 L10
Fünen (Insel) Dänemark 73 C15
Fushun China 87 O4
Futuna-Inseln *siehe* Wallis- und Futuna-Inseln
Fuzhou China 87 O8

G
Gaborone Botsuana 95 J8
Gabun 31 K7, 90 C9, 94, 116
Gairdnersee South Australia, Australien 99 J8
Galápagos-Inseln Ecuador 28 G7, 30 G7, 33 N11, 48 B8, 49 K4, 50 D8
Galati Rumänien 68 J7
Galdhøpiggen (Berg) Norwegen 73 C10
Gallivare Schweden 72 G7
Galveston Texas, USA 40 I8
Galway Irland 57 B11
Gambia 31 J6, 90 B9, 92, 115
Ganges (Fluss) Indien 29 M5, 75 L6, 82 H9
Garonne (Fluss) Frankreich 60 I8
Gary Indiana, USA 43 M6
Gaspé (Halbinsel) Quebec, Kanada 37 L8
Gau (Insel) Fidschi 101 O8
Gaza, Gaza-Streifen 80 F4
Gaza-Streifen Südwestasien 80 F4, 119
Gdansk *siehe* Danzig
Gebirge 14, 16, 19
Geburtenrate 22, 23
Geelong Victoria, Australien 99 L9
Gelber Fluss *siehe* Huang He
Gelbes Meer China 75 O5, 87 O6
Gemäßigte Zonen 16, 19
Genf Schweiz 65 A15
Genovesa (Insel) Galápagos-Inseln, Ecuador 50 D8
Gent Belgien 63 D11
Genua Italien 66 D7
George Town Malaysia 84 G7
Georgetown Guyana 51 K2
Georgia (Staat) USA 41
Georgien 31 L5, 74 B9, 78, 110
Geraldton Western Australia, Australien 98 E7
Gesellschaftsinseln Französisch-Polynesien 28 E8, 97 Q9, 109 N9

Ghadames Libyen 93 J5
Gibraltar Mittelmeer 31 J5, 59 J9, 119
Gibraltar, Meerenge von, Marokko/Spanien 55 K7, 91 K3
Gibsonwüste Western Australia, Australien 98 G5
Giglio (Insel) Italien
Gijón Spanien 59 I1
Gila (Fluss) Arizona/New Mexico, USA 45 J9
Gilbert-Inseln Kiribati 29 Q7, 97 N7
Glasgow Schottland, G.-B. 56 F8
Gobi (Wüste) Zentralasien 29 N5, 75 M5, 87 K4
Gold Coast Queensland, Australien 99 O7
Golfküstenebene USA 40 H8
Gomera (Insel) Kanarische Inseln 58 B10
Göteborg Schweden 73 D13
Gotland (Insel) Schweden 73 G14
Goto-Inseln Japan 89 A13
Gough-Insel Atlantischer Ozean 29 J9, 31 J9
Granada Spanien 59 K8
Graciosa (Insel) Azoren 58 B7
Grampian Mountains (Gebirge) Schottland 56 F7
Gran Canaria (Insel) Kanarische Inseln 58 C10
Gran Chaco Argentinien 28 H8, 49 N6, 52 G8
Grand Forks North Dakota, USA 42 H2
Grand Island Nebraska, USA 42 G7
Grand Junction Colorado, USA 45 K6
Grand Rapids Michigan, USA 43 N5
Graz Österreich 65 I15
Great Dividing Range (Gebirge) Queensland, Australien 29 O8, 97 K9, 99 M4
Great Falls Montana, USA 45 J2
Great Plains USA 28 F4, 33 L5, 42 F5
Great Rift Valley Südostafrika/Südwestasien 29 K7, 91 O6 *siehe* auch Ostafrikanischer Graben
Green Bay Wisconsin, USA 43 L4
Green (Fluss) westliche USA 45 K6
Greenwich-Nullmeridian 9
Grenada 30 H6, 32 G11, 47, 105
Grenadinen, Die *siehe* St. Vincent und die Grenadinen
Grenoble Frankreich 61 M7
Greymouth Neuseeland 100 E7
Griechenland 31 K5, 54 D11, 69, 108
Groningen Niederlande 62 J5
Grönland (Insel) Nordpolarmeer 28 I2, 30 I2, 33 O2, 55 L3, 103 K8, 119
Grönlandsee Nordpolarmeer 29 J2
Groote Eylandt Northern Territory, Australien 99 K3
Grosnyj Russland 76 B10
Großbritannien 31 J4, 54 B9, 55 L6, 56–58, 107
Große Antillen (Inselgruppe) Karibisches Meer 28 G6, 33 O8
Große Arabische Wüste Saudi-Arabien 81 K9
Große Australische Bucht Australien 29 N8, 97 K10, 98 H9
Große Barrierinsel Neuseeland 100 G3
Große Salzwüste Iran 81 M3 *siehe* Dascht e Kavir
Große Sandwüste Western Australia, Australien 29 O8, 97 J9, 98 G5
Große Seen Nordamerika 28 G4
Große Sunda-Inseln Indonesien 75 N9
Große Victoriawüste Western Australia, Australien 29 N8, 97 J9, 98 H7
Großer Bärensee Northwest Territories, Kanada 28 F2, 33 L3, 35 I6
Großer Chingan China/Mongolei 87 M4
Großer Kanal (Yun-he) China 87 N6
Großer Salzsee Utah, USA 33 L6, 45 I5
Großer Sklavensee Northwest Territories, Kanada 28 F2, 33 M4, 35 J7
Großes Barrierriff (Korallenriff) Queensland, Australien 97 K8, 99 M3
Großes Becken westliche USA 33 L6, 44 H7
Großglockner (Berg) Schweiz 65 G14
Guadalajara Mexiko 46 E8
Guadalcanal (Insel) Salomonen 101 K3
Guadalquivir (Fluss) Spanien 59 I8
Guadeloupe (Insel) Karibisches Meer 30 H6, 32 G10, 47 P7, 119
Guadiana (Fluss) Portugal/Spanien 58 H8, 59 J6
Guam (Insel) Mikronesien 29 O6, 31 O6, 96 C7, 119
Guangzhou China 87 M9
Guaporé (Fluss) Bolivien/Brasilien 51 J6, 52 G3
Guatemala (Stadt) Guatemala 46 H9
Guatemala 30 G6, 32 D11, 46, 104
Guayana, Französisch-, *siehe* Französisch-Guayana
Guayaquil Ecuador 50 F4
Guayaquil, Golf von, Ecuador/Peru 49 K4
Guernsey (Insel) Kanal, Der 57 G16, 119
Guinea 31 J6, 90 B9, 92, 115
Guinea, Golf von, Zentralafrika 29 J7, 91 L6, 92 G10
Guinea-Bissau 91 J6, 90 B9, 92, 115
Guiyang China 87 K9
Guyana 30 H6, 48 C7, 51, 106
Guyana, Bergland von Südamerika 28 H6, 49 M3
Guyana, Becken von, Atlantik 28 H6
Gyangzê China 86 H8

H
Haarlem Niederlande 62 F7
Haikou China 87 L11
Hainan (Insel) China 75 O7, 87 L11

Der grosse illustrierte Weltatlas

Haiphong Vietnam 84 H3
Haiti 32 E11, 47, 105
Hakodate Japan 88 H5
Halbwüsten 17, 18
Halifax Novia Scotia, Kanada 37 M10
Halley (Forschungszentrum) Antarktis 102 F6
Halmahera (Insel) Indonesien 85 N8
Hamamatsu Japan 89 G11
Hambo Angola 94 G5
Hamburg Deutschland 64 E7
Hamilton Neuseeland 100 G4
Hammerfest Norwegen 72 G4, 103 N9
Handel 24–25
Hangzhou China 87 O7
Hannover Deutschland 64 E8
Hanoi Vietnam 84 H3
Happy Valley-Goose Bay Newfoundland, Kanada 37 N6
Harare Simbabwe 95 K7
Harbin Mongolei 87 O2
Harrisburg Pennsylvania, USA 38 I7
Hartford Connecticut, USA 39 K6
Harz (Gebirge) Deutschland 64 E9
Hastings Neuseeland 100 H5
Hat Yai Thailand 84 G6
Havanna Kuba 47 J7
Hawaii (Staat) USA 32 B10, 44, 44 C8
Hawaii-Inseln Pazifischer Ozean 28 E5, 33 I6, 97 P5
Heard- und McDonald-Inseln Indischer Ozean 29 M9, 31 M9, 119
Hearst Ontario, Kanada 36 G6
Hebriden (Inselgruppe) Schottland, G.-B. 56 D6
Hedschas Saudi-Arabien 80 G5
Heidelberg Deutschland 65 D12
Helena Montana, USA 45 I2
Helsingborg Schweden 73 D15
Helsinki Finnland 73 I11
Hemisphären 9
Herat Afghanistan 82 B6
Hermannstadt *siehe* Sibiu
Hermosillo Mexiko 46 C5
Herzegowina *siehe* Bosnien-Herzegowina
Hierro (Insel) Kanarische Inseln 58 A11
Hilo Hawaii, USA 44 C8
Himalaya (Gebirge) Südasien 29 M5, 75 L6, 82 F7, 86 F7
Hindukusch (Gebirge) Afghanistan/Pakistan 29 M5, 75 K6, 82 D6
Hiroshima Japan 89 D12
Ho-Chi-Minh-Stadt Vietnam 84 H5
Hobart Tasmania, Australien 99 M11
Hodeida Jemen 81 I14
Hokkaido (Insel) Japan 29 O5, 75 P4, 88 I2
Holland *siehe* Niederlande
Homyel' Weißrussland 71 L6
Honduras 30 G6, 32 D11, 47, 104
Hong (Fluss) China/Vietnam 84 H3
Hongkong China 87 M10
Honiara Salomonen 101 K3
Honolulu Hawaii, USA 44 B7
Honshu (Insel) Japan 29 O5, 75 P5, 89 F10
Hoorn, Kap, Chile 49 M9, 53 G17
Hormus, Straße von, Iran/Oman 81 M6
Houston Texas, USA 40 H8
Huä Vietnam 84 H4
Huahine-Inseln Französisch-Polynesien 101 N10
Huambo Angola 94 G4
Huang He (Fluss) China 29 N5, 75 N5, 87 L6
Huascarán (Berg) Peru 49 L5, 50 F6
Hudson (Fluss) New York, USA 39 K6
Hudsonbai Kanada 28 G4, 33 N4, 35 N7, 36 G2, 103 I6
Hudsonstraße Kanada 35 O6, 37 K1
Hull England, G.-B. 57 I11
Humboldt River (Fluss) Nevada, USA 44 H6
Huronsee (See) Kanada/USA 33 O6, 36 G9, 43 O4
Hyderabad Indien 83 F12
Hyderabad Pakistan 82 C9

I

Iasi Rumänien 68 J5
Ibadan Nigeria 92 H9
Iberische Halbinsel Westeuropa 55 K7, 58–59
Ibiza (Insel) Spanien 59 O6
Ibiza Ibiza Spanien 59 O6
Idaho (Staat) USA 44–45
Idaho Falls Idaho, USA 45 J4
Ijsselmeer (künstlicher See) Niederlande 62 G6
Illimani (Berg) Bolivien 49 M5, 52 E5
Illinois (Fluss) Illinois, USA 43 L7
Illinois (Staat) USA 43
Inarisee Finnland 72 H5
Indalsälv (Fluss) Schweden 73 E10
Indiana (Staat) USA 43
Indianapolis Indiana, USA 43 N7
Indien 31 M6, 74 C10, 82–83, 112
Indisch-Antarktisches Becken Indischer Ozean 29 N11

Indisch-Antarktischer Rücken Indischer Ozean 29 M8, 29 K9
Indischer Ozean 29, 31, 75, 83, 84, 91, 93, 95, 98, 102
Indonesien 31 N7, 74 D11, 84–85, 113
Indus (Fluss) Asien 29 M5, 75 K6, 82 C8
Industrieländer 23
Inlandsee Japan 89 D12
Innsbruck Österreich 65 F14
Inseln 14, 15
Inseln unter dem Wind Franz.-Polynesien 101 M10
Inseln über dem Wind Franz.-Polynesien 101 O10
Invercargill Neuseeland 100 C10
Inverness Schottland, G.-B. 56 F6
Ionische Inseln Griechenland 69 E13
Ionisches Meer Griechenland/Italien 55 M7, 67 J15, 69 F15
Iowa (Staat) USA 43
Ipoh Malaysia 84 G7
Ipswich England, G.-B. 57 K13
Iquique Chile 52 D6
Iquitos Ecuador 50 G5
Irak 31 L5, 80–81, 111
Iráklion Kreta, Griechenland 69 H15
Iran 31 L5, 81, 111
Iran, Hochland von, Iran 75 K5, 81 M3
Irawadi (Fluss) Birma 75 M7, 84 G2
Irian Jaya Indonesien 85 P9
Irische See Irland/G.-B. 57
Irkutsk Russland 77 J10
Irland 29 J4, 31 J4, 54 B9, 55 L5, 57, 107
Irtysch (Fluss) Nordasien 29 M4, 75 L4, 79 N5
Isabela (Insel) Galápagos-Inseln, Ecuador 50 C9
Ischia (Insel) Italien 67 G12
Ischim (Fluss) Kasachstan/Russland 79 L6
Isfahan Iran 81 L4
Islamabad Pakistan 82 D6
Island 29 J2, 31 J3, 54 A8, 55 L4, 72, 109
Islay (Insel) Schottland, G.-B. 56 D8
Israel 31 K5, 74 B10, 80, 111
Istanbul Türkei 78 B4
Italien 31 K5, 54 D11, 66–67, 108
Ivujivik Quebec, Kanada 37 I1
Izmir Türkei 78 A5

J

Jablonowyjgebirge Russland 77 K9
Jackson Mississippi, USA 41 K6
Jacksonville Florida, USA 41 N7
Jaffna Sri Lanka 83 F14
Jahreszeiten 13
Jaipur Indien 82 E8
Jakarta Indonesien 84 H10
Jakutsk Russland 77 L7
Jamaika 30 G6, 32 D11, 47, 105
James River (Fluss) North Dakota/South Dakota, USA 42 G4
Jamesbai Kanada 36 H5
Jan-Mayen-Insel Nordpolarmeer 29 J2, 31 J3, 119
Jangtsekiang (Fluss) China 29 N5, 75 N6, 87 I7, 87 L8
Japan 31 O5, 74 E9, 88–89, 113
Japanisches Meer Ostasien 29 O5,75 O5, 77 O10, 87 P4, 88 E8
Jaroslawl Russland 76 C7
Java (Insel) Indonesien 29 N7, 75 N9, 84 H10
Java-Graben Indischer Ozean 29 N7
Javasee Indonesien 75 N9, 84 I9
Jayapura Indonesien 85 Q8
Jefferson City Missouri, USA 43 K9
Jekaterinburg Russland 76 E8
Jemen 31 L6, 74 B10, 81, 111
Jenissej (Fluss) Russland 29 M3, 29 M4, 75 M3, 76 H6, 76 H8
Jerewan Armenien 78 E7
Jérez Spanien 58 I9
Jersey (Insel) Kanal, Der 57 H17, 119
Jerusalem Israel 80 G4
Jiddah Saudi-Arabien 80 H8
Jinang China 87 N5
Jodhpur Indien 82 D9
Joensuu Finnland 73 J10
Johannesburg Südafrika 95 J9
Johar Baharu Malaysia 84 G8
John o'Groats Schottland, G.-B. 56 G5
Johnston-Atoll (Insel) Polynesien 29 Q6, 31 P6
Jönköping Schweden 73 E14
Jordanien 31 L5, 74 B10, 80, 111
Jotunheimen (Gebirge) Norwegen 73 C11
Juan-Fernandez-Inseln Pazifischer Ozean 28 G8, 30 F8, 48 B10
Juba Sudan 93 N10
Jugoslawien 31 K5, 54 D10, 68–69, 108
Julianehåb Grönland 103 J7
Juneau Alaska, USA 34 G8
Jungferninseln Karibisches Meer 30 H6, 32 F10, 47 O7, 119
Jungfrau (Berg) Schweiz 55 M6, 65 B15
Jura (Gebirge) Schweiz 65 B15
Jyväskylä Finnland 73, 110

K

K 2 (Berg) China 75 L5, 82 E6, 86 F6
Kaspisches Meer (See) Asien/Europa 29 L5, 55 P6, 76 C11, 78 G8, 81
Kabul Afghanistan 82 C6
Kagoshima Japan 89 C14
Kahoolawe (Insel) Hawaii, USA 44 C7
Kai (Inselgruppe) Indonesien 85 O9
Kairo Ägypten 93 M5
Kakhovka-Reservoir Ukraine 71 N9
Kalahari Botsuana 29 K8, 91 N8, 94 I8
Kalgoorlie Western Australia, Australien 99 G8
Kalifornien, Golf von Mexiko 33 L8, 46 C6
Kalifornien (Staat) USA 44
Kaliningrad Oblast Russland 54 D9, 70 H4
Kalkutta Indien 83 I10
Kambodscha 31 N6, 74 D10, 84, 113
Kamerun 31 K6, 90 C9, 93, 116
Kampala Uganda 95 L2
Kamtschatka (Halbinsel) Russland 75 P3, 77 O5
Kanada 30 G4, 32 D9, 34–37, 104
Kanadischer Schild Kanada 28 G4, 33 M4
Kanal, Der Frankreich/G.B. 55 L6, 57 G16, 60 F2
Kanalinseln, Der Kanal 29 J4, 57 G16
Kananga Demokratische Republik des Kongo 95 I4
Kanarische Inseln Atlantischer Ozean 29 J5, 31 J5, 58, 90 B8, 91 K3, 92 E5
Kanazawa Japan 89 F9
Kanchenjunga (Berg) Indien-Nepal 75 M6
Kandavu (Insel) Fidschi 101 N8
Känguru-Inseln South Australia, Australien 99 K9
Kano Nigeria 93 I8
Kanpur Indien 82 F9
Kansas (Fluss) Kansas, USA 42
Kansas (Staat) USA 42 I8
Kansas City Missouri, USA 43 J8
Kantabrisches Gebirge Spanien 59 H2
Kap der Guten Hoffnung Südafrika 29 KI8, 91 M9, 94 H11
Kap Farvel Grönland 103 J9
Kap Hoorn Chile 49 M9, 53 G17
Kapverden 29 I6, 31 I6, 90 A8, 91 J4, 93, 114
Kap-York-Halbinsel Queensland, Australien 97 K8, 99 L3
Kapstadt Südafrika 94 H11
Kara-Bogaz-Gol (Bucht) Turkmenistan 78 G8
Karachi Pakistan 82 B9
Karakorum (Gebirge) Zentralasien 82 D5
Karakumkanal Turkmenistan 79 I11
Karasee Russland 29 L3, 75 G5, 103 N6
Karibasee Sambia/Simbabwe 91 N8, 95 I7
Karibisches Meer Atlantischer Ozean 28 G6, 33 O9, 47 L2
Karlstad Schweden 73 D12
Karolinen Föderierte Staaten von Mikronesien 29 O6, 97 K6
Karpaten (Gebirge) Osteuropa 29 K4, 55 N6, 68 I6, 71 J8
Karpathos Griechenland 69 E13
Karten 8–11
Kartenherstellung 8, 9
Kartographen 9
Kasachensteppe Kasachstan 29 L4, 79 J6
Kasachstan 31 M4, 74 B9, 78–79, 110
Kasai (Fluss) Angola/Zaire 29 K7, 91 M6, 94 H3
Kaschmir Südasien 119
Kashgar China 86 F4
Kaskadenkette (Gebirge) USA 44 F3
Kaspisches Meer (See) Asien/Europa 29 L5, 55 P6, 76 C11, 78 G8, 81 K1
Kassala Sudan 93 N8
Katar 31 L5, 74 B10, 81, 111
Katmandu Nepal 82 H8
Kattowitz (Katowice) Polen 70 G7
Kauai (Insel) Hawaii, USA 44 A6
Kaukasus Asia/Europa 55 O7, 75 J4, 76 B9, 78 E5
Kawasaki (Japan) 89 I10
Kazan' Russland 76 D8
Kebnekajse (Berg) Schweden 72 F7
Keeling-Inseln Indischer Ozean 29 N7, 31 N7, 119
Keltische See Irland 57 B14
Kemi (Fluss) Finnland 72 I6
Kenia (Berg) 91 O6, 95 M3
Kenia 31 K7, 90 D9, 95, 116
Kentucky (Staat) USA 38
Kerguelen-Inseln Indischer Ozean 29 M9, 31 M9
Kermadec-Graben Pazifischer Ozean 29 Q8
Kermadec-Inseln Polynesien 29 P8, 31 Q8, 96 E10, 97 N10
Kerman Iran 81 N4
Key West Florida, USA 41 N10
Khartum Sudan 93 N8
Kiel Deutschland 64 F6
Kiew Ukraine 71 L7
Kigali Ruanda 95 K3
Kilimandscharo (Vulkan) Tansania 91 O6, 95 M3
Kimberley-Plateau Western Australia, Australien 98 H3
Kinabalu (Berg) Malaysia 85 K7
King-Insel Tasmania, Australien 99 M10
Kingston Jamaika 47 L8
Kinshasa Demokratische Republik des Kongo 94 G4
Kioto Japan 89 F11
Kiribati 30 Ez, 31 O7, 96 E8, 118
Kirkwall Orkney, Schottland, G.-B. 56 G4
Kischinau Moldawien 71 K9
Kismaayo Somalia 93 O11
Kitakyushu Japan 89 C12
Kithera (Insel) Griechenland 69 G14
Kleine Antillen (Inselgruppe) Karibisches Meer 28 G6, 33 Q8
Kleine Sunda-Inseln Indonesien 75 O9
Kobe Japan 89 F11
Kochi Japan 89 E12
Kodiakinsel Alaska, USA 34 D7
Königin-Charlotte-Inseln British Columbia, Kanada 33 K4, 34 G9
Königin-Elisabeth-Inseln Northwest Territories, Kanada 28 F2, 33 M2, 35 K2, 103 K6
Königin-Maud-Land Antarktis 102 F9
Königsberg *siehe* Kaliningrad
Kokos-(Keeling)Inseln Indischer Ozean 29 N27, 31 N7, 119
Kopetdag Iran/Turkmenistan 78 H10
Korallensee Pazifischer Ozean 29 P7, 97 L9, 98 B10, 101 K3
Korçë Albanien 69 E11
Korea, Nord- *siehe* Nordkorea
Korea, Süd- *siehe* Südkorea
Koreastraße Japan/Südkorea 87 P6, 89 A12
Korfu (Insel) Griechenland 69 E12
Koro (Insel) Fidschi 101 O7
Korosee Fidschi 101 O7
Korsika (Insel) Frankreich 55 M7, 61 O10, 67 C9
Kosciuszko (Berg) New South Wales, Australien 97 L10, 99 M9
Košice Slowakei 70 H8
Kota Kinabalu Malaysia 85 J7
Krakau (Kraków) Polen 70 H7
Krasnodar Russland 76 B9
Krasnojarsk Russland 76 I9
Kreta (Insel) Griechenland 55 N8, 69 H15
Krim (Gebirge) Ukraine 71 N11
Kristiansand Norwegen 73 B13
Kroatien 31 K4, 54 D10, 68, 108
Kuala Lumpur Malaysia 84 G7
Kuala Terengganu Malaysia 84 G7
Kuba 30 G6, 32 D10, 47, 105
Kuching Malaysia 84 I8
Kumamoto Japan 89 C13
Kunlun Shan China 29 M5, 75 L5, 86 G5
Kunming China 87 J9
Kuopio Finnland 73 I9
Kupang Indonesien 85 L11
Kurilen Ostasien 29 O4, 75 P4, 77 P8
Kurilengraben Pazifischer Ozean 29 P4
Kushiro Japan 88 J3
Kuwait 31 L5, 74 B10, 81, 111
Kuwait Kuwait 81 K5
Kykladen (Inselgruppe) Griechenland 69 H14
Kyushu Japan 75 P5, 89 C13

L

La Coruña Spanien 58 G1
La Crosse Wisconsin, USA 43 K5
La Palma (Insel) Kanarische Inseln 58 B10
La Paz Bolivien 52 E5
La Paz Mexiko 46 C7
La Plata Argentinien 53 H10
La Rochelle Frankreich 60 H6
La Serena Chile 53 D9
La Spezia Italien 66 E7
Labrador (Region) Newfoundland, Kanada 33 P4, 37
Labradorsee Kanada/Grönland 28 H4, 33 P3, 37 M3
Lachlan (Fluss) New South Wales, Australien 97 K10
Ladogasee Russland 55 N5, 76 C6
Lae Papua-Neuguinea 98 B9
Lago Maggiore Italien/Schweiz 66 D5
Lagos Nigeria 92 H9
Lahaina Hawaii, USA 44 C7
Lahore Pakistan 82 D7
Lahti Finnland 73 I11
Lakeba (Insel) Fidschi 101 P7
Lake Charles USA 41 I7
Lakkadiven Arabisches Meer 29 M6, 31 M6
Lampertgletscher Antarktis 102 E10
Lanai (Insel) Hawaii, USA 44 C7
Lancang Jiang *siehe* Mekong
Land's End (Kap) England, G.-B. 57 E15
Längengrad 9
Lansing Michigan, USA 43 N5
Lanzarote (Insel) Kanarische Inseln 58 E10
Lanzhou China 87 K6
Laos 31 N6, 74 D10, 84, 112
Lappland Nordeuropa 72 G6
Laptewsee Russland 29 N3, 75 N2, 77 I5, 103 O5
Laredo Texas, USA 40 F9
Larsen-Eisschelf Antarktis 102 F7
Las Palmas Kanarische Inseln 58 C10
Las Vegas Nevada, USA 44 H8
Latakia Syrien 80 G2
Lau-Gruppe (Inselgruppe) Fidschi 101 P7
Launceston Tasmania, Australien 99 M10
Lausanne Schweiz 65 B15
Le Havre Frankreich 60 I3
Lebenserwartung 22

REGISTER UND ORTSVERZEICHNIS

Leeds England, G.-B. 57 H11
Leeuwarden Niederlande 62 H5
Lefkas (Insel) Griechenland 69 E12
Legaspi Philippinen 85 L5
Leicester England, G.-B. 57 H12
Leipzig Deutschland 65 G10
Lek (Fluss) Niederlande 62 G9
Lemberg Ukraine 71 I8
Lemnos (Insel) Griechenland 69 H11
Lena (Fluss) Russland 29 N3, 29 N4, 75 N3, 77 K6, 77 K8, 103 O4
Leningradskaja (Forschungszentrum) Antarktis 102 B8
Lerwick Shetland-Inseln, Schottland, G.-B. 56 H3
Lesbos (Insel) Griechenland 69 I12
Lesotho 31 K8, 90 D11, 95, 117
Leticia Kolumbien 50 H5
Lettland 31 K4, 54 D9, 71, 109
Leukas *siehe* Lefkas
Lewis with Harris (Insel) Hebriden, Schottland, G.-B. 56 D5
Lhasa China 86 H7
Libanon 31 K5, 74 B10, 80, 111
Liberia 31 J6, 90 B9, 92, 115
Libreville Gabun 94 F2
Libyen 31 K5, 90 C8, 93, 114
Libysche Wüste Libyen 91 M3, 93 K5
Licking (Fluss) Kentucky, USA 38 D9
Liechtenstein 31 K4, 54 C10, 65, 107
Liffey (Fluss) Irland 57 D11
Ligurisches Meer Italien 66 C8
Lihue Hawaii, USA 44 A6
Likasi Demokratische Republik des Kongo 95 J5
Lille Frankreich 61 J1
Lilongwe Malawi 95 L6
Lima Peru 50 G7
Limerick Irland 57 B12
Limpopo (Fluss) Südliches Afrika 91 N8, 95 K8
Lincoln Nebraska, USA 42 H7
Line-Inseln Kiribati 28 E5, 97 P6
Linköping Schweden 73 E13
Linz Österreich 65 H13
Liparische Inseln Italien 67 G14
Lissabon Portugal 58 G6
Litauen 31 K4, 54 D9, 71, 109
Lithosphäre 14–15
Little Rock Arkansas, USA 41 J5
Liverpool England, G.-B. 57 G11
Livorno Italien 66 E8
Ljubljana Slowenien 68 B6
Llanos Kolumbien/Venezuela 28 H6, 49 L4
Lódz Polen 70 H6
Lofoten Norwegen 72 D6
Loire (Fluss) Frankreich 55 L6, 61 I5
Lomami (Fluss) Zaire 95 J3
Lombok (Insel) Indonesien 85 K10
Lomé Togo 92 H9
London England, G.-B. 57 I14
London Ontario, Kanada 36 G10
Londonderry Nordirland, G.-B. 57 D9
Longyearbyen Svalbaard, Norwegen 103 N8
Lord Howe-Insel Australien 97 L10
Los Angeles Kalifornien, USA 44 G9
Louisiana (Staat) USA 41
Louisville Kentucky, USA 38 C9
Lower Hutt Neuseeland 100 G6
Loyalty-Inseln Südpazifischer Ozean 101 K7
Lualaba (Fluss) Demokratische Republik des Kongo 95 J3
Luanda Angola 94 G5
Luangwa (Fluss) Sambia 95 K6
Lubbock Texas, USA 40 F5
Lübeck Deutschland 64 F7
Lubumbashi Demokratische Republik des Kongo 95 J5
Lucknow Indien 82 F9
Luftverschmutzung 20, 26–27
Luganville Vanuatu 101 K5
Luleå Schweden 72 G8
Lusaka Sambia 95 J6
Lüttich Belgien 63 H12
Luxemburg 31 J4, 54 C10, 63, 107
Luxemburg, Luxemburg 63 I15
Luxor Ägypten 93 N6
Luzern Schweiz 65 C14
Luzon (Insel) Philippinen 29 N6, 75 O7, 85 K4
Lwiw *siehe* Lemberg
Lyon Frankreich 61 L7

M

Maas (Fluss) Deutschland/Niederlande 63 I9
Maas *siehe* Meuse
Macau (Portugiesische Kolonie) Südostchina 31 N6, 87 M10, 119
Macdonnellkette (Gebirge) Northern Territory, Australien 97 J9, 99 I5
Mackay Queensland, Australien 99 N5
Mackenzie (Fluss) Northwest Territories, Kanada 28 F2, 33 L3, 34 I6
Mackenziegebirge Northwest Territories, Kanada 34 H6
Macon Georgia, USA 41 M6
Macquarie-Inseln Pazifischer Ozean 29 P9, 31 P9, 97 M11
Madagaskar 29 L8, 31 L7, 90 D11, 91 P8, 95, 117
Madang Papua-Neuguinea 98 B9
Madeira (Fluss) Bolivien/Brasilien 49 M5, 51 J5
Madeira (Inselgruppe) Atlantischer Ozean 31 J5, 58, 90 A7, 91 K3, 92 E4
Madison Wisconsin, USA 43 L5
Madras Indien 83 F13
Madrid Spanien 59 K5
Maéwo (Insel) Vanuatu 101 K5
Mafia (Insel) Tansania 95 M4
Magadan Russland 77 N6
Magdalena (Fluss) Kolumbien 50 G3
Magdeburg Deutschland 64 G9
Magellanstraße Chile 53 F16
Magma 14
Mahiljow Weißrussland 70 L5
Mahón Menorca, Spanien 59 Q5
Maiao (Insel) Französisch-Polynesien 101 O11
Mailand Italien 66 D6
Main (Fluss) Deutschland 65 F11
Maine (Staat) USA 39
Mainz Deutschland 65 D11
Makedonien 31 K5, 54 D10, 69, 108
Málaga Spanien 59 J9
Malaita (Insel) Salomonen 101 K2
Malakkastraße Südostasien 84 E6
Malapo Äquatorial-Guinea 93 J10
Malawi 31 K7, 90 D10, 95, 117
Malawisee *siehe* Njassasee
Malaysia 31 N6, 74 D11, 84–85, 113
Male Malediven 83 C14
Malediven 29, M6, 31 M6, 74 C11, 75 K8, 83, 113
Malekula (Insel) Vanuatu 101 K6
Mali 31 J6, 90 B8, 92, 114
Mallorca (Insel) Spanien 59 P5
Malmö Schweden 73 D15
Malta 31 K5, 54 D11, 67, 108
Mamoré (Fluss) Bolivien 52 F4
Man (Insel) Irische See 57 I10, 119
Manado Indonesien 85 M8
Managua Nicaragua 47 I10
Manama Bahrain 81 L6
Manaus Brasilien 51 J4
Manchester England, G.-B. 57 G11
Manchester New Hampshire, USA 39 L5
Mandalay Myanmar 84 F2
Manila Philippinen 85 L4
Manitoba (Provinz) Kanada 35
Mannheim Deutschland 65 D11
Manua-Inseln Amerikanisch-Samoa 101 Q3
Manus (Insel) Papua-Neuguinea 98 B8
Maputo Mosambik 95 K9
Mar del Plata Argentinien 53 H112
Maracaibosee Venezuela 49 L3, 50 H2
Maradi Niger 92 I8
Marañón (Fluss) Peru 49 L4, 50 G5
Marchena (Insel) Galápagos-Inseln, Ecuador 50 C8
Margherita Peak (Vulkan) Uganda 91 N6, 95 K2
Marianen (Inseln) Mikronesien 29 O6, 97 K5
Marianen, Nördliche Mikronesien 31 O6, 97 C7, 119
Marianengraben Pazifischer Ozean 29 O6
Marie-Byrd-Land Antarktis 102 D6
Marokko 31 J5, 90 B7, 92, 114
Marquesas-Inseln Französisch-Polynesien 97 Q7
Marquette Michigan, USA 43 L3
Marrakech Marokko 92 G4
Marseille Frankreich 61 L9
Marshall-Inseln 29 P6, 31 P6, 96 D7, 97 M6, 118
Martin-Vaz-Inseln Südatlantischer Ozean 29 I8, 31 I8, 48 E9
Martinique (Insel) Karibisches Meer 30 H6, 32 G11, 47 P7, 119
Maryborough Queensland, Australien 99 O6
Maryland (Staat) USA 38–39
Maseru Lesotho 95 J10
Maskat (Masqat) Oman 81 N7
Massachusetts (Staat) USA 39
Matadi Demokratische Republik des Kongo 94 G4
Matamoros Mexiko 46 F6
Mato-Grosso-Plateau Brasilien 49 N5, 51 K7
Matsue Japan 89 D11
Matsuyama Japan 89 D12
Matterhorn (Berg) Schweiz 55 M6, 65 B15, 66 C5
Maui (Insel) Hawaii, USA 44 C7
Mauna Kea (Berg) Hawaii, USA 44 C7
Mauna Loa (Berg) Hawaii, USA 44 C8
Maupiti (Insel) Französisch-Polynesien 101 M9
Mauretanien 31 J6, 90 B8, 92, 114
Mauritius 29 L8, 31 L8, 90 E11, 91 Q8, 95, 117
Mawson (Forschungszentrum) Antarktis 102 F10
Mayotte (Insel) Indischer Ozean 29 L7, 31 L7, 90 D10, 95 N6, 119
Mbabane Swasiland 95 K9
Mbuji-Mayi Zaire 95 I4
McMurdo (Forschungszentrum) Antarktis 102 C8
McMurdo-Sound Antarktis 102 B8
Mekong (Fluss) Asien 29 N6, 75 N7, 84 H4, 87 J9
Meadstausee Arizona/Nevada, USA 44 I8
Medan Indonesien 84 F7
Medellín Kolumbien 50 G2
Medina 80 H7
Mekka Saudi-Arabien 80 H8
Melanesien Pazifischer Ozean 29 O7, 97 L7
Melbourne Victoria, Australien 99 M9
Melilla (spanische Enklave) Nordwestafrika 59 L10, 92 H4
Melville-Insel Northern Territory, Australien 98 I2
Memphis Tennessee, USA 41 K5
Mendoza Argentinien 53 E10
Menorca (Insel) Spanien 59 Q5
Meridiane 9
Meseta Spanien 59 J5
Meschhed Iran 81 N2
Messina Sizilien, Italien 67 H15
Metz Frankreich 61 M3
Meuse (Fluss) Westeuropa 61 L3, 63 H13
Mexicali Mexiko 46 B4
Mexiko 30 G5, 32 D10, 46, 104
Mexiko, Golf von, Mexiko/USA 28 G5, 33 N8, 41 J9, 46 G6
Mexiko-Stadt Mexiko 46 F8
Miami Florida, USA 41 O9
Michigan (Staat) USA 43
Michigansee USA 33 N6, 36 F8, 43 M4
Middlesbrough England, G.-B. 57 H10
Midway-Inseln Polynesien 29 Q5, 31 Q5, 119
Mikronesien *siehe* Föderierte Staaten von Mikronesien 31 O6, 96 C8, 118
Mikronesien Pazifischer Ozean 29 P6, 97 K6
Milford Haven Wales, G.-B. 57 E13
Milwaukee Wisconsin, USA 43 M5
Mindanao (Insel) Philippinen 75 P8, 85 M6
Mindoro (Insel) Philippinen 85 L5
Mineralien 14, 20
Minneapolis Minnesota, USA 43 J4
Minnesota (Fluss) Minnesota, USA 42 I5
Minnesota (Staat) USA 42–43
Minot North Dakota, USA 42 F2
Minsk Weißrussland 71 K5
Miquelon (Insel) Kanada 28 H4, 30 H4, 37 O9, 119
Mirnyj (Forschungszentrum) Antarktis 102 E11
Mississippi (Fluss) USA 28 G5, 33 N6, 41 J7, 43 I4, 43 L9, 43 K6
Mississippi (Staat) USA 41
Missoula Montana, USA 44 I2
Missouri (Fluss) USA 28 G4, 33 M6, 42 F4, 42 H6, 45 J2
Missouri (Staat) USA 43
Mistassinisee Quebec, Kanada 37 J7
Misurata (Misra-tah) Libyen 93 K4
Mittelamerikanischer Graben Pazifischer Ozean 28 F6
Mittelatlantischer Rücken Atlantischer Ozean 28 I5, 29 J7
Mittelmeer Afrika/Europa 29 J5, 55 L7, 59 N8, 61 M10, 67 E16, 69 J16, 80 E3, 91 M2, 93 K4
Mittelsibirisches Bergland Russland 29 N3, 75 N3, 77 J6
Miyazaki Japan 89 C14
Mizuho (Forschungszentrum) Antarktis 102 G9
Moala (Insel) Fidschi 101 O8
Mobile Alabama, USA 41 L5
Modena Italien 66 F7
Mogadischu Somalia 93 P10
Moldawien 31 K4, 54 E10, 71, 109
Molodeschnaja (Forschungszentrum) Antarktis 102 G10
Molokai (Insel) Hawaii, USA 44 C7
Molukken (Inselgruppe) Indonesien 75 P9
Mombasa Kenia 95 M4
Monaco 31 J5, 54 C10, 61, 107
Mondego (Fluss) Portugal 58 G5
Mongolei 31 N4, 74 D9, 86–87, 113
Monrovia Liberia 92 E9
Montana (Staat) USA 45
Montblanc (Berg) Frankreich/Italien 55 L7, 61 M7, 66 C5
Monte Rosa (Berg) Italien/Schweiz 55 M7, 66 D5
Montenegro (Republik) Jugoslawien 68 D9
Monterrey Mexiko 46 F6
Montevideo Uruguay 53 J10
Montgomery Alabama, USA 41 L6
Montpelier Vermont, USA 39 K4
Montpellier Frankreich 61 K9
Montreal Quebec, Kanada 37 J9
Montserrat (Insel) Karibisches Meer 47 O7, 119
Moorea (Insel) Französisch-Polynesien 101 P11
Moorhead Minnesota, USA 42 H3
Moosonee Ontario, Kanada 36 H6
Morava (Fluss) Tschechische Republik 68 F8, 69 F9
Morioka Japan 88 I6
Moroni Komoren 95 N5
Mosambik 31 K7, 90 D10, 95, 117
Mosambik, Straße von, Madagaskar/Mosambik 91 O8, 95 N7
Mosel (Fluss) Westeuropa 61 M4, 65 B11
Moskau Russland 76 C7
Mostar Bosnien-Herzegowina 68 D8
Mosul Irak 81 I2
Mount Egmont Neuseeland 100 F5
Mount Everest China/Nepal 75 L6, 82 H7, 86 G8
Mount Isa Queensland, Australien 99 K5
Mount Logan Alaska, USA 33 K3, 34 F7
Mount McKinley Alaska, USA USA 33 K3, 34 E5
Mount Meru Tansania 91 O6
Mount Mitchell North Carolina, USA 41 N4
Mount Rainier Washington, USA 44 F2
Mount Snowdon Wales, G.-B. 57 F12
Mount St. Elias Alaska, USA 33 K3, 34 F7
Mount Tasman Neuseeland 97 M11
Mount Victoria Papua-Neuguinea 97 K8
Mount Whitney Kalifornien, USA 33 K7, 44 G8
Mount Wilhelm Papua-Neuguinea 97 K8, 98 B9
Mulhacén (Berg) Spanien 59 K8
Mull (Insel) Schottland G.-B. 56 E7
München Deutschland 65 F13
Münster Deutschland 64 C9
Mur (Fluss) Österreich 65 I14
Murcia Spanien 59 M7
Mures (Fluss) Rumänien 68 G6
Murmansk Russland 76 E5, 103 O9
Murray (Fluss) New South Wales/South Australia Australien 29 O8, 97 K10, 99 L9
Murrumbidgee (Fluss) New South Wales, Australien 97 K10
Musala (Berg) Bulgarien 69 G10
Mwanza Tansania 95 L3
Myanmar (Birma) 31 M6, 74 C10, 84, 112
Mykonos (Insel) Griechenland 69 I13

N

N'Djamena Tschad 93 J8
Nagasaki Japan 89 B13
Nagoya Japan 89 G11
Nagpur Indien 83 F10
Naha Japan 88 B8
Nain Newfoundland, Kanada 37 M4
Nairobi Kenia 95 M3
Namangan Kirgistan 79 L10
Namib (Wüste) Südwestafrika 29 K8, 91 M8, 94 G8
Namibia 31 K8, 90 C11, 94, 117
Namibische Wüste *siehe* Namib
Nampula Malawi 95 M6
Nan (Gebirge) China 75 N6
Nanchang China 87 N8
Nancy Frankreich 61 M3
Nanjing China 87 N7
Nanning China 87 L10
Nansei-Inseln Ostasien 75 O6, 88 B5
Nantes Frankreich 60 G5
Napier Neuseeland 100 H5
Narjan Mar Russland 103 P8
Narvik Norwegen 72 F6
Nashville Tennessee, USA 41 L4
Nassau Bahamas 47 K6
Nassersee (Stausee) Sudan 81 O4, 93 M6
Nauru 29 P7, 31 P7, 96 D8, 97 M7, 118
Naxos (Insel) Griechenland 69 I14
Ndola Sambia 95 J6
Neapel Italien 67 G12
Nebraska (Staat) USA 42
Nefud (Wüste) Saudi-Arabien 80 H5
Negro, Rio (Fluss) Argentinien 53 F12
Negro, Rio (Fluss) Brasilien/Uruguay 49 M3, 51 J4
Negros (Insel) Philippinen 85 L6
Nelson (Fluss) Manitoba, Kanada 35 M9
Nelson Neuseeland 100 F6
Neman (Fluss) Weißrussland/Litauen 71 J5
Nepal 31 M5, 74 C10, 82, 112
Neu-Delhi Indien 82 E8
Neubritannien (Insel) Papua-Neuguinea 97 K7, 98 C9
Neuguinea (Insel) Indonesien/Papua-Neuguinea 29 O7, 75 Q8, 85 P9, 97 J7
Neuhanover (Insel) Papua-Neuguinea 98 C8
Neuirland (Insel) Papua-Neuguinea 98 C8
Neukaledonien (Insel) Melanesien 29 P8, 31 P8, 96 D9, 97 M9, 101 J6, 119
Neuseeland 29 P9, 31 P9, 96 D11, 97 M10, 100, 118
Neuseeländische Alpen (Gebirge) Neuseeland 100 D8
Neusibirische Inseln Russland 29 O3, 77 K4, 103 N4
Nevada (Staat) USA 44
New Brunswick (Provinz) Kanada 37
New Hampshire (Staat) USA 39
New Jersey (Staat) USA 39
New Mexico (Staat) USA 45
New Orleans Louisiana, USA 41 K7
New Plymouth Neuseeland 100 F5
New South Wales (Staat) Australien 99 M8
New York (Staat) USA 38–39
New York, New York, USA 39 K7
New-Georgia-Inseln Salomonen 101 J2
Newcastle England, G.-B. 57 H9
Newcastle New South Wales, Australien 99 N8
Newfoundland (Insel) Newfoundland, Kanada 28 H4, 33 P5, 37 P8
Newfoundland (Provinz) Kanada 37
Niamey Niger 92 H8
Nicaragua 30 G6, 32 D11, 47, 104
Nicaraguasee Nicaragua 33 O10

DER GROSSE ILLUSTRIERTE WELTATLAS

Niederkalifornien (Halbinsel) Mexiko 46 B5
Niederlande 31 J4, 54 C9, 62–63, 107
Niederländische Antillen 47 N9, 119
Niger (Fluss) Westafrika 29 J6, 91 L4, 92 G7, 92 H9
Niger 31 K6, 90 C8, 92–93, 114
Nigeria 31 J6, 90 C9, 92–93, 116
Niigata Japan 88 H8
Niihau (Insel) Hawaii, USA 44 A7
Nijmegen Niederlande 62 I9
Nikobaren Indien 29 M6, 31 M6, 75 M8, 83 K14
Nikosia Zypern 78 B7
Nil (Fluss) Nordafrika 29 K6, 91 N3, 93 M5, 93 N7
Nimwegen *siehe* Nijmegen
Nipigon Ontario, Kanada 36 F6
Nipigonsee Ontario, Kanada 33 N5, 36 F6
Niš Jugoslawien 68 F9
Nishnij Nowgorod Russland 76 D7
Niue (Insel) Polynesien 29 Q3, 31 Q7, 96 E9, 119
Nizza Frankreich 61 N9
Njassasee Malawi 91 O7, 95 L6
Nome Alaska (USA) 34 D5
Nord-Ostsee-Kanal Deutschland 64 E6
Nordamerika (Kontinent) 28, 32–47, 104–105
Nordamerikanisches Becken Atlantischer Ozean 28 H5
Nordaustralisches Becken Indischer Ozean 29 N8
Nordfjord Norwegen 73 B10
Nordinsel Neuseeland 29 P9, 97 N10, 100 F3
Nordirland G.-B. 57
Nordkap Norwegen 72 G4, 103 N8
Nordkorea 31 O5, 74 D9, 87, 113
Nördliche Marianen Mikronesien 31 O6, 96 C7, 119
Nördliche Sporaden (Inselgruppe) Griechenland 69 G12
Nordpol 33 N1, 55 M2, 75 M1, 103 M6
Nordpolarmeer 29, 31, 33, 35, 55, 75, 76–77, 103
Nordsee Westeuropa 29 J4, 55 L5, 56 I8, 63 B10, 64 C6, 73 A14
Nordwestpazifisches Becken Nordatlantischer Ozean 29 P5
Nordwik (Forschungszentrum) Russland 77 J5, 103 O5
Norfolk Virginia, USA 39 I10
Norfolk-Insel Pazifischer Ozean 29 P8, 31 P8, 96 D10, 97 M10, 119
Norrköping Schweden 73 E13
North Carolina (Staat) USA 41
North Dakota (Staat) USA 42
North Uist (Insel) Hebriden, Schottland, G.-B. 56 D6
North-Platte Nebraska, USA 42 F7
Northern Territory Australien 99 J4
Northwest Teritorries (Provinz) Kanada 35
Norwegen 31 J4, 54 C8, 72–73, 109
Norwich England, G.-B. 57 K12
Nottingham England, G.-B. 57 H12
Nouakchott Mauretanien 92 E7
Noumea Neukaledonien 101 K8
Nova Scotia (Provinz) Kanada 37
Novi Sad Jugoslawien 68 E7
Nowaja Semlja (Inselgruppe) Russland 29 L3, 76 G5, 103 O7
Nowosibirsk Russland 76 H9
Nubische Wüste Sudan 29 K6, 91 O4, 93 N7
Nuku'alofa Tonga 101 J10
Nukus Usbekistan 79 I8
Nullarborebene Western Australia, Australien 98 H7
Nürnberg Deutschland 65 F12
Nuuk Grönland 103 J8

O

Oahu (Insel) Hawaii, USA 44 B7
Oakland Kalifornien, USA 44 F7
Ob (Fluss) Russland 29 M4, 76 F7, 76 G8
Oban Schottland, G.-B. 56 E8
Oberer See Kanada/USA 33 N6, 36 F7, 43 L2
Ochotsk Russland 77 M6
Ochotskisches Meer Japan/Russland 29 O4, 75 P3, 77 O7, 88 I1
Odense Dänemark 73 C15
Oder (Fluss) Deutschland 64 I8, 70 G6
Odessa Ukraine 71 L10
Ogden Utah, USA 45 J5
Ohio (Fluss) USA 33 O7, 38 F8, 43 M9, 43 P7
Ohio (Staat) USA 43
Ohonua Tonga 101 J10
Ojos del Salado, Cerro (Berg) Chile 49 M6, 52 E8
Okavango (Fluss) Südliches Afrika 91 M8, 94 H6
Okavango-Delta Angola 91 N8
Okayama Japan 89 E11
Okeechobee-See Florida, USA 41 O9
Oki-Inseln Japan 89 D10
Okinawa Japan 88 A7
Oklahoma (Staat) USA 40
Oklahoma City Oklahoma, USA 40 H4
Ökosysteme 18–19
Öland (Insel) Schweden 73 F14
Oldenburg Deutschland 64 D7
Ölteppiche 27
Olymp (Berg) Griechenland 69 G11
Olympia Washington, USA 44 F2
Omaha Nebraska, USA 42 I7
Oman 31 L6, 74 B10, 81, 111
Oman, Golf von, Arabien/Iran 75 K6, 81 N6
Omsk Russland 76 G9
Onegasee Russland 55 N5, 76 D6
Ontario (Provinz) Kanada 36
Ontariosee Kanada/USA 33 O6, 36 H10, 38 H4
Oradea (Großwardein) Rumänien 68 F5
Oran Algerien 92 H4
Oranje (Fluss) Südliches Afrika 29 K8, 91 N9, 94 H9
Örebro Schweden 73 E12
Oregon (Staat) USA 44
Orinoco (Fluss) Venezuela 28 H6, 49 M3, 51 I2
Orizaba (Berg) Mexiko 33 M9, 46 F8
Orkney-Inseln Schottland, G.-B. 56 G4
Orlando Florida, USA 41 O8
Osaka Japan 89 F11
Osch Kirgistan 79 L10
Osijek Kroatien 68 D7
Oskemen Kasachstan 79 N7
Oslo Norwegen 73 C12
Ostafrikanischer Graben *siehe* Great Rift Valley
Ostchinesisches Meer China 29 O5, 75 O6, 87 P8, 88 A6
Ostende Belgien 63 C11
Österdalälv (Fluss) Schweden 73 E11
Osterinsel Pazifischer Ozean 28 F8, 30 F8, 48 A9, 49 J7
Österreich 31 K4, 54 D10, 65, 108
Ostkarpaten (Gebirge) Rumänien 68 G7
Östliche Sierra Madre (Gebirge) Mexiko 33 L8
Ostpazifischer Rücken Pazifischer Ozean 28 F9
Ostsee Nordeuropa 55 M6, 64 H6, 70 G4, 73 F15
Ostsibirisches Meer Nordpolarmeer 29 P3, 75 O2, 77 L4, 103 N4
Osumi-Inseln Japan 89 C15
Otaru Japan 88 H3
Otranto, Straße von, Albanien/Italien 67 K13
Ottawa Kanada 37 I9
Ouagadougou Burkina Faso 92 G8
Oulu (Uleåborg) Finnland 72 H8
Oulujärvi (See) Finnland 72 I9
Oviedo Spanien 59 I1
Oxford England, G.-B. 57 H13
Ozarkplateau Arkansas/Missouri, USA 41 I4, 43 K10
Ozeane 16, 18, 21, 24
Ozeanien Pazifischer Ozean 29 P7, 96–101
Ozonschicht 27

P

Padang Indonesien 84 G8
Padua Italien 66 G6
Pago-Pago Amerikanisch-Samoa 101 P3
Pakistan 31 M5, 74 C10, 82, 112
Palau (Belau) 29 O6, 31 O6, 96 B8, 118
Palawan (Insel) Philippinen 85 K5
Palembang Malaysia 84 H9
Palermo Sizilien, Italien 67 F15
Palma Mallorca, Spanien 59 P5
Palmer (Forschungszentrum) Antarktis 102 F4
Palmerland Antarktis 102 F5
Palmerston, North, Neuseeland 100 G6
Pampa Argentinien 28 H8, 49 M7, 53 G10
Pamplona Spanien 59 L2
Panaji Indien 83 D12
Panama (Stadt) Panama 47 K11
Panama 30 G6, 32 D11, 47, 104
Panama, Golf von, Panama 49 L3
Panay (Insel) Philippinen 85 L5
Paopao Französisch-Polynesien 101 P11
Papeete Französisch-Polynesien 101 P11
Papua-Neuguinea 31 O7, 96 C8, 98, 118
Paraguay (Fluss) Südamerika 49 N6, 52 H8
Paraguay 30 F8, 48 C9, 52, 106
Paramaribo Suriname 51 K2
Parana (Fluss) Südamerika 28 H8, 49 N6, 50 L8, 52 G9
Paris Frankreich 61 J3
Parma Italien 66 E7
Paros (Insel) Griechenland 69 H14
Parry-Inseln Northwest Territories, Kanada 35 K3
Patagonien Argentinien 28 H9, 49 M8, 53 F14
Patos, Lagoa dos (See), Brasilien 49 N7, 51 L11
Patras Griechenland 69 F13
Pawlodar Kasachstan 79 N6
Pazifischer Ozean 28, 29, 30, 31, 34, 36, 49, 50, 52–53, 75, 85, 87, 89, 97, 99, 100, 102
Peace (Fluss) British Columbia, Kanada 35 I9
Pecos (Fluss) New Mexico/Texas, USA 40 E6
Pécs Ungarn 70 G10
Peking *siehe* Beijing
Peloponnes (Landschaft) Griechenland 69 F13
Penang (Insel) Malaysia 84 G7
Pennines (Gebirge) England, G.-B. 57 G10
Pennsylvania (Staat) USA 38–39
Pentecost (Insel) Vanuatu 101 K5
Peoria Illinois, USA 43 L7
Perm Russland 76 E8
Perpignan Frankreich 61 J10
Persischer Golf Arabien/Iran 75 J5, 81 K5
Perth Western Australia, Australien 99 F8
Peru 30 G70, 48 C8, 50, 106
Perugia Italien 66 F9
Perugraben Pazifischer Ozean 28 G7
Pescara Italien 67 H10
Peshawar Pakistan 82 D6
Petropawlowsk Kasachstan 79 L5
Petropawlowsk-Kamtschatskij Russland 77 P6
Pewek Russland 103 N3
Pflanzen 18–19, 20
Philadelphia Pennsylvania, USA 39 J8
Philippinen 29 O6, 31 N6, 74 D10, 75 P7, 85, 113
Philippinen-Graben Pazifischer Ozean 29 O6
Philippinisches Becken Pazifischer Ozean 29 O6
Philippinisches Meer Philippinen 29 O6
Phnom Penh Kambodscha 84 H5
Phoenix Arizona, USA 45 J9
Phoenix-Inseln Kiribati 97 O7
Phuket Thailand 84 F6
Pico (Insel) Azoren 58 B8
Pierre South Dakota, USA 42 G5
Pilcomayo (Fluss) Bolivien/Paraguay 52 G7
Pilsen Tschechische Republik 70 E7
Pinta (Insel) Galápagos-Inseln, Ecuador 50 C8
Piräus Griechenland 69 G13
Pisa Italien 66 E8
Pitcairn-Inseln Polynesien 30 F8, 96 G10, 97 Q9, 119
Pittsburgh Pennsylvania, USA 38 G7
Pjöngjang Nordkorea 87 O4
Plata, Rio de la (Fluss), Argentinien/Uruguay 49 N7, 53 H10
Platte (Fluss) Nebraska, USA 42 F7
Platten, tektonische, 14–15
Plenty-Bucht Neuseeland 100 H3
Ploiesti Rumänien 68 I7
Plovdiv Bulgarien 69 H10
Plymouth England, G.-B. 57 F15
Po (Fluss) Italien 66 F6
Podgorica Jugoslawien 69 E9
Pointe Noire Kongo 94 G4
Polargebiete 16, 19
Polen 31 K4, 54 D9, 70, 109
Polynesien Pazifischer Ozean 28 E7, 97 O10
Pontianak Indonesien 84 I8
Poopósee Bolivien 49 M6
Popocatépetl (Vulkan) Mexiko 33 M9
Pori Finnland 73 G11
Port Augusta South Australia, Australien 99 K8
Port Elizabeth Südafrika 95 J11
Port Hedland Western Australia, Australien 98 F5
Port Louis Mauritius 95 Q8
Port Moresby Papua-Neuguinea 98 B10
Port of Spain Trinidad und Tobago 47 P9
Port Said Ägypten 93 M5
Port Sudan Sudan 93 O7
Port Vila Vanuatu 101 J6
Port-au-Prince Haiti 47 M7
Port-Gentil Gabun 94 F3
Portland Maine, USA 39 M4
Portland Oregon, USA 44 F3
Pôrto Alegre Brasilien 51 L11
Porto Novo Benin 92 H8
Porto Portugal 58 G4
Portugal 31 J5, 54 B11, 58, 107
Posen Polen 70 G6
Pouembout Neukaledonien 101 J7
Powell-Stausee Utah, USA 45 K7
Poyang Hu (See) China 87 N8
Prag Tschechische Republik 70 F7
Praha *siehe* Prag
Pretoria Südafrika 95 J9
Prince George British Columbia, Kanada 34 H9
Prince Rupert British Columbia, Kanada 34 G9
Prince-of-Wales-Insel Northwest Territories, Kanada 35 L4
Principe (Insel) São Tomé und Principe 91 L6, 94 E2
Principe *siehe* São Tomé und Principe
Prinz-Eduard-Insel (Provinz) Kanada 37
Prinz-Edward-Inseln Südafrika 29 K9, 31 L9
Pripjat (Fluss) Osteuropa 71 J6
Pristina Jugoslawien 69 F9
Providence Rhode Island, USA 39 L6
Provo Utah, USA 45 J6
Prudhoe Bay Alaska, USA 103 L4
Pruth (Fluss) Osteuropa 68 J5, 71 K9
Prydzbai Antarktis 102 F11
Pueblo Colorado, USA 45 M7
Puerto Ayora Santa Cruz, Galápagos-Inseln, Ecuador 50 C10
Puerto Baquerizo Moreno San Cristóbal, Galápagos-Inseln, Ecuador 50 D10
Puerto Deseado Argentinien 53 G15
Puerto Montt Chile 53 E13
Puerto Rico (Insel) Karibisches Meer 30 H6, 32 F10, 47 N7, 119
Pula Kroatien 68 A7
Puncak Jaya (Berg) Indonesien 85 P9
Punta Arenas Argentinien 53 F16
Purus (Fluss) Brasilien/Peru 49 M4, 50 I5
Pusan Südkorea 87 P5
Putumayo (Fluss) Kolumbien 55 H4
Pyrenäen (Gebirge) Frankreich/Spanien 55 L7, 59 M2, 60 H10

Q

Qandahar Afghanistan 82 B7
Qaraghandy Kasachstan 79 M7
Qinghai Hu (See) China 87 J6
Qiqihar Mongolei 87 N2
Qostanay Kasachstan 79 K5
Quebec (Provinz) Kanada 84 H4
Quebec Quebec, Kanada 37 K9
Queensland (Staat) Australia 99 L5
Queenstown Neuseeland 100 D9
Quimper Frankreich 60 F4
Quito Ecuador 50 F4

R

Rabat Marokko 92 G4
Raiatea (Insel) Französisch-Polynesien 101 N10
Raleigh North Carolina, USA 41 O4
Rangun *siehe* Yangon
Rapid City South Dakota, USA 42 E5
Ras Dashan (Vulkan) Äthiopien 91 O5, 93 O8
Ravenna Italien 66 G7
Reading England, G.-B. 57 I14
Rebun (Insel) Japan 88 H2
Recife Brasilien 51 P5
Red River (Fluss) USA 40 G5, 42 H2
Regenwälder 18
Reggio di Calabria Italien 67 H15
Regina Sasketchewan, Kanada 35 K11
Reims Frankreich 61 K3
Rennell (Insel) Salomonen 101 K3
Rennes Frankreich 60 G4
Reno Nevada, USA 44 G6
Rentiersee Saskatchewan, Kanada 35 K9
Rescht Iran 81 K2
Réservoir de la Grande Deux (See) Quebec, Kanada 37 I5
Reshiri (Insel) Japan 88 H2
Resolute Northwest Territories, Kanada 103 K6
Réunion (Insel) Frankreich, Indischer Ozean 29 L8, 31 L8, 90 E11, 91 P8, 95 P8, 119
Reval Estland 71 J1
Reykjavík Island 72 B6
Rhein (Fluss) Westeuropa 55 M6, 62 I9, 65 C10, 65 C13
Rhode Island (Staat) USA 39
Rhodopen Bulgarien/Griechenland 69 G10
Rhodos (Insel) Griechenland 69 J15
Rhône (Fluss) Frankreich/Schweiz 61 L7, 61 L8
Riad Saudi-Arabien 81 J7
Richmond Virginia, USA 38 I10
Riga Lettland 71 I3
Rigaischer Meerbusen Estland/Lettland 70 I2
Rijika Slowenien 68 A7
Rimini Italien 66 G8
Rio de Janeiro Brasilien 51 N9
Rio Gallegos Argentinien 53 F16
Rio Grande (Fluss) Mexiko/USA 28 F5, 33 M8, 40 F8, 45 L9, 46 F6
Roanoke Virginia, USA 38 G10
Rochester Minnesota, USA 42 J5
Rock Island Illinois, USA 43 K7
Rock Springs Wyoming, USA 45 K5
Rockhampton Queensland, Australien 99 N5
Rocky Mountains (Gebirge) Nordamerika 28 F4, 33 L4, 34 H9, 45 K4
Rohstoffe 20–21, 26
Rom Italien 67 F10
Ronne-Eisschelf Antarktis 102 F6
Rosario Argentinien 53 H10
Ross-Eisschelf Antarktis 102 D7
Rossmeer Antarktis 29 P12, 102 C7
Rostock Deutschland 64 G6
Rostow-na-Donu Russland 76 B9
Roswell New Mexico, USA 45 M9
Rotation der Erde 12
Roter Fluss China/Vietnam 84 H3
Rotes Meer Arabien/Ägypten 29 K6, 75 J6, 80 G7, 91 O4, 93 N6
Rotorua Neuseeland 100 H4
Rotterdam Niederlande 62 F9
Rouen Frankreich 61 I3
Ruanda 31 K7, 90 D9, 95, 116
Ruapehu (Vulkan) Neuseeland 100 G5
Rub al Kha-li *siehe* Große Arabische Wüste
Ruhrtal Deutschland 65 C9
Rumänien 31 K4, 54 D10, 68, 108
Russkaya Gawan (Forschungszentrum) Antarktis 102 C6
Russland 31 N3, 74 C8, 76–77, 110
Ruvuma (Fluss) Mosambik/Tansania 95 L5
Ryu-kyu-Inseln *siehe* Nansei-Inseln
Ryuku-Inseln Ostasien 75 O6, 88 B5

S

Sabah Malaysia 85 K7
Sachalin (Insel) Russland 75 P4, 77 O8
Sacramento (Fluss) Kalifornien, USA 44 F6
Sacramento Kalifornien, USA 44 F7
Sado (Insel) Japan 88 G8
Saginaw Michigan, USA 43 N5

Register und Ortsverzeichnis

Saguenay (Fluss) Quebec, Kanada 35 K8
Sahara (Wüste) Nordafrika 29 J6, 91 K4, 92 H6
Sahel Westafrika 29 J6, 91 L5, 92 G7
Saigon *siehe* Ho-Chi-Minh-Stadt
Saimaasee Finnland 73 I10
Saint John New Brunswick, Kanada 37 L9
Saint-Jean-See Quebec, Kanada 37 J8
Sajan (Gebirge) Russland 77 I10
Sakami (See) Quebec, Kanada 37 I6
Sala'ilua West-Samoa 101 M2
Salado, Rio (Fluss) Argentinien 52 G8
Salalah Jemen 81 M9
Salamanca Spanien 59 I4
Salem Oregon, USA 44 F3
Salerno Italien 67 H12
Salina Kansas, USA 42 H9
Salomonen 29 P7, 31 P7, 96 D8, 97 L7, 101, 118
Salomonsee Papua-Neuguinea/Salomonen 98 C10
Saloniki Griechenland 69 G11
Salt Lake City Utah, USA 45 J6
Salvador Brasilien 51 O7
Salzach (Fluss) Österreich/Deutschland 65 H14
Samar (Insel) Philippinen 85 M5
Samara Russland 76 D8
Samarkand Usbekistan 79 J10
Sambesi (Fluss) Südliches Afrika 29 K7, 91 O8, 95 I6, 95 L7
Sambia 31 K7, 90 C10, 95, 117
Sambre (Fluss) Belgien/Frankreich 63 F13
Samoa, Amerikanisch- *siehe* Amerikanisch-Samoa
Samoa, West- *siehe* West-Samoa
Samoa-Inseln Südpazifischer Ozean 29 Q7, 97 O8, 101 O1
Sámos (Insel) Griechenland 69 I13
Samothraki (Insel) Griechenland 69 I11
San Antonio Texas, USA 40 G8
San Christobal (Insel) Salomonen 101 K3
San Cristobal (Insel) Galápagos-Inseln, Ecuador 50 D10
San Diego Kalifornien, USA 44 H10
San Francisco Kalifornien, USA 44 E7
San José Costa Rica 47 J10
San Juan Argentinien 53 E10
San Juan Puerto Rico 47 N7
San Marino 31 K4, 54 D10, 66, 108
San Marino San Marino 66 G8
San Miguel de Tucumán Argentinien
San Salvador (Insel) Galápagos-Inseln, Ecuador 50 C9
San Salvador El Salvador 46 F8
San-Jorge-Golf Argentinien 49 M8
San-Matías-Golf Argentinien 49 M8
Sana Jemen 81 I10
Sansibar (Insel) Tansania 91 O7, 95 M4
Santa Barbara Kalifornien, USA 44 G9
Santa Cruz (Insel) Galápagos-Inseln, Ecuador 50 C9
Santa Cruz Bolivien 52 G5
Santa Cruz de Tenerife, Tenerife, Kanarische Inseln, 58 C10
Santa Fe New Mexico, USA 45 L8
Santa Isabel (Insel) Salomonen 101 J2
Santa Maria (Insel) Azoren 58 C8
Santa Maria (Insel) Galápagos-Inseln, Ecuador 50 C10
Santa-Cruz-Inseln Südpazifischer Ozean 101 L3
Santander Spanien 59 K1
Santiago Chile 53 E10
Santiago Spanien 58 G2
Santo Domingo Dominikanische Republik 47 M7
São Francisco (Fluss) Brasilien 28 I7, 49 O5, 51 N7
São Jorge (Insel) Azoren 58 B8
São Luis Brasilien 51 N4
São Miguel (Insel) Azoren 58 C8
São Paulo Brasilien 51 M9
São Tomé (Insel) São Tomé und Principe 91 L6, 94 E2
São Tomé São Tomé und Principe 94 E2
São Tomé und Principe 31 J7, 90 C9, 94, 116
Saône (Fluss) Frankreich 61 L5, 61 L6
Sapporo Japan 88 H3
Saragossa Spanien 59 M3
Sarajevo Bosnien-Herzegowina 68 D8
Saratow Russland 76 C8
Sarawak Malaysia 85 J7
Sardinien (Insel) Italien 55 M7, 67 B11
Sarh Tschad 93 K9
Saskatchewan (Fluss) Saskatchewan, Kanada 35 K10
Saskatchewan (Provinz) Kanada 35
Saskatoon Saskatchewan, Kanada 35 K10
Sassari Sardinien, Italien 67 B11
Saudi-Arabien 31 L6, 74 B10, 80–81, 111
Sault Ste. Marie Michigan, USA 43 N3
Sault Ste. Marie Ontario, Kanada 36 G8
Savai'i (Insel) West-Samoa 101 N2
Savannah (Fluss) Georgia, USA 41 N5
Savannah Georgia, USA 41 N5
Savannen 18
Schifffahrtswege 24
Schimkent Kasachstan 79 K9
Schiras Iran 81 L5
Schottland G.-B. 56
Schwarzes Meer Asien/Europa 29 K5, 55 O7, 69 K9, 71 L11, 75 J4, 76 A9, 78 D4
Schwarzwald Deutschland 65 C13
Schweden 31 K3, 54 D8, 72–73, 109
Schweiz 31 J4, 54 C10, 65, 107
Scilly-Inseln England, G.-B. 57 E16
Scotiasee Atlantischer Ozean 102 H5
Scott (Forschungszentrum) Antarktis 102 C8
Scott-Amundsen (Forschungszentrum) Antarktis 102 C8
Seattle Washington, USA 44 F2
Seeland (Insel) Dänemark 73 D15
Ségou Mali 92 F8
Segovia Spanien 59 K4
Seine (Fluss) Frankreich 55 L6, 61 K4
Selvas Brasilien 28 H7, 49 L4
Semey Kasachstan 79 N7
Sendai Japan 88 I7
Senegal (Fluss) Westafrika 91 J4, 92 E7
Senegal 31 J6, 90 B8, 92, 115
Seoul Südkorea 87 P5
Sepik (Fluss) Papua-Neuguinea 97 K7
Serbien (Republik) Jugoslawien 68 E8
Serra do Mar (Gebirge) Brasilien 49 O6
Setúbal Portugal 58 G7
Severn (Fluss) England, G.-B. 57 G12
Severn (Fluss) Ontario, Kanada 36 F4
Sevilla Spanien 59 I8
Sewastopol Ukraine 71 N11
Sewernaja Semlja (Inselgruppe) Russland 29 N2, 76 H4, 103 O6
Seychellen 29 L7, 31 L7, 90 E10, 91 P7, 95, 117
Shanghai China 87 O7
Shannon (Fluss) Irland 57 C12
Sheffield England, G.-B. 57 H11
Shenyang China 87 O4
Shetland-Inseln Schottland, G.-B. 56 G2
Shikoku (Insel) Japan 75 P5, 89 E12
Shinano (Fluss) Japan 88 H8
Shizuoka Japan 89 H11
Shkodër Albanien 69 E10
Sibiu Rumänien 68 H6
Sibirien Russland 29 N4, 75 M4
Siena Italien 66 F8
Sierra Leone 31 J6, 90 B9, 92, 115
Sierra Morena (Gebirge) Spanien 59 I8
Sierra Nevada (Gebirge) Kalifornien, USA 44 F6
Simbabwe 31 K7, 90 D10, 95, 117
Simpsonwüste Zentralaustralien 29 O8, 99 J6
Singapur Singapur 84 H8
Sioux City Iowa, USA 42 H6
Sioux Falls South Dakota, USA 42 H5
Siret (Fluss) Rumänien/Ukraine 68 I6
Sizilien (Insel) Italien 55 M7, 67 F15
Skagerrak (Meerenge) Dänemark/Norwegen 73 B13
Skandinavien 29 K3, 55 M5, 72–73
Skellefteälv (Fluss) Schweden 72 F8
Sklavenfluss Alberta, Kanada 34 J8
Skopje Makedonien 69 F10
Skutari *siehe* Shkodër
Skye (Insel) Schottland, G.-B. 56 D6
Skyros (Insel) Griechenland 69 H12
Sligo Irland 57 C10
Slowakei 31 K4, 54 D10, 70, 109
Slowenien 31 K4, 54 D10, 68, 108
Smallwood-Reservoir (Stausee) Newfoundland, Kanada 37 J5
Snake River (Fluss) Idaho/Wyoming USA 44 H4
Sofia Bulgarien 69 G9
Sognefjord Norwegen 73 A11
Sokotra (Insel) Jemen 81 M11
Solarenergie 20, 21
Somalia 31 L6, 90 D9, 93, 115
Somerset-Insel Northwest Territories, Kanada 35 L4
Sonne 12, 13, 16, 20, 21
Sonnensystem 12
South Australia (Staat) Australien 99 J7
South Carolina (Staat) USA 41
South Dakota (Staat) USA 42
South Uist (Insel) Schottland, G.-B. 56 D6
Southampton England, G.-B. 57 H14
Southampton-Insel Northwest Territories, Kanada 35 N6
Spanien 31 J5, 54 B11, 58–59, 107
Spitzbergen (Insel) Norwegen 29 K2, 103 M8
Split Kroatien 68 B8
Spokane Washington, USA 44 H2
Springfield Illinois, USA 43 L8
Springfield Missouri, USA 43 J10
Sri Lanka 29 M6, 31 M6, 74 C11, 75 L8, 83, 112
Srinagar Indien 82 E6
St-Étienne Frankreich 61 L7
St-Nazaire Frankreich 60 G5
St. Croix (Fluss) Minnesota/Wisconsin, USA 43 J4
St. Helena (Insel) Atlantischer Ozean 29 J7, 31 J7, 90 B10, 91 K8, 119
St. John's Newfoundland, Kanada 37 P9
St. Joseph Missouri, USA 43 J8
St. Kitts und Nevis 30 H6, 32 G10, 47, 105
St. Louis Missouri, USA 43 L8
St. Lucia 30 H6, 32 G11, 47, 105
St.-Paul-Insel Indischer Ozean 29 M9, 31 M8
St. Paul Minnesota, USA 43 J4
St. Petersburg Russland 76 C6
St. Pierre und Miquelon (Inselgruppe) Kanada 28 H4, 30 H4, 37 O9, 119
St. Vincent und die Grenadinen 30 H6, 32 G11, 47, 105
St. Vincent, Kap, Portugal 58 G8
St.-George's-Kanal Irland/G.-B. 57 D13
St.-Lorenz-Golf Kanada 37 M8
St.-Lorenz-Strom (Fluss) Quebec, Kanada 33 O6, 37 J9
St.-Paul-Insel Indischer Ozean 29 M9, 31 M8
Stanley Falklandinseln 53 H16
Stanowoigebirge Russland 77 M8
Stavanger Norwegen 73 A12
Stettin Polen 70 F5
Stewart-Insel Neuseeland 97 M11, 100 C10
Stockholm Schweden 73 F12
Stornoway Schottland, G.-B. 56 D5
Stranraer Schottland, G.-B. 57 E9
Straßburg Frankreich 61 N3
Stromboli (Insel) Italien 67 H14
Struma (Fluss) Bulgarien/Griechenland 69 G10
Stuttgart Deutschland 65 D12
Subtropen 17, 18
Suchfeld 9, 10
Sucre Bolivien 52 F6
Südliche Sandwich-Inseln Atlantischer Ozean 39 I9, 31 I9, 119
Südpol 102 E7
Südafrika 31 K8, 90 C11, 94–95, 117
Südamerika (Kontinent) 28, 48–53, 106
Sudan 31 K6, 90 D9, 93, 114
Sudbury Ontario, Kanada 36 G8
Südchinesisches Meer Südostasien 29 N6, 75 O7, 85 J6, 87 M10
Sudeten (Gebirge) Tschechische Republik/Polen 70 F7
Südgeorgien (Inselgruppe) Atlantischer Ozean 28 I9, 30 I9, 48 D11, 49 O9, 119
Südinsel Neuseeland 29 P9, 97 N11, 100 F7
Südkarpaten (Gebirge) Rumänien 68 G7
Südkorea 31 O5, 74 D9, 87, 113
Südorkney-Inseln Atlantischer Ozean, Antarktis 102 H4
Südöstliches Pazifik-Becken Pazifischer Ozean 28 G9
Südsandwich-Inseln Atlantischer Ozean 29, 19, 31 19, 119
Südshetland-Inseln Atlantischer Ozean 102 F4
Südwestpazifisches Becken Pazifischer Ozean 28 E8
Suez Ägypten 93 M5
Suezkanal Ägypten 93 M5
Sulawesi (Insel) Indonesien 75 O9, 85 L9
Sulusee Malaysia/Philippinen 85 K6
Sumatra (Insel) Indonesien 29 N7, 75 N9, 84 G8
Sumbawa (Insel) Indonesien 85 K10
Sundainseln Indonesien 29 N7, 75 N9, 75 O9
Sundswall Schweden 73 F10
Superior Wisconsin, USA 43 J3
Sur Oman 81 O7
Surabaya Indonesien 85 J10
Suriname 30 H6, 48 D7, 51, 106
Suwa Fidschi 101 N7
Svalbard (Inselgruppe) Nordpolarmeer 28 K2, 29 K2, 31 K2, 103 N7, 119
Swansea Wales, G.-B. 57 F13
Swasiland 31 K8, 90 D11, 95, 117
Sydney New South Wales, Australien 99 N8
Syrakus Sizilien, Italien 67 G16
Syrdarja (Fluss) Zentralasien 79 K8
Syrien 31 L5, 74 B9, 80, 110
Syrische Wüste Südwestasien 75 J4, 80 H3
Szcecin *siehe* Stettin

T

Ta'izz Jemen 81 I11
Täbris Iran 81 J2
Tacoma Washington, USA 44 F2
Tadschikistan 31 M5, 74 C9, 79, 110
Tahaa (Insel) Französisch-Polynesien 101 N9
Tahiti (Insel) Französisch-Polynesien 101 P11
Taipeh (Taipei) Taiwan 87 O9
Taiwan 29 N6, 31 N5, 74 D10, 87, 113
Taiyuan China 87 M5
Tajo (Fluss) Spanien 58 G6, 59 J5
Takla Makan (Wüste) China 75 L5, 86 F4
Tallahassee Florida, USA 41 M7
Tallinn *siehe* Reval
Tamanrasset Algerien 92 I6
Tampa Florida, USA 41 N8
Tampere (Tammer-fors) Finnland 73 H11
Tampico Mexiko 46 F7
Tanganjikasee Zentralafrika 91 N7, 95 K4
Tanger Marokko 92 G3
Tangshan China 87 N5
Tanimbar (Inselgruppe) Indonesien 85 N10
Tanna (Insel) Vanuatu 101 K7
Tansania 31 K7, 90 D10, 95, 116
Tapajós (Fluss) Brasilien 49 N4, 51 K5
Taraniki (Berg) Neuseeland 100 F5
Taravao Französisch-Polynesien 101 P11
Tarent Italien 67 J13
Tarent, Golf von, Italien 67 J13
Taschkent Usbekistan 79 K10
Tasmania (Staat) Australien 29 O9, 97 L10, 99 M11
Tasmanien (Insel) Australien 29 O9, 97 L10, 99 M11
Tasmansee Australien/Neuseeland 29 P9, 97 M10, 100 D7
Tau (Insel) Manua-Inseln 101 Q3
Taupo-See Neuseeland 100 G4
Taveuni (Insel) Fidschi 101 O6
Tay (Fluss) Schottland, G.-B. 56 G7
Tegucigalpa Honduras 46 E9
Teheran Iran 81 L2
Tejo Portugal 58 G6, 59 J5
Tel Aviv-Jaffa Israel 80 F4
Teneriffa (Insel) Kanarische Inseln 58 B10
Tennessee (Fluss) Südliche USA 41 K5
Tennessee (Staat) USA 41
Terceira (Insel) Azoren 58 B8
Terschelling (Insel) Niederlande 62 G4
Tetiaroa-Atoll (Insel) Französisch-Polynesien 101 P10
Texas (Staat) USA 41
Texel (Insel) Niederlande 62 F5
Thailand 31 N6, 74 D10, 84, 112
Thailand, Golf von, Thailand 75 N8, 84 G6
Thar (Wüste) Indien/Pakistan 75 K6, 82 D8
Thásos (Insel) Griechenland 69 H11
Themse (Fluss) England, G.-B. 57 J14
Thessaloniki *siehe* Saloniki
Thimbu Bhutan 82 I8
Thira (Insel) Griechenland 69 I14
Thule Grönland 103 L7
Thunder Bay Ontario, Kanada 36 E6
Thurso Schottland, G.-B. 56 G5
Tibet, Hochland von, China 29 M5, 75 L6, 86 G6
Tian Shan (Gebirge) China/Kirgistan 29 M5, 75 L5, 79 N10, 86 F3
Tianjin China 87 N5
Tiber (Fluss) Italien 67 F9
Tibesti (Gebirge) Tschad/Libyen 91 M4, 93 K6
Tiere 18–19, 20
Tierra del Fuego (Insel) Argentinien/Chile 49 M9, 53 F17
Tiflis Georgien 78 F7
Tigris (Fluss) Südwestasien 29 L5, 78 D8, 81 J4
Tijuana Mexiko 46 B4
Tilburg Niederlande 63 H10
Timaru Neuseeland 100 E8
Timbuktu Mali 92 G7
Timisoara Rumänien 68 F6
Timor (Insel) Indonesien 85 M10
Timorsee Australien/Indonesien 85 M11, 98 G2
Tindouf Algerien 92 F5
Tinos (Insel) Griechenland 69 I13
Tipperary Irland 57 C12
Tirana Albanien 69 E10
Titicacasee Bolivien/Peru 49 L5, 52 E5
Tobago *siehe* Trinidad und Tobago
Tocantins (Fluss) Brasilien 49 O5, 51 M6
Togo 31 J6, 90 B9, 92, 115
Tokara-Inseln Japan 89 B16
Tokelau (Insel) Polynesien 29 Q7, 31 Q7, 96 E9, 97 O8, 119
Tokio Japan 89 I10
Tokushima Japan 89 E12
Toledo Ohio, USA 43 O6
Toledo Spanien 59 J5
Tomasina Madagaskar 95 O7
Tonga 29 Q8, 96 E9, 97 O9, 101, 118
Tongagraben Südwestpazifischer Ozean 29 Q8
Tongatapu (Insel) Tonga 101 J10
Tongatapu-Gruppe (Inselgruppe) Tonga 101 J9
Toowoomba Queensland, Australien 99 O7
Topeka Kansas, USA 43 I8
Toronto Ontario, Kanada 36 H9
Torrenssee South Australia, Australien 99 K7
Torreón Mexiko 46 E6
Torresstraße Australien/Papua-Neuguinea 97 K8, 99 L1
Totes Meer (Salzsee) Israel/Jordanien 80 G4
Toubkal (Berg) Marokko 91 K3, 92 G7
Toulouse Frankreich 61 I9
Tours Frankreich 60 I5
Townsville Queensland, Australien 99 M4
Transarktisches Gebirge Antarktis 102 C8
Trent (Fluss) England, G.-B. 57 I11
Trenton New Jersey, USA 39 J7
Tristan de Cunha (Insel) Atlantischer Ozean 29 J8, 31 J8
Tristan de Cunha 119
Triest Italien 66 H6
Trinidad Bolivien 52 F4
Trinidad und Tobago 30 H6, 32 E11, 47, 51, 105
Tripolis Griechenland 69 F13
Tripolis Libyen 93 J4
Trivandrum Indien 83 E15
Tromsø Norwegen 72 F5
Trondheim Norwegen 73 C10
Tropen 16, 17, 18
Troyes Frankreich 61 K4
Trujillo Peru 50 F6
Tschad 31 K6, 90 C9, 93, 114
Tschad-See Zentralafrika 91 M4, 93 J8
Tschechische Republik 31 K4, 54 D10, 70, 109
Tscheljabinsk Russland 76 E9
Tschimkent Kasachstan 79 K9
Tschojbalsan Mongolei 87 M2
Tschuktchen-Halbinsel Russland 77 N2
Tschuktschensee Nordpolarmeer 29 Q3, 33 K2, 77 M2, 103 M3
Tsugarustraße Japan 88 H5
Tsushima (Insel) Japan 89 A12
Tsushimastraße Japan 89 A13

Der grosse illustrierte Weltatlas

Index

Tuamotu-Archipel (Inselgruppe) Französisch-Polynesien 28 E7, 97 Q8
Tucson Arizona, USA 45 J10
Tulsa Oklahoma, USA 40 H4
Tundra 19
Tunesien 31 K5, 90 C7, 93, 114
Tunis Tunesien 93 J3
Tupai-Atoll (Insel) Französisch-Polynesien 101 M9
Turin Italien 66 C6
Turkanasee Äthiopien/Kenia 95 L2
Türkei 31 K5, 74 B9, 78, 110
Türkische Republik Nordzypern Mittelmeer 78 B7, 119
Turkmenistan 31 L5, 74 B9, 78–79, 110
Turks- und Caicos-Inseln 47 M6, 119
Turku Finnland 73 H11
Tutuila (Insel) Amerikanisch-Samoa 101 O3
Tuvalu 29 P7, 31 P7, 96 E8, 97 N8, 118
Tweed (Fluss) Schottland, G.-B. 56 G8
Twin Falls Idaho, USA 44 I5
Tyne (Fluss) England, G.-B. 57 H9
Tyrrhenisches Meer Südeuropa 67 E12

U

Ubangi (Fluss) Zentralafrikanische Republik/Kongo 29 K7, 91 M6, 94 H2
Uelle (Fluss) Demokratische Republik Kongo 29 K6, 91 N6, 95 J2
Ufa Russland 76 E8
Uganda 31 K7, 90 D9, 95, 116
Ukraine 31 K4, 54 E10, 71, 109
Ulaanbaatar siehe Ulan Bator
Ulan Bator Mongolei 87 K3
Ulan Ude Russland 77 K10
Umeå Schweden 73 G9
Umeälv (Fluss) Schweden 72 F9
Umwelt 18–19, 26–27
Ungarn 31 K4, 54 D10, 70, 109
Ungava-Halbinsel Quebec, Kanada 37 J2
Ungavabai Kanada 37 K2
Universum 12
Upernavik Grönland 103 K7
Upolu (Insel) West-Samoa 101 N2
Uppsala Schweden 73 F12
Uralgebirge Russland 29 L4, 55 O4, 75 K4, 76 F7
Uruguay (Fluss) Südamerika 28 H8, 49 N7, 51 K10, 53 I10
Uruguay 30 F8, 48 D10, 53, 106
Urumchi China 86 H3
USA siehe Vereinigte Staaten von Amerika
Usbekistan 31 L5, 74 B9, 79, 110
Ushuaia Argentinien 53 G17
Ustica (Insel) Italien 67 F14
Utah (Staat) USA 45
Utrecht Niederlande 62 G8
Utsunomiya Japan 88 I9
Uvs Nuur (See) Mongolei 87 I2

V

Vaal (Fluss) Südafrika 95 I9
Vaasa Finnland 73 G10

Vaduz Liechtenstein 65 D14
Valdés (Halbinsel) Argentinien 49 M8, 53 G13
Valencia Spanien 59 M6
Valladolid Spanien 59 J3
Valletta Malta 67 F17
Valparaíso Chile 53 D10
Vancouver British Columbia, Kanada 34 H11
Vancouver-Insel British Columbia, Kanada 33 K5, 34 G10
Vänersee Schweden 55 M5
Vansee Türkei 78 E8
Vanua Levu (Insel) Fidschi 101 O6
Vanuatu 29 P7, 31 P7, 96 D9, 97 M9, 101, 118
Varanasi Indien 82 G9
Vardar (Fluss) Griechenland/Makedonien 69 F10
Varna Bulgarien 68 J9
Vasa Finnland 73 G10
Vatikanstadt 31 K5, 54 C10, 67, 108
Vatnajökull Island 72 B6
Vättersee Schweden 73 E13
Venedig Italien 66 G6
Venedig, Golf von, Italien 66 G7
Venezuela 30 H6; 48 C7, 50–51, 106
Veracruz Mexiko 46 G8
Vereinigte Arabische Emirate 31 L5, 74 B10, 81, 111
Vereinigte Staaten von Amerika 30 F5, 32 D10, 38–45, 104
Vereinigtes Königreich 31 J4, 54 B9, 55 L6, 56–57, 107
Verkehrswege 24, 26
Vermont (Staat) USA 39
Verona Italien 66 F6
Vesuv (Vulkan) Italien 67 G12
Victoria (Staat) Australien 99 L6
Victoria British Columbia, Kanada 34 H11
Victoria Seychellen 95 Q4
Victoria-Insel Northwest Territories, Kanada 28 F2, 33 M3, 35 K5, 103 K5
Victoriasee Ostafrika 29 K7, 91 O6, 95 K3
Vientiane Laos 84 G4
Vietnam 31 N6, 74 D10, 84, 112
Vigo Spanien 58 G2
Vilnius siehe Wilna
Vinsonmassiv (Gebirge) Antarktis 102 E6
Virginia (Staat) USA 38–39
Virginia, West (Staat), USA siehe West Virginia
Viti Levu (Insel) Fidschi 101 N7
Vlieland (Insel) Niederlande 62 G5
Vlorë Albanien 69 E11
Volos Griechenland 69 G12
Voltastausee Ghana 91 L5, 92 G9
Vulkane 14–15

W

Waal (Fluss) Niederlande 62 G9
Wabash (Fluss) Illinois/Indiana, USA 43 M7

Waikato (Fluss) Neuseeland 100 G3
Waitaki (Fluss) Neuseeland 100 D9
Wakatipusee Neuseeland 100 D9
Wakayama Japan 89 F12
Wake (Insel) Mikronesien 29 P6, 31 P6, 96 D7, 119
Wakkanai Japan 88 M6
Wallis und Futuna Inseln Polynesien 31 P7, 96 E9, 119
Walvisbaai siehe Walfischbai
Wälder 18, 19, 26
Wales G.-B. 57
Walfischbai Namibia 94 G8
Walfischrücken Atlantischer Ozean 29 J8
Wanganui (Fluss) Neuseeland 100 G5
Wanganui Neuseeland 100 G5
Warschau Polen 70 H6
Warszawa siehe Warschau
Washington (Staat) USA 44
Washington District of Columbia, USA 38 I8
Wasser 20, 21, 27
Wasserverschmutzung 20, 26–27
Waterford Irland 57 D13
Wattenmeer Niederlande 62 G5
Weddellmeer Antarktis 28 I11, 102 G6
Weichsel (Fluss) Polen 70 H7
Weißer Nil (Fluss) Ostafrika 91 O5, 93 N8
Wellington Neuseeland 100 G6
Werchojansk Russland 77 L6
Werchojansker Gebirge Russland 75 N3, 77 K5
Weser (Fluss) Deutschland 64 E9
West Virginia (Staat) USA 38
West-Bank Südwestasien 80 G4, 119
West-Samoa 31 Q7, 96 E9, 101, 118
Western Australia (Staat) Australien 98 G7
Westfriesische Inseln, Niederlande 62 G5
Westindien (Inselgruppe) Atlantischer Ozean 28 G9
Westjordanland siehe West-Bank
Westliche Sierra Madre (Gebirge) Mexiko 33 L8, 46 D5
Westsahara Nordafrika 31 J5, 90 B8, 92 E5, 119
Westsibirisches Flachland Russland 29 M3, 75 L3, 76 H7
Wetter 16–17
Whangarei Neuseeland 100 G2
Whitehorse Yukon Territory, Kanada 34 G7
Whyalla South Australia, Australien 99 K8
Wichita Kansas, USA 42 H9
Wien Österreich 65 J13
Wiesbaden Deutschland 65 D11
Wight, Isle of, England, G.-B. 57 H15
Wilkesland Antarktis 102 D10
Willistonsee British Columbia, Kanada 34 H9
Wilmington North Carolina, USA 41 P4
Wilna Litauen 71 J4
Wind 16, 20, 21
Windhuk Namibia 94 H8
Windsor Ontario, Kanada 36 G10
Winnemucca Nevada, USA 44 G5
Winnipeg Manitoba, Kanada 35 M11
Winnipegsee Manitoba, Kanada 28 G4, 33 M5, 35 L11
Wisconsin (Staat) USA 43
Witebsk Weißrussland 71 L4

Wjatka Russland 76 D7
Wladiwostok Russland 77 N10
Wolga (Fluss) 29 L4, 55 O5, 76 C9
Wolgograd Russland 76 C9
Wollongong New South Wales, Australien 99 N9
Woods, Lake of the Kanada/USA 42 I2
Wostok (Forschungszentrum) Antarktis 102 D9
Wrangel-Insel Russland 103 M3
Wroclaw siehe Breslau
Wuhan China 87 M7
Wüsten 17, 18, 26
Wye (Fluss) Wales, G.-B. 57 G13
Wyoming (Staat) USA 45

X

Xi'an China 87 L6
Xigazê China 86 G7
Xingu (Fluss) Brasilien 49 N4, 51 L5

Y

Yamoussoukro Elfenbeinküste 92 F9
Yangon (Myanmar) 84 F4
Yaoundé Kamerun 93 J10
Yellowknife Northwest Territories, Kanada 35 J7
Yellowstone (Fluss) Montana/Wyoming, USA 45 K2
Yogyakarta Indonesien 84 I10
Yokohama Japan 89 I10
York England, G.-B. 57 H11
Yucatán (Halbinsel) Mexiko 46 H8
Yukon (Fluss) Kanada/USA 28 E2, 33 K3, 34 F5
Yukon-Territory (Provinz) Kanada 34
Yumen China 87 J5

Z

Zagreb Kroatien 68 C6
Zagrosgebirge Iran 29 L5, 75 J5, 81 K3
Zaire siehe Demokratische Republik des Kongo
Zaire 31 K7, 90 C9, 94–95, 116
Zákynthos (Insel) Griechenland 69 E13
Zeitzonen 25
Zentralafrikanische Republik 31 K6, 90 C9, 93, 116
Zentralindischer Rücken Indischer Ozean 29 M7
Zentralpazifisches Becken Nordpazifischer Ozean 29 P6
Zentralpazifischer Rücken (untermeerisches Gebirge) Pazifischer Ozean 29 P6
Zhenzhou China 87 M6
Zibo China 87 N5
Zinder Niger 93 I8
Zürich Schweiz 65 D14
Zypern 31 K5, 74 B9, 78, 110
Zypern, Türkische Republik Nord- siehe Türkische Republik Nordzypern

Danksagungen

Weldon Owen möchte folgenden Personen für ihre Hilfe bei der Fertigstellung dieses Buches danken:
Helen Bateman, Anthony Burton, Alastair Campbell, Jo Collard, Melanie Corfield, Simon Corfield, Sharon Dalgleish, Libby Frederico, Kathy Gammon, Kathy Gerrard, Janine Googan, Greg Hassall, Lynn Humphries, Chris Jackson, Megan Johnston, Ralph Kelly, Jennifer Le Gras, Rosemary McDonald, Kylie Mulquin, Nicholas Rowland, Rachel Smith, Julie Stanton, Dawn Titmus, Greg Tobin, Wendy van Buuren, Michael Wyatt

Kartographische Quellen: U.S. Central Intelligence Agency; International Boundaries Research Unit, Durham University, Großbritannien; U.S. Geographer General

Bildnachweis: 14 unten links, **David Weintraub**/The Photo Library—Sydney; 14 unten Mitte, **Stephen Wilkes**/The Image Bank; 14 unten rechts, **Mats Wibe Lund**/Icelandic Photo; 15 Mitte ganz rechts, **David Hardy**/SPL/The Photo Library—Sydney; 15 unten links, **Francois Gohier**/Ardea London; 15 unten Mitte, **B. McDairmant**/Ardea London; 15 unten rechts, **International Photo Library**; 16 oben ganz rechts, **Robert Harding** Picture Library; 16 unten, **David W. Hamilton**/The Image Bank; 17 oben links, **Jeffrey C. Drewitz**/The Photo Library—Sydney; 17 oben Mitte links, **Sobel/Klonsky**/The Image Bank; 17 oben Mitte, **Horizon International**; 17 oben Mitte rechts, **Staffan Widstrand**/Bruce Coleman Limited; 17 oben rechts, **Christer Fredriksson**/Bruce Coleman Limited; 19 oben Mitte, **Alain Compost**/Bruce Coleman Limited; 27 oben, **Horizon International**; 27 Mitte, **Shone/Gamma**/Picturemedia; 27 unten, **Witt/Sipa Press**/The Photo Library—Sydney